当代中国人文大系

哲学

佛学与儒学

（修订版）

赖永海 著

中国人民大学出版社
·北京·

“当代中国人文大系”出版说明

改革开放以来，中国社会的变革波澜壮阔，学术研究的发展自成一景。对当代学术成就加以梳理，对已出版的学术著作做一番披沙拣金、择优再版的工作，出版界责无旁贷。很多著作或因出版时日已久，学界无从寻觅；或在今天看来也许在主题、范式或研究方法上略显陈旧，但在学术发展史上不可或缺；或历时既久，在学界赢得口碑，渐显经典之相。它们至今都闪烁着智慧的光芒，有再版的价值。因此，把有价值的学术著作作为一个大的学术系列集中再版，让几代学者凝聚心血的研究成果得以再现，无论对于学术、学者还是学生，都是很有意义的事。

披沙拣金，说起来容易做起来难。俗话说，“文无第一，武无第二”。人文学科的学术著作没有绝对的评价标准，我们只能根据专家推荐意见、引用率等因素综合考量。我们不敢说，入选的著作都堪称经典，未入选的著作就价值不大。因为，不仅书目的推荐者见仁见智，更主要的是，为数不少公认一流的学术著作因无法获得版权而无缘纳入本系列。

“当代中国人文大系”分文学、史学、哲学等子系列。每个系列所选著作不求数量上相等，在体例上则尽可能一致。由于所选著作都是“旧作”，为全面呈现作者的研究成果和思想变化，我们一般要求作者提供若干篇后来发表过的相关论文作为附录，或提供一篇概述学术历程的“学术自述”，以便读者比较全面地了解作者的相关研究成果。至于有的作者希望出版修订后的作品，自然为我们所期盼。

“当代中国人文大系”是一套开放性的丛书，殷切期望新出现的或可获得版权的佳作加入。弘扬学术是一项崇高而艰辛的事业。中国人民大学出版社在学术出版园地上辛勤耕耘，收获颇丰，不仅得到读者的认可和褒扬，也得到作者的肯定和信任。我们将坚守自己的文化理念和出版使命，为中国的学术进展和文明传承继续做出贡献。

“当代中国人文大系”的策划和出版，得到了来自中国社会科学院、北京大学、清华大学、中国人民大学、北京师范大学、复旦大学、南京大学、南开大学等学术机构的学人的热情支持和帮助，谨此致谢！我们同样热切期待得到广大读者的支持与厚爱！

中国人民大学出版社

目　录

绪　论

昔日释氏振法鼓于天竺，夫子扬德音于邹鲁，两个思想巨匠，在东方两个文明古国的宗教、文化史上，都开创了一个新的纪元。两汉之际，佛法东渐，东方两大文化系统之间开始了一场历时久远、影响宏阔的文化大交融。

佛教对于中国古代文化影响之巨大和深刻，以至于人们在研究中国古代各种文化，诸如哲学、科学、文学艺术、书法绘画、雕塑建筑等时，不能置佛教于不顾；当然，佛教自传入中国之日起，也深受中国传统文化的影响，作为结果，则是东传之佛教逐步走上了中国化的道路。

佛教在与中国古代各种学术、文化的相互关系中，当以与儒学的关系最为密切。此中除了儒学是中国传统学术文化的主流外，还由于佛教与儒学在思维模式、思想内容、理论旨趣等方面既有许多殊异处，又有不少共同点。这种情况决定了二者一经接触、碰撞，便既相互斗争、相互排斥，又相互吸收、相互融摄。作为结果，一方面，由于受到佛教的影响，儒学在思维模式、修养方法等方面发生了深刻的变化；另一方面，东传之佛教在中国传统的学术氛围中也逐渐被儒学化。那么，产生于印度的佛教与根源于中国的儒学究竟各自有些什么特点？儒学在佛教中国化过程中究竟起了一些什么作用？佛教又在哪些方面影响了中国的儒学？这种影响就理论思维的角度说，究竟有什么意义？等等。——本书拟就这些问题做一些力所能及的探讨。

第一章
佛法要义与儒学主旨

在世界三大宗教中，就思想内容之宏富、理论思辨之细密和学说体系之严整说，当首推佛教。佛教号称八万四千法门，其经书典籍也浩若渊海且多晦涩艰深，读懂弄通已属不易，要把握其“要义”或“大意”更非易事。因此，本章所言之“佛法要义”，充其量只能说是笔者对佛法的一管之见，不当之处，有俟方家。

考诸印度佛教史，释迦牟尼之创立佛教，乃肇端于对现实人生之思考。据史料记载，释氏身为太子时，经常困扰他的，是生老病死问题。其中，“死”的问题尤是他探寻、思考之重心。而他对生、老、病、死四种现象深入思考的结果，是认为人生的种种苦难，其源盖出于人们对五蕴①和合之假身的执著。如果人们能够洞察身体本身就是一种因缘而起的假相，放弃对自身的执著，那么，一切苦难也就不复存在了，这也就是解脱。根据这一基本理论，释迦牟尼建立了一整套修行、解脱理论，这就是原始佛教的一些最基本的教义。

就理论而言，“缘起”理论是整个佛教学说的基石。所谓“缘起”，亦即一切诸法、世间的万事万物，都是因缘而起的。因为是因缘而起的，因此都无自性，都只是一种假相，亦即“空”。由于人们不懂得佛教的这一最基本道理，虚妄地执著于自身乃至世间万物，因而有生、老、病、死及求不得种种痛苦。

原始佛教认为，消除痛苦的最根本的途径，就是学习佛法，懂得造成痛苦的原因，遵照佛教所说的方法去修行，这样就能达到解

---

① “五蕴”即“色、受、想、行、识”。佛教认为，人的身体是由这五种基本要素构成的，其中，“色”指物理或生理现象，“受、想、行、识”四蕴包括情感、理性、心理、思维等精神现象。

脱的目的。原始佛教把这一切概括为四个字："苦、集、灭、道"。

"苦、集、灭、道"亦称"四谛"或"四圣谛"，亦即佛教的四个最基本"真理"。

所谓"苦"，亦即"人生皆苦"、"一切皆苦"。除了以上言及的生、老、病、死外，还有"求不得苦"（即欲望得不到满足之痛苦）、"爱别离苦"（即生离死别之苦）、"怨憎会苦"（即由于种种原因不得不与自己意气不相投者一块儿相处之苦恼）及"五取蕴苦"（由于把五蕴和合之假身执著为真实之存在所造成的种种痛苦）。在原始佛教看来，人生本身就是一个苦海，"苦海无边，回头是岸"，此"岸"也就是佛教所说的"涅槃"或者"入灭"，即"四谛"中的第三谛——"灭"。

当然，要"入灭"，或者说要获得解脱，首先必须弄清楚造成痛苦的原因，这就是"集"。"集"之本意是"招聚"或"集合"，意谓"招致"苦难的原因。原始佛教认为，造成人生痛苦的最根本原因是"烦恼"，而"烦恼"之最大者即"贪嗔痴""三毒"，或叫"三大根本烦恼"。此外，还有慢、疑、见等诸多烦恼。因烦恼而迷于事、迷于理，此即为"惑"，有了"烦恼惑障"，遂使身口意做不善之业，故有三界轮回之苦。

当然，仅仅懂得造成痛苦的原因还不够，要摆脱痛苦，必须掌握脱离痛苦的方法，此即"道谛"。"道"者，道路、途径之谓，亦即方法。佛教认为，只要依照佛法修行，就能出生死苦海，到涅槃彼岸，进入一种"常乐我净"的境界。

原始佛教所说的修行方法很多，最主要的有"八正道"①、"三十七道品"② 等，后来，这些修行方法又被进一步概括为"戒、定、慧"、"三学"。到了大乘佛教，"三学"又进一步发展为"六度"③。

"四谛"法虽然是在原始佛教时期提出来的，但后来成为佛教最基本的教义。考诸佛法，虽号称八万四千法门，然其思想大要和理

---

① "八正道"指八种正确的修行方法，即正见、正思维、正语、正业、正命、正精进、正念、正定。

② "三十七道品"包括"四念处"、"四正勤"、"四神足"、"五根"、"五力"、"七觉支"、"八正道分"。这是对"八正道"的进一步发展。

③ "六度"即"布施"或曰"檀那波罗蜜"、"持戒"或曰"尸罗波罗蜜"、"忍辱"或曰"羼提波罗蜜"、"精进"或曰"毗梨耶波罗蜜"、"禅定"或曰"禅那波罗蜜"、"智慧"或曰"般若波罗蜜"。

论旨趣均无逃遁于“四谛”之外，亦即都是在探讨何以人生皆苦以及应该如何修行才能脱离此苦海而进入涅槃彼岸。因此“四谛”法乃是贯彻佛教发展始终的最基本的教义。

除“四谛”外，原始佛教的另一个基本教义是“十二因缘”①。与“四谛”法一样，此“十二因缘”也着眼于人生；所不同的是，如果说，“四谛”法主要从“横”的角度或者说从总体方面去探讨人生的本质及其解脱的方法，那么“十二因缘”则从“纵”的角度或者说从每一个具体的有情众生的发展过程来揭示众生之本质——因缘性空，由“悟空”进而求得解脱。

从思想内容说，“十二因缘”把人生看成一个念念不住的过程，这个发展过程又可具体分为十二个阶段，即一切有情众生都起源于“无明”（不懂佛教真理），由“无明”而造作善恶诸业（“行”），由此业力而轮坠“三途”、“六道”，得“五蕴”之身，受种种苦报——此是过去世之业因，导致现在世之苦果（包括“识”、“名色”、“六入”、“触”、“受”五支），此为“过去现在一重因果”。再由现在世之业因（“爱”、“取”、“有”），感未来世之苦果（“生”、“老死”）——此为“现在未来一重因果”。

上述十二个环节，辗转感果，故称为“因”，互为条件，故称为“缘”，合称则是“十二因缘”。任何一个有情识的生命体，在他还没获得解脱之前，都依此因果律，“生生于老死，轮回周无穷”。因此，一切众生实际上只是整个流转过程中的一个环节、一个阶段，并不是一个独立的实体或真实的存在，因此，切不可视人生为真实，虚妄执著。据说释迦牟尼当年就是由“逆观十二因缘”，即从“老死”逆推至“无明”，从而大彻大悟，获得“无上正等正觉”，证成佛果的。

从理论思辨的角度说，此“十二因缘”的理论基础，就是“缘起”理论，亦即一切众生，都是因缘而起、因缘而生的，本身并无自性、自体，因而都是一种暂时之“假相”，亦即是“空”。既然如此，不应该虚妄执著、自寻烦恼，能这样，则可以离烦恼、得解脱。

可以看出，人生问题是整个原始佛教的出发点，其思想归趣则是个人的“解脱”，而借以达到解脱的最根本途径，则是悟解“缘起

---

① “十二因缘”即“无明”缘“行”，“行”缘“识”，“识”缘“名色”，“名色”缘“六入”，“六入”缘“触”，“触”缘“受”，“受”缘“爱”，“爱”缘“取”，“取”缘“有”，“有”缘“生”，“生”缘“老死”。

性空”理论及遵照释迦牟尼所创立的各种修行方法潜心修行。

但是，随着时代的变化，佛教自身也不断发展。原始佛教的修行方法及思想理论逐渐发生了变化，其中最大的变化有二：一，原始佛教追求个人解脱，后来的佛教逐渐注重“慈悲普度”。原始佛教的“佛”——释迦牟尼①是一个能仁圣者，所谓“吾在僧数”，说明释迦牟尼也是众比丘之一，差别仅在于他比一般的比丘更有修养、更有德行罢了；但是后来佛教中的“佛”则逐渐变成一种具有“十力”、“四无畏”之“超人”，甚至于是一种恒常遍在，具有超越性、本体性的“法身”。与这种变化相对应，后来的佛教哲学也与原始的佛教哲学颇多异趣：如与追求个人解脱相适应，原始佛教强调的是“人空”，主张“人无我”；而与讲究“慈悲普度”的思想相对应，后来的佛教则进一步提倡诸法皆空，倡“法无我”。这种变化了的佛教，佛教史上通常称为大乘佛教，而把以前的佛教称为小乘佛教。

认识佛教的这种变化对于把握本书以后各章所要论述的佛学与儒学之异同、相互关系及互相影响是至关重要的。由于在中国佛教史上占统治地位的是大乘佛教，而大乘佛教中“佛”的本体化导致其思维模式主要是本体论的思维模式，与此本体论思维模式相对应的修行方法也随之发生了带根本性质的变化，即从主张渐修，逐渐发展成提倡“顿悟”。这一切都对中国传统儒学产生了极其深刻的影响。

至于儒学的主旨，由于人们比较熟悉，故不详加论述。若一言以蔽之，儒学的出发点和落足点都是“人”，以至于从一定意义上可以说，儒学就是“人学”，是一种关于“人”的学问。如果再扩大一点说，儒学在立足于人自身修养的基础上，进一步倡齐家、治国、平天下，亦即“修、齐、治、平”之学。此“修、齐、治、平”四个字，在相当程度上概括出儒学最基本的思想内容。

儒学之注重“人”，肇端于儒家创始人孔子。孔子在中国思想史上的重要贡献之一，就是把当时思想界的视野从“天”转向“人”。作为孔门亚圣的孟子，其思想特点是由一般的“人”，进一步深入到“人性”、“心性”，亦即从修养心性入手，最后达到成贤做圣。以后的儒家基本上循着孔、孟的思路走，即注重修养心性，强调成贤做圣。

---

① 释迦牟尼的本意即释迦族的圣人。

当然，个人的成贤做圣还不能说是儒学的最后目的。儒学的最终归趣在于“用世”、“济世”，即治国、平天下。也就是说，“内圣外王”才是儒家的最高境界。

就笔者所见，佛学与儒学的要义和主旨大体如是，往下我们将由此再前进一步，更深入、具体地看看佛、儒两家在思维模式、思想重心、理论归趣等方面之异同，以及在佛教传入中国后，二者之间的相互影响。

第二章
佛本与人本

要探讨佛学与儒学的相互关系，首先应该弄清楚二者自身及二者之间的异同。对于佛学与儒学之间的区别，梁漱溟先生有一段话很值得参考。他说："儒家从不离开人来说话，其立脚点是人的立脚点，说来说去总还归结到人身上，不在其外。佛家反之，他站在远高于人的立场，总是超开人来说话，更不复归到人身上——归结到成佛。……其不同彰彰也。"① 此谓儒学不像佛教那样以佛为归趣，而是始终围绕着人，其出发点和落脚点都是人，是一种关于人的学问。考诸儒学的思想实际，梁先生此说诚为至论。

第一节　大乘佛教与真如本体

在上一章中我们指出佛教从小乘发展到大乘后，发生了一个重要变化，即大乘佛教的"佛"已不像小乘佛教那样是一个接近于现实的"圣人"，而是在相当程度上被"本体"化了。加之，由于成佛是佛教最终的目的和最核心的问题，因此，当"佛"被本体化之后，佛教的整个思维方法也随之发生了根本性的变化。

考诸印度佛教史，随着大乘佛教的出现，般若学在扫一切相的同时，大谈诸法"实相"，把"实相"作为一切诸法的本原。此时之"实相"，实际上已是一个穿上佛教服装的"本体"。大乘佛教的进一步发展，出现了佛性理论。佛性理论又在般若实相的基础上大谈"如来藏"、"佛性我"。此"佛性我"、"如来藏"在印度佛教中具有

---

① 梁漱溟：《儒佛异同论》，引自深圳大学国学研究所编：《中国文化与中国哲学》，429页，北京，东方出版社，1986。

“佛之体性”与“诸法本体”的意义。例如，大乘佛教对“如来”的解释，即“乘如实道，来成正觉，来化群生”。此“如”显然是指诸佛、众生的本体。实际上，大乘经论对“真如”是诸法本体有许多十分明确的论述。例如，《唯识论》曰：“真谓真实，显非虚妄；如谓如常，表无变易。谓此真实于一切法，常如其性，故曰真如。”（《唯识论》，卷二）此谓诸法之体性离虚妄而真实故谓之真，常住而不变不改故谓之如，说得明白点，乃本体真实不变之谓。《往生论注》也说：“真如是诸法正体”（《往生论注》，下）。另外，大乘佛教中所说的“法性”、“法界”、“如来藏自性清净心”等，其实都是本体之异名。例如，《唯识述记》曰：“性者体义，一切法体故名法性。”（《唯识述记》，卷二）《大乘义章》也说：“法之体性，故名法性。”（《大乘义章》，卷一）总之，在大乘佛教中，那个作为一切诸法乃至诸佛众生本体的所谓“真如”、“实相”、“佛性”、“法界”、“法性”、“如来藏自性清净心”等等，尽管佛经里用了许多诸如“即有即无”、“非有非无”、“超相绝言”、“忘言绝虑”等字眼来形容、表述之，但丝毫不能排除它是一个本体，而且整个大乘佛教都是建立在这个既抽象又无所不在的本体基础之上的。

当然，正如一切思想理论的发展都有一个过程一样，大乘佛教的本体理论也有一个不断发展的过程。确实，在释迦牟尼时代，释氏自身对诸如世界的本原、本体等问题非但不感兴趣，而且持明确的反对态度，原始佛教的缘起理论在相当程度上就是用以反对传统婆罗门教的“大梵本体”思想的。但是，佛教在其往后的发展过程中，由于受到印度传统文化、传统思维模式的影响，被原始佛教从前门赶出去的“大梵本体”，到后来又悄悄地从后门跑了进来。例如，到了小乘佛教后期，为了克服业报轮回与没有轮回报应主体的矛盾，就出现了“补特伽罗”说。此“补特伽罗”作为轮回报应、前后相续的主体，实际上已是一种变相的实体。此实体虽不是一种严格意义上的“本体”，但已孕育着“本体”的雏形。后来，随着大乘佛教把“真如”、“实相”、“如来藏”、“佛性我”本体化，本体论的思维方法逐渐成为大乘佛教一种最基本的思维方法。

佛教之传入中国，一开始是大、小二乘并传的，如汉魏时期由安世高、康僧会等人传入的禅数学则属小乘佛教。但是，由于种种原因，小乘佛教在中国历史上始终没有得到发展，特别是到魏晋南北朝，大乘般若学与玉柄尘尾之玄风相激扬而蔚为大宗之后，小乘佛教在中国佛教界虽还不能说销声匿迹，但至少已不成气候。与此相反，大乘佛教则迅速发展，在中国佛教界一直占有绝对的统治地位。因此，中国佛教就思维方法说，主要是大乘佛教的思维方法，亦即本体论的思维方法。这种本体论的思维方法突出地表现在把某个抽象的本体作为整个佛教的出发点和落足点。

造成这种局面的原因很简单，由于佛教的出发点和落足点都是“佛”，而此时之“佛”已被本体化，因此，抽象的本体就成为中国佛教始终环绕的核心。对此，我们不妨看看中国佛教史上的思想实际。

就以最能体现中国佛教特色的隋唐佛教诸宗为例：天台宗是中国佛教史上第一个统一的佛教宗派，其学说的最大特点是“实相论”，或者更具体点说，是“性具实相论”。但不管如何称谓，“实相”是天台学中最核心的一个概念，也是整个天台学的出发点和落足点。在天台宗的学说中，“实相”既是一切诸法的本原，学佛的最终归趣也在于体证“实相”。此“实相”，慧思用《法华经》的“十如是”（即如是相、如是性、如是体、如是力、如是作、如是因、如是缘、如是果、如是报、如是本末究竟等）表述之，也就是说，所谓“实相”，具体地就体现于相、性、体、力、作、因、缘、果、报、本末究竟等十个方面。天台智者大师则发挥《涅槃经》“无相不相，名为实相”（《大般涅槃经》，卷四十）的思想，指出：“其一法者，所谓实相。实相之相，无相不相。”（《大正藏》，卷三十三，783页）认为“实相”自身虽无形无相，但它却是一切诸法之本原。智𫖮还把“实相”与“如如”、“妙有”、“佛性”、“如来藏”等联系起来，认为这些概念名称虽异，但它们都指诸法乃至一切众生、诸佛之本体。① 至九祖荆溪湛然，实相是诸法本体之思想就被表述得更加明确了。湛然学说的一个最基本的观点是“当体即实相”，认为世间一切诸法、三千大千世界每一微尘，无不当体即实相。用湛然自己的话说：“一切诸法皆是法界，无非实相，则诸法皆体。”（《法华玄义释签》，卷二；《大正藏》，卷三十三，828页）也就是说，世间一切诸法，都是作为“本体”的“实相”的体现，诸法并非在“实相”之外别有其体，其体就是“实相”，诸法与“实相”唯有一体。

---

① 在《法华玄义》中，智𫖮指出：“实相之相，无相不相。又此实相，诸佛得法，故称‘妙有’；实相非二边之有，故名‘毕竟空’；空理湛然，非一非异，故名‘如如’；实相寂灭，故名‘涅槃’；觉了不改，故名虚空；佛性多所含受，故名如来藏；不依于有，亦不附无，故名中道；最上无过，故名第一义谛。”（《大正藏》，卷三十三，783页）

在华严宗的学说中，一切诸法包括一切众生、诸佛唯有一体的思想表现得更加突出和明显。所不同的是，在华严宗中，此一诸法之本体，不叫“实相”，而称为“法界”、“一真法界”，或曰“如来藏自性清净心”。华严宗的最基本思想之一，是“法界缘起”论。所谓“法界”，法藏在《华严经义海百门》中说：

> 入法界者，即一小尘缘起，是法；法随智现，用有差别，是界。此法以无性故，则无分齐，融无二相，同于真际，与虚空界等，遍通一切，随处显现，无不明了。……若性相不存，则为理法界；不碍事相宛然，是事法界。合理事无二，无二即二，是为法界也。①

澄观在《大华严经略策》中则说：

> 法界者，是总相也；包理包事及无障碍，皆可轨持，具于性分；缘起者，称体之大用也。②

这两段话的意思是说，随缘显现的事物是法，诸法功用各各殊别，是界。从根本上说，一切诸法是无自性的，它情同虚空、真际，没有形体、性相的差别。就性相不存说，这就是“理法界”；但从随缘显现的事物说，它又事相宛然，这就是“事法界”。性相不存的“理法界”与事相宛然的“事法界”又是二而不二的。此一包理包事、理事融通之总相，就是“法界”。尽管两段话的表述都比较晦涩，但其意思还是明确的，亦即所谓“法界”，它虽然是无形无相的，但却是一切诸法之本原、之本体。世间森罗万象，都是此“法界”缘起之产物，都是此“法界”的“称体起用”。

此外，华严宗还赋“法界”以特别的规定性，亦即认此“法界”是一至纯至净之本体。用华严宗人的话说，叫“一真法界”、“清净佛智”或“如来藏自性清净心”。由此“清净心”缘起一切众生乃至一切诸佛，这就是华严宗自具特色的“性起”理论。

“性起”理论的一个最基本的观点，就是主一切诸法乃至众生诸佛，都是以此“清净心”为体，都是此“清净心”“称性而起”的结果。这正如法藏所说的：此清净心乃是“一切诸佛声闻缘觉，乃至

---

① 石峻等编：《中国佛教思想资料选编》，第二卷，第二册，108页，北京，中华书局，1983。

② 同上书，352页。

六道众生等体”（《华严五十要问答》，卷下）；“诸众生无别自体，揽如来藏以成众生。然此如来藏即是佛智证为自体，是故众生举体总在佛智心中”（《华严经探玄记》，卷一）。基于这个基本思想，华严宗人认为，一切众生之学佛修行及最终之证成佛果，其“本”都是不改不变的，差别仅在于，一个虚妄，一个真实；一个是迷，一个是悟。所以，澄观说：

> 夫真源莫二，妙旨常均，特由迷悟不同，遂有众生及佛。迷真起妄，假号众生；体妄即真，故称为佛。（《大华严经略策》）

也就是说，众生与佛，其“源”其“本”非二，只是由于“迷”与“悟”的不同，才有众生与佛的差别。基于这一思想，华严宗的修行理论几可以用四个字加以概括，即“离妄还源”。用通俗、明白一点的语言说，也就是返归、体证清净本体，与清净本体合一——这就是学佛之最终目标。

再看看隋唐佛教另一个重要的宗派禅宗。禅宗的一个最基本的观点是“本心本体本来是佛”。基于这种“心本体”的思维方法，禅宗反对在“心本体”之外去东寻西觅、趋声逐响。慧能云：

> 听吾说法，汝等诸人，自心是佛，更莫狐疑，外无一物而能建立，皆是本心生万种法。故经云：“心生种种法生，心灭种种法灭。”（《坛经》）

临济宗创始人义玄的老师黄檗断际禅师希运则说：

> 即心即佛，上至诸佛，下至蠢动含灵，皆有佛性，同一心体。所以达磨从西天来，唯传一心法，直指一切人生本来是佛，不假修行。（《黄檗断际禅师宛陵录》）

如果说，中国禅宗的思想大要可以用“即心即佛、顿悟见性”八个字加以概括的话，那么，不论是“即心即佛”，还是“顿悟见性”，都是以“本体论”的思维模式为其最后根据的。

最后，我们再看看以弘传大乘有宗之法相唯识学为特色的唯识宗。法相唯识宗在中国佛教史上亦称“相宗”，它在思想内容、思维特点上与天台、华严之“性宗”有很多区别①，但在思维模式上则

---

① 性相二宗的差别主要表现在：性宗主一切众生悉有佛性，都能成佛，相宗倡五性各别，主张有一类众生没有佛性、永不成佛；性宗主一乘真实、三乘方便，相宗反是，倡三乘真实、一乘方便；性宗主真如有随缘不变二义，相宗认为真如唯有不变义，无随缘义。

与性宗无大差别，同样是一种本体论的思维模式——当然，“相宗”与“性宗”的“本体”是不尽相同的。

如果说，作为天台、华严之“本体”的“实相”、“法界”都是“真如”之别名，那么，作为法相唯识学的“本体”，则不仅仅是“真如”，而且还有被称为万法之种子的“阿赖耶识”——这是法相唯识学的一个独特之处，亦即有两个“本体”，带有二元论的色彩。

“相宗”不否认“真如”是万法之“本体”，亦认为“真如”是“恒常遍在”的，是一切诸法之最终本原；但“相宗”否认“真如”与诸法有直接的联系，反对万法是“真如”随缘的产物。在“相宗”看来，与万法直接发生联系的，是“阿赖耶识”。“阿赖耶识”通过第七识“末那识”和前六识（眼识、耳识、鼻识、舌识、身识、意识）辗转相生，“如是如是变”，变现出世间诸法，包括诸出世间法，也是“转识成智”的结果。而“相宗”的学说中，“阿赖耶识”之具有“本体”之性质，则是毋庸置疑的。

“阿赖耶识”译名“藏识”或“种子识”等，意指该识是蕴涵一切诸法之“种子”。《大乘密严经》称：“依止赖耶识，一切诸种子，心如境界现，是为说世间。”（《大正藏》，卷十六，740页）这是说，世间诸法及一切种子都是由“阿赖耶识”派生的；甚至连出世间诸法，也是靠“阿赖耶识”才能证得，此诚如《成唯识论》所说：“无始时来界，一切法等依，由此有诸趣，得涅槃证得。”（《成唯识论》，卷三；《大正藏》，卷三十一，140页）这些记述都清楚表明，“阿赖耶识”在法相唯识学中同样具有诸法本原、本体之意义。

通常，人们总觉得佛学高深莫测，此中之原因也许很多，但若从最根本处立言，则是其“本体论”的思维模式。“本体论”概念，即使在“纯哲学”里面，也是最深层的一个理论范畴。由于它十分抽象，人们往往很难准确地理解和把握它。但是，正如学哲学不能不懂得“本体论”一样，举凡有意于窥探佛学之奥秘者，特别对于那些有意于探讨佛教哲学者来说，佛教的“本体论”不可不知——因为它是贯穿于一切佛教学说（特别是大乘佛教理论）的一个最基本的思维模式。此外，在佛教与中国古代传统学术、文化相互关系方面，佛教的“本体论”也占有十分重要的地位，以往学术界对这个问题未能给予充分的注意和重视，不能不说是一大缺憾——因为，佛教影响中国传统学术思想之最大者，乃是其“本体论”的思维模式，这一点，我们将在本章的第三节进行较深入的探讨。

第二节　儒学的“人本主义”与“天人合一”

中国先秦思想文化自孔子起出现一重大转折，如果说，孔子之前的思想界所强调的是对于“天”、“帝”的信仰，那么，自孔子起，就开始把视野转向现实世界，把眼光转向人。从现存的文献资料看，夏、商、周三代，是“天”、“神”之世纪。其时之“天”，不仅是自然界众神之首，而且是社会政治道德的立法者，它虽“无声无臭”（《诗经·大雅·文王》），并不一定被人格化，但宇宙之秩序，万物之生长，乃至世间王朝之更替，军国之大事，一听于“天命”。当时之所谓“圣人”者，唯“顺天命”而已！“天命不佑，行矣哉?”（《易经·无妄》）孔子在中国文化史上的最大贡献是对“人”的发现，他罕言“性与天道”而注重人事，对鬼神敬而远之而把眼光转向现实人生的思想倾向，在当时确实具有振聋发聩之作用。之后，思想界的视角为之一变——对人事的探求代替了对天道的信仰。

从思想内容看，孔学的核心是“仁学”。所谓“仁”，从语源学的角度说，是二人的组合。《说文》曰：“仁，亲也，从人二。”孔子就是用“仁”来论述人与人的相互关系的。在《论语》中，孔子对“仁”的说法很多，或曰“爱人”，或曰“己欲立而立人，己欲达而达人”，或曰“己所不欲，勿施于人”，等等；但不论哪一种说法，都是指己与人、人与人的一种关系。可见，“人”一直是孔学的立足点。对于孔学在中国思想史上的地位，也许至今还没有一个统一的看法，但孔子注重“人”，抬高“人”的地位，则是无可置疑的。

在儒门中，孟子是仅次于孔子的“亚圣”。孟子之学，重心在人性理论和仁政学说。人性理论致力于对人的本性的探讨；仁政学说的核心则是倡“有不忍人之心，斯有不忍人之政”，二者都以人为对象和归宿。后来的儒家，多循着孔孟的思路走，凡所立论，多不离人，把人作为“天地之德”、“天地之心”、“五行之秀气”（《礼运》）。至汉代之董仲舒，思想路线有所偏移，倡“天人感应”；但所讲仍不离于人，仍把人作为超然于万物之上而最为天下贵者。

儒学至宋又起一高潮。宋儒一改前儒罕言“天道”的思想传统，大讲“道之大原出于天”，大讲“宇宙便是吾心，吾心便是宇宙”。但是，理学家“推明天地万物之原”的目的，是为了说明“人”，说明“人性”，说明人伦道之常规。理学家千言万语，无非教人如何修心养性，如何“存天理，灭人欲”，如何成贤做圣，其出发点和落足点仍然是“人”。

总之，儒家学说在相当程度上是一种关于人的学问，是关于人与人相互关系的学说，是一种以人为本的人生哲学。这一点对于今日的学术界，也许几成共识，因此毋庸赘论。

不过，有一个问题应该在这里顺便说及，即谈论儒家的“人本主义”，自然要联想到西方15—16世纪文艺复兴时期的“人文主义”和以德国古典哲学家费尔巴哈为代表的19世纪的“人本学”。毫无疑问，因为同是一种关于“人”的学说，二者不可能没有共同点，这个共同点就是二者都注重人，都以人为中心，都极力抬高人的地位。但是，由于中、西方社会历史条件和思想文化背景的差异，两种“人本主义”的思想蕴涵是不尽相同的，特别在对于“人”的理解方面，二者更存在着重大的差别。西方“人本主义”之看“人”，多从生物的和生理的角度着眼，把人视为具有情感、意志和理智的独立体；而儒家所说的“人”，则往往强调其社会性、群体性，多从人与人、人与群体、人与社会的角度入手，把“人”看成社会之一分子、群体之一成员。如果说，西方的“人本主义”往往较缺乏“社会”的性质，那么，儒家所说的“人”——用韦伯的话说——则较缺乏独立的性格。实际上，人之为人，应该既是生物的，又是社会的；既是独立的个体，又是群体的一分子；既“直接地是**自然存在物**”①，又“是社会存在物”。如果要进一步探讨人的本质，那么，马克思主义的历史唯物主义则明确地主张：“人的本质不是单个人所固有的抽象物，在其现实性上，它是一切社会关系的总和。”②

此外，儒家的“人本主义”与西方的“人本主义”还有一个重要差别，即二者所依托的哲学基础或曰两种学说借以建立的思维模式不尽相同。如果说，19世纪德国哲学中的“人本主义”完全是建立在本体论的思维模式基础之上的，那么，中国古代儒家的“人本主义”则完全是以“天人合一”的思维模式为思想框架。弄清楚这一点对于准确把握儒家的“人本主义”十分重要。

这里，笔者准备提出一个也许将引起学术争论的问题，即当学术界较诸以前更注重对于中国古代传统文化的学习、研究和弘扬的

---

① 《马克思恩格斯全集》，中文1版，第42卷，167页，北京，人民出版社，1979。

② 《马克思恩格斯选集》，2版，第1卷，56页，北京，人民出版社，1995。

时候，当学界对于孔子所创立的儒家的“人本主义”思想多采取一种积极肯定态度的时候，人们应该继续深入一步去思考这样一个问题：说孔子发现了“人”，使中国古代思想界出现了从“天”向“人”的转变，说儒家学说的主流是一种“人本主义”思潮，等等，是否意味着孔子或者儒家已经抛弃了“天”，或者说已经打倒了“天”呢？儒家学说究竟有没有宗教色彩？如果有宗教色彩，又主要表现在哪些方面？——这是关系到整个中国古代传统哲学之思想内容和思维模式的重大理论问题，值得人们认真对待。

要弄清楚这个问题，还是先从孔子谈起。

作为中国古代思想发展史上的一个环节，孔子思想开始从天道向人事的转变是一个客观事实；但是，如果过分夸大这种转变，甚至认为孔子已经抛弃或打倒了“天”，孔学已经完全没有天命观念和宗教色彩，而是一种纯粹的人生哲学，那显然是违背历史实际的，也不符合思想发展的一般规律。

人们知道，与世界上的许多民族一样，中国的远古文化在相当程度上是一种宗教文化。作为夏、商、周三代统治思想的“天神”观念，就是远古游牧民族原始宗教的继续和发展。这种“天神”观念虽经春秋时期“怨天”、“骂天”等思想的冲击而逐渐有所动摇，但人类历史上几千年乃至几万年的思想积淀，并非一朝一夕或个别思想家所能轻易冲刷得掉的。实际上，不但孔子没有完全抛弃或打倒“天”，整个古代思想史，都没有完全抛弃“天”这个外壳，都是在这个既“无声无臭”又至高无上的“天”之下去谈论和探讨各种问题，特别是人事问题的。尽管因时代的不同，或称之为“天命”，或名之曰“天道”，或冠之以“天理”，但核心都是在“究天人之际”，探讨如何“顺乎天而应乎人”。换句话说，整个中国古代的传统哲学，在相当程度上都是在探讨“天”、“人”关系问题，都是在“天人合一”这个基本框架内谈道德、做文章。一言以蔽之，这就是中国传统哲学最大、最基本的思维模式。请看事实：

孔子的学生子贡说：“夫子之文章，可得而闻也；夫子之言性与天道，不可得而闻也。”（《论语·公冶长》）但翻开《论语》，孔子之语及“天”者，为数不少，诸如：“大哉！尧之为君也。巍巍乎！唯天为大，唯尧则之”（《论语·泰伯》），“君子有三畏：畏天命，畏大人，畏圣人之言。小人不知天命而不畏也”（《论语·季氏》），“获罪于天，无所祷也”（《论语·八佾》）。从这些话看，说孔子已经完全抛弃了“天”，显然是不合适的。如果换一个角度看问题，孔子所以对“天道”谈得比较少，而更注重于人事，是因为天道太玄远深奥，不敢妄加揣测，还是人事更为实际一些，故孔子宁可谈生，不去谈死，宁可事人，不去事鬼。这样去看待孔子的思想，也许比较切合实际一些。

孔子之后，中国古代学术思想，特别是儒家哲学，基本上是沿着孔子开辟的道路前进的。稍有不同的是，孔子因“天道”玄远而罕言之，而孔子后学则往往以“天道”制约“人道”，以“人道”上达“天道”为终的。这一点，作为孔学嫡传之思孟学派表现得尤为明显。《中庸》就明言：“天命之谓性，率性之谓道”，“诚者天之道，诚之者，人之道”，把“道”之本原归诸“天”，认为只要体认、扩充“天”之德性，便可以“赞天地之化育”、“与天地参矣”。孟子则直接把“天道”与人的“心性”联结起来，倡“天道”、“心性”一贯之说，讲“尽心、知性以知天”。春秋战国时期号称诸子百家，但对后世之学术思想影响最大者，当推思孟学派，特别是该学派之天人一贯思想。

汉代大儒，首推董仲舒。董仲舒学说的基本思维模式，是“天人感应”，而“天人感应”的思想基础则是“道之大原出于天”、“天人之际，合而为一”（《春秋繁露·深察名号》）。李唐一代，儒、佛、道三教并行，作为传统学术的儒家哲学，素以柳、刘为代表。柳宗元、刘禹锡的哲学思想虽与思孟一系的思想稍有歧异，而更接近于荀子，倡“天与人交相胜”（《天论》），主张天人各有其职分、功能；但从总体上说，仍不出“天人关系”之大框架，仍不否认天人有其相类、相通之处。至宋代“新儒学”，所谈仍不离“天”、“人”。宋儒千言万语，无非教人“存天理，灭人欲”。其所谓“天理”，亦即传统儒学之“天道”。就思维特点说，宋儒走的是一条把天道伦理化和把伦理天道化的道路。他们“句句言天之道，却句句指圣人身上家当。‘继善成性’，即是‘元亨利贞’，本非天人之别”（《宋元学案·濂溪学案》）。宋明理学虽有程朱理学与陆王心学之分，但对张子《西铭》之“乾坤父母”、“民胞物与”思想却众口一词，倍加称赞。究其缘由，即因为此说最能体现“天人一体”的思想。当然，由于受佛学的影响，理学之“天”已经与传统之“天道”不尽相同，这一点将在本章第三节做具体论述，此不赘。

总之，中国古代儒家学说自孔孟而宋明理学，就其思想内容说，都是一种政治、伦理哲学——以往的学者也都如是说。实际上，这种说法从某种意义上说只对了一半，因为它没有说明这种政治、伦理学说特定的思维模式，把构筑这种政治、伦理学说的哲学框架给忽略了。其实，儒家所重之伦理，所谈之心性，其源头一直在“天”，在“天道”，是“天道”演化之产物。这里，人们碰到一个中国古代思想史研究中经常遇到的问题，即中国古代儒家学说是否具有宗教性质以及带有什么样的宗教性质的问题。有人说：中国古代儒家学说较诸西方或印度古代思想言，其特点之一是不具宗教性质，不带宗教色彩。私下以为这种说法只有在特定意义上才是对的，也就是说，就相对于西方的中世纪哲学与神学完全融为一体言，就相对于古代印度哲学还未从宗教中分化出来言，中国古代哲学与它们是有所区别的；但是，就具有宗教性质言，就带有浓厚的宗教色彩言，中国古代儒家学说在与宗教关系问题上与西方或古代印度没有什么原则性区别。之所以使人产生中国古代哲学非宗教倾向的错觉，主要是由于这样两个原因：第一，作为中国古代至上神的“天”，不像古代印度或西方的“大梵”或“上帝”那样被本体化或人格化，而是被伦理化了。但是，如果说作为人格化至上神的“上帝”是宗教，而作为伦理化至上神的“天”则是非宗教，那么，如何看待近现代以来西方“上帝”的伦理化倾向？难道以伦理化了的“上帝”为最高道德原则的基督教也变成非宗教？在古代中国，“天”一直是世间政治、伦理的最高立法者，“天道”一直是“人道”、“人性”之本原——除非有人能够对此提出较有说服力的否定性论据。第二，是研究方法问题，亦即人们对于儒家学说思维模式的把握，往往只顾及作为“后半截”的“人事”、“伦理”或者政治，而抛弃了作为本原的“天”或“天道”。中国古代之圣贤名哲实际上一直是在“天”或“天道”的框架里谈道德、做文章，一直是在“天人合一”的思维模式下去阐发他们的学术思想的。这里丝毫没有把中国古代儒家学说往宗教推的意思，只是以史实为根据，对以往拦腰砍去“天道”的研究方法提出一点异议。至于目的，则在于说明中国传统的学术思想，特别是作为中国传统学术主流的儒家哲学，始终都围绕着“天人关系”问题。尽管自儒学的创始人孔子起，儒家哲学已开始把着眼点转向“人”、“人道”；但作为“人道”、“人性”本原或出发点的“天”、“天道”，直到宋明理学也没有被完全抛弃。甚至可以这样说，整个中国古代思想史，都没有也不可能完成打倒“天”

的任务——因为从更深层的意义上说，以小农经济为依托的古代社会，是永远离不开“天”的，当然不可能去打倒“天”。只有这样看待中国古代的哲学思想，才是历史的、辩证的态度。

第三节　佛教影响儒学最大者是其本体论的思维模式

关于佛教对儒学的影响问题，以往学界谈得不少，应该说，这些研究对于人们认识佛教与中国古代传统文化的相互关系是很有助益的。但是，笔者近几年来在接触这一问题时，始终有一个感觉，即以往学界之谈论佛教对于儒学的影响，经常着眼于某些具体的问题，如儒家的哪一个说法受到佛教的影响，哪一个术语来源于佛教，或者说某某儒者“出入于佛老”凡数十年，等等。不能否认，这种研究有其合理性，因为任何研究总是从具体问题开始的；但是，正如任何研究都有一个不断深入、不断发展的过程一样，对于佛教与儒学相互关系的探讨，似不宜老是停留于某些表面的现象，而应该在搞清楚这些现象的基础上，进一步去探讨其更深层、更根本的东西。笔者认为，这个更深层、更根本的东西之一，就是思维模式，或者更具体地说，就是“本体论”的思维模式问题。

为什么这么说呢？先看看儒家学说在思维模式上的历史演变。

一如本章第二节所言，儒家自孔子起其学说就一直建立在“天人合一”的思维模式基础上，但是到了宋儒，这种情况开始发生了变化。宋儒之学，虽然所谈仍不离“天”、“人”，但此时之“天”与“人”，已不是“合”，而是“天人本无二”、“天人一体”。宋儒虽然也说“天命”、“天道”、“天理”，但宋儒所说的“天理”，意蕴已与以前儒家所说的“天道”颇多异趣。如果说以前儒家所说的“天命”、“天道”更带有人伦道德之“立法者”的色彩，那么，宋儒之“天理”则在相当程度上是“心性”、“道心”之异称——二者体一而名二。也就是说，宋儒之学，虽然也主要是一种政治、伦理学说，但它所依据的哲学基础，已经不是“天人合一”，而是“本体论”的思维模式。这一点，我们可以从宋儒之伦理哲学自身得到证明。

在中国哲学史上，对哲学理论之建树，张载可以说是一位值得大书特书的重要思想家。所以这么说，并非因为张载是一位唯物主义思想家，更重要的还在于，张载所建立的“元气本体论”在中国古代哲学史上是一个重要的里程碑。诚然，早在魏晋时期，王弼、何晏就已不同程度地接触到本体论问题；但是，客观地说，魏晋玄学之本体论在相当程度上还只是一个雏形（而且就魏晋玄学说，其本身也受到佛教的影响）。中国古代的本体论，如果就表述之明确，思想之一贯，理论之系统说，当首推张载。张载之本体论，绝不像王弼那样，只停留在一句“以无为本”上，其“太虚无形，气之本体”（《正蒙·太和》）的思想贯彻在他的整个学说之中，特别是他的“天地之性”、“气质之性”理论，他的“乾坤父母”、“民胞物与”说，更是具体而系统地体现了他的本体理论。关于张载的“天地之性”、“气质之性”说对中国古代人性理论的贡献，我们将在下一章中加以讨论，这里仅想指出其“天地之性”的本体性格。

张载之外，宋儒之中，二程、朱子、陆九渊等大家，思维方法也都带有明显的本体论特点。例如，二程的“体用一源，显微无间”（《易传序》）说，朱子的“圣人与天地同体”（《中庸章句》）说，陆九渊的“宇宙便是吾心，吾心便是宇宙”（《杂说》）说，都是一种本体论的思维模式或以本体论为依托的政治、伦理哲学。尽管这些理学家们在阐发他们的政治、伦理思想时运用了许多传统的范畴，如“天道”、“人道”、“天理”、“心性”等等，但此时之“天道”、“天理”，已不同于传统儒学之作为社会政治、道德立法者的“天”，而在相当程度上是一个带有本体色彩的哲学、伦理范畴。如果说，传统儒学在“天”、“天道”与“人性”、“心性”的关系上，主要是在“天人合一”的大框架中谈“天”如何为“人”立法，“人性”如何根源于“天道”，人们应该如何“修心养性”以合于“天道”；那么，“新儒学”的思维方式则更倾向于“天人本无二，更不必言合”，亦即“天道”、“心性”本是一体，都是“理”（或“心”）的体现，在“天”曰“天理”，在“人”为“心性”。二者在思维方式上的区别，一是“天人合一”论，一是“本体论”。“天人合一”论的立足点，是“道之大原出于天”，“人道”是由“天道”派生的；本体论的基本思想，是“天”、“人”本是一体，不论是“天道”还是“心性”，都是作为本体的“理”（程朱一系）或“心”（陆王一系）的体现，不存在谁产生谁、谁派生谁的问题。虽然从总体上说，宋明理学还没有完全抛弃“天”，但其时之“天理”，已与传统儒学作为世间万物之主宰和人伦道德之立法者的“天道”不尽相同，它同“理”、

"心性"名异而实同，都是世间万物乃至人伦道德的本体。如果从人类理论思维发展史的角度说，前者较接近于"本源论"或"宇宙生成论"，后者则属现代哲学所说的"本体论"范畴。

儒学发展到明代之王阳明，又进入了一个新的阶段，或者说进入了一种新的境界。王学一个最突出的特点，就是把"心"、"性"、"理"乃至天地万物融为一体，而此"体"，用王阳明的话说，就是"良知"。

在王阳明的学说中，"良知"是一个生天生地、造化万物的宇宙本体。正如他在《传习录》中所说的："良知是造化的精灵，这些精灵，生天生地，成鬼成帝，皆从此出，真是与物无对。"（《传习录》下）"天地万物，俱在我良知的发用流行中，何尝又有一物超于良知之外。"（同上）王阳明的这两段话有两句可视为点睛之笔，即"良知"既"与物无对"，又无一物能超出其外。也就是说，"良知"既不是具体的事物，但天下万物又都是它的体现，用现代哲学的语言说，也就是"本体"。实际上，王阳明自己就屡屡使用"本体"二字：

> 良知者，心之本体，即前所谓恒照者也。（《答陆原静书》）
>
> 这心之本体，原只是个理。（《传习录》上）
>
> 我这里接人，原有此二种，利根之人，直从本原上悟入，人心本体，原是明莹无滞的，原是个未发之中，利根之人，一悟本体，即是功夫，人己内外，一齐俱透了。（《传习录》下）
>
> 良知即是未发之中，即是廓然大公，寂然不动之本体。（《传习录》中）

王阳明在这里所说的"本体"，与现代哲学所说的"本体"含义是很接近的，区别仅在于，王学中的"本体"不但是宇宙万物之本原，而且是人伦道德之本根。王学之深刻、细密，在相当程度上即植根于他的本体理论。

如果说宋明新儒家的政治、伦理学说的哲学基础主要是一种"本体论"的思维模式，或者至少带有浓厚的"本体论"的倾向，那么，现在的问题是，这种"本体论"的思维模式是如何形成的？

要弄清楚这个问题，有必要看看隋唐佛教理论的一些特点以及它与传统儒学的相互关系。

正如本章第一节所说，佛教注重抽象本体。但是佛教之本体，不管称为"真如"，还是叫"实相"、"法界"，都与中国传统文化中的有关术语及蕴涵不尽相同，这种"本体"较难为中国古代的文人学者直接接受。到了隋唐，受中国传统思想文化的影响，东传之佛教在思想内容及所用术语上都有了较大的变化，其中以用中国传统的“人性”、“心性”去谈佛性最为突出。但是，佛教谈论“人性”、“心性”时，并没有放弃其原有的思维模式，即其固有的本体论方法，而是用本体论的方法来谈“人性”、“心性”。这就出现了一种现象，即隋唐佛教的佛性理论变成了一种“人性”理论，或者“心性”理论，但这种“人性”、“心性”又与中国传统的“人性”、“心性”不同，而是一种本体化了的“人性”和“心性”(这一点我们将在下一章做具体的剖析和论述)，此其一。

其二，隋唐时期，特别是李唐一代，由于政治的开明和国力的强盛，在思想文化上采取一种开放的政策，对儒、释、道三教采取兼收并蓄的态度，这为各种思想文化系统之间的相互交融、吸收创造了十分有利的条件。佛教并不以吸收儒家或道家的思想为耻，而儒家虽然没有放松对于佛、道二教的攻击，但暗地里甚至公开地吸取了佛教的许多思想。加之，由于隋唐佛教的佛性理论在相当程度上已被儒学化，这更为儒学吸收佛教的思想提供了方便。

其三，从理论思维的发展规律看，“本体论”的思维方法，在理论思辨上，较“本源论”或者“天人合一”的思维方法为高。吸收较高层次的理论思辨来丰富和提高自身，这乃是思想理论发展的一般规律。从这个意义上说，儒家之吸收佛教的“本体论”的思维模式，乃是合乎思想理论的发展规律的。

其四，从具体的思想内容说，宋明新儒学亦称“心性义理之学”。此“心性”不是传统儒学的作为具体人的现实具体之心性，这在宋明新儒学中表现是十分明显的。例如，不管是张载的“天地之性”，还是程朱的“天理”，不管是陆九渊的“心”，还是王阳明的“良知”，在相当程度上都具有本体的性质，与佛教的“佛性”、“心性”没有什么本质的区别。

因此，要回答宋明新儒学本体论的思维模式是怎么形成的问题，答案只有一个，即受佛教的影响！受佛教本体论思维模式的影响！

第三章
佛性与人性

佛性，原指佛的体性、本性，通常用以指成佛的可能性。作为一种宗教，佛教的最终目的是成佛得解脱，因此，佛性问题是佛教的核心问题。

人性，指人的本性，或人区别于其他动物的特性。作为一种“人学”，儒学的出发点和落足点都是“人”，因此，人性问题一直是儒学的中心问题。

佛教东传之后，由于儒学是中国传统学术、文化的主流，为了求得在异国他乡的生存和发展，佛教对儒学一直采取迎合、依附的态度；与此相反，也许唯恐佛教夺走自己原有的地盘，儒学在相当长一个历史时期内对佛教一直采取“不合作”的态度，对它进行坚决的抵制和排斥，企图把佛教“放归桑梓”或“退回天竺”。但是，思想文化（包括宗教及宗教文化）的存在和发展，往往不以某些人或某个社会集团的主观意志为转移。中国古代思想史的事实证明，尽管作为中国传统文化主流的儒学及另一中国土生土长的宗教（道教）在相当长的历史时期内对佛教一直持排斥态度，但是，佛教不但没有被“退回天竺”，而且在后来成为与儒、道二教鼎足而三的一个重要社会思潮，中国甚至在相当长的一个历史时期内发展成为世界佛教的中心。

就思想理论说，佛教在中国的生存、演变和发展，在相当程度上是与儒学相互斗争、相互吸收、相互融会的过程。儒、佛之间的相互吸收和融会，除了上面言及的在思维模式方面的相互影响外，还表现在思想内容方面的相互吸纳和改铸，此中尤以作为儒学中心问题的人性学说和作为佛教核心问题的佛性理论之间的相互浸透、相互影响最为突出。下面我们将从儒、佛两家思想内容的演变的角度加以说明。

第一节　中国佛教的佛性理论

一如上一章所指出的，由于大乘佛教中的“佛”已被“本体”化，佛性在印度佛教中，是以一种“抽象本体”形式出现的，这种情形一直维持到完全中国化了的禅宗出现才告结束。而禅宗佛性理论的最大特点，就是把印度佛教中那个抽象化的“佛性”落实到现实的“人性”、“心性”上面。为了更好地揭示中国佛教佛性理论的历史发展，更深入地说明中国佛教的佛性理论如何受到中国传统文化特别是儒家“人性”学说的影响，有必要对禅宗以前的中国佛教的佛性理论做一个简要回顾。

从历史与逻辑相统一的角度说，中国佛教史上较有系统的佛性理论当始自东晋慧远之“法性论”和南朝梁武帝的“真神论”。也许因为是开端，因此，慧远和梁武帝的佛性理论都带有浓厚的糅合性和过渡性。

所谓“糅合性”，亦即不“纯粹”，不纯是传统佛教的佛性理论，而是把传统佛教的佛性理论与中国古代某种社会思潮或宗教、文化现象相融合。例如，慧远的“法性论”以“法性”为佛性，此“法性”一语，来自传统佛教，其思想内容也有传统佛教的成分，如慧远以“性空”、“无性”释“法性”，视“法性”之体性为非有非无、空有相即，这无疑具有大乘空宗般若实相的色彩；但是，当慧远把“法性”看成一种不变的“法真性”，执“法性”为实有，承认有一不灭之“神”为报应之主体时，慧远的“法性”又很接近于魏晋玄学的“本无”和中国传统宗教的“不死的灵魂”。例如，元康的《肇论疏》曾引《法性论》的一段话：“问云：‘性空是法性乎？’答曰：‘非也。’”这说明慧远的“法性”与般若性空不是一回事。性空是由空得名，把性空掉；而“法性”之性为实有，是法真性。实际上，慧远的“法性论”更接近于魏晋玄学的“本无说”，即都承认有一个形而上的实体。慧远本人就屡屡言及“本无与法性同实而异名”，一再强调“至极以不变为性”。

在《阿毗昙心论序》中，慧远还说：“己性定于自然，则达至当之有极。”（《出三藏记集》，卷一）意思是说，一切法的自性得自天然，是不改不变的，只有体认此不变之性，然后才能通达至当之极。

这与《法性论》的“至极以不变为性，得性以体极为宗”是同一个意思，都是以不变之真性来谈“法性”，与大乘般若学所说的诸法无自性是大相径庭的。

此外，从“法性”实有、不变这个基本思想出发，慧远宣扬人的精神是永恒长存的。而此一永恒不变之神，既是报应的承担者，又是成佛的根据。慧远认为，一般人处于生死流转之中，这是“顺化”；佛家的宗旨则在“反本求宗”。当人的精神反归与法性本体相冥合时，就进入了涅槃境界，精神就转化为“法身”。慧远在描述通过坐禅而达到与法性本体合一的状态时说：“运群动以至壹而不有，廓大象于未形而不灭，无思无为而无不为。”（《庐山修行方便禅经序》，见《出三藏记集》，卷九）就是说，当人的精神通过修禅而达到“无思无为而无不为”时，就进入了冥神绝境的涅槃境界。在《佛影铭》中，慧远则进一步把“法身”视作独存之精神。晋宋之际的宗炳是慧远的忠实信徒，对慧远的“神”即“法性”说极为赞赏并做了进一步的发挥，更明确地指出“无身而存神，法身之谓也”（《弘明集》，卷二），“无形而神存，法身常住之谓也”（《弘明集》，卷三）。

慧远的“神”即“法性”的思想，更集中地体现在其“神不灭论”中。所谓“神不灭”，亦即认为在人身上有一种永恒不灭之“神”，用慧远的话说，此“神”是“精极而为灵者也”。“精极则非卦象之所图，故圣人以妙物而为言，虽有上智，犹不能定其体状，穷其幽致。”（《弘明集》，卷五）也就是说，“神”是一种精极而无以名状的“精灵”，故圣人虽有上智，也不能察其体形，穷其幽微。此“神”虽无以名状，却有“冥移之功”，是“化之母”、“情之根”。其“冥移之功”，有如“火之传于薪”。薪虽有穷尽之时，而火却一代一代往下传，永不熄灭。（参见上书）此“神”又能“感物而动，假数而行。感物而非物，故物化而不灭；假数而非数，故数尽而不穷”（同上）。也就是说，它能感应万物而自身又不是物，所以万物化尽，而它却不灭。并且正是此“不灭之神”，乃人们所以能成佛的根据所在。当人们之“神”返归本体并与本体合一时，人们就进入了所谓的涅槃境界。

通观慧远的“法性论”，其所谓“法性”、“法真性”、“不灭之神”者，实际是一种糅合佛教的“佛性”、魏晋玄学的“本无”和中国传统宗教的“灵魂”的产物。

再如梁武帝的“真神论”。“真神论”的基本思想是以“真神”

为佛性。因为众生都有一不死之“真神”，故“成佛之理皎然”（《立神明成佛义记》）。

吉藏的《大乘玄论》卷三曰：“第六师以真神为正因佛性。若无真神，那得成佛？故知真神为正因佛性也。”吉藏这段话说明梁武帝的“真神论”把“真神”的存在作为人们成佛的根据。此中作为最终目的的“成佛”，无疑来自佛教；但就“真神”之内涵说，则与中国传统宗教所说的“灵魂”没有多大差别。中国古代祸福报应说认为，人死之后，灵魂并不随之死灭，而是随复受形，生时所做的善恶诸业，来生都会得到报应，报应的承担者就是不死之灵魂。梁武帝的“真神论”虽把报应主体易名为“真神”，在具体论述中换上了一些佛教的术语，但其基本思想与中土传统的灵魂说如出一辙。如在《立神明成佛义记》中，梁武帝说：“如前心作无间重恶，后识起非思妙善，善恶之理大悬，而前后相去甚迥，斯用果无一本，安得如此相续？”（《弘明集》，卷九）“神明以不断为精，精神必归妙果。”（同上）这表明梁武帝把不断之“心神”作为前后相续、善恶报应的主体；而所谓“必归妙果”，也就是必定成佛。

本来，印度佛教的“佛性”与中国传统宗教的“灵魂”是很不相同的，其中最大的区别在于，前者否定实体性，而后者则是一种不灭的精神实体。但是，当人们用中国传统的宗教、文化观念去接受和理解时，就把“佛性”变成了“灵魂”。当然，更准确地说，是把“佛性”与“灵魂”糅合起来，变成一种中国化的“佛性”。

所谓“过渡性”，是指慧远和梁武帝的佛性思想从理论上说都还不太成熟，属于中国佛性理论的酝酿准备阶段。如果从思想发展的逻辑进程看，中国佛性理论的成熟和系统化，当首推竺道生的佛性学说。

竺道生佛教学说的最大特点是“依义不依语”。考竺道生其人，学识广博，诸流兼综。他曾受业于僧伽提婆，学一切有部义，对《毗昙》等颇有所得；但道生不以《毗昙》为终的，常钻研诸经，斟酌杂论，后与慧观、慧严游长安，从鸠摩罗什习般若学，又深得般若扫相绝言之精义。道生虽通般若，但其学不以般若见长，而尤以《涅槃》为得意。道生所以得意于涅槃，又是以精通般若为基础，因此，竺道生的涅槃佛性说，完全以般若实相说为依据，是一种较成熟的、较接近于传统佛教的佛性理论，这一点可以从他对佛性的具体论述中得到证明。

其一，竺道生之谈佛性，或以“体法为佛”，曰：

以体法为佛，不可离法而有佛也。(《注维摩诘经·入不二法门》)

体法为佛，法即佛矣。(《大般涅槃经集解·狮子吼品》)

夫体法者，冥合自然，一切诸佛，莫不皆然，所以法为佛性也。(同上)

意思是说，所谓“佛”者，即在诸法之中，不离诸法而有；所谓“体法”，亦即体证诸法，与诸法合一。这也不是别有一物去体证，而是法即佛；体证者，亦即返归本然。换一个说法，所谓“佛”者，也就是“得本称性”、“归极得本”之谓。

其二，竺道生又常以“当理为佛”，曰：

当理者是佛，乖则凡夫。(《大正藏》，卷三十八，353页)

从理故成佛果，理为佛因也。(同上，375页)

佛为悟理之体。(同上，360页)

此谓理体即佛，关键在于当不当理，当理即佛，乖则是凡夫俗子。而此“理”究竟为何物？就是传统佛教所说的非有非无、即有即无之“中道理体”。

其三，在竺道生的学说中，“法”、“法性”、“理”、“佛性”、“佛”、“实相”是名异而实同，它们都是作为抽象本体的“中道实相”之别称。在这里，人们可以看到传统佛教佛性理论的基本思维模式和思想内容，亦即把佛、佛性看成一个作为一切诸法乃至众生诸佛本原之抽象本体。竺道生这种佛性理论的建立，与他“依义不依语”的性格有关——他并不是从某一部经典的某一个具体说法或者随从当时佛界多数人的看法去谈论佛性，而是以大乘佛教特别是般若学的义理为根据，建立自己的佛性理论的，这就使得他的佛性理论更接近于传统的佛教。

竺道生在中国佛教史上有“涅槃圣”之称，他的佛性理论的最大贡献是第一个提出了“一切众生悉有佛性”的思想，并很快入主中国佛教界，成为中国佛性理论的主流。隋唐二代，除唯识宗外，其他各个佛教宗派的佛性理论，都以“一切众生悉有佛性”的思想为基础。当然，由于各宗的学术师承不同，所依据的佛教经典也各各殊异，这就造成了各具特色的佛性理论。

天台宗的佛性思想以实相论为基础，认为此“实相”亦即“中道佛性”之异称，是一切众生乃至一切诸法之本原；反之，一切众生乃至一切诸法也都具有“中道佛性”。这就是智者大师在各种著述中反复言及的“一色一香，无非中道”的思想，后来荆溪湛然进一步把它发展成“无情有性”的理论。同时，天台智者又从“诸法互具”的立场出发，倡“性具善恶”，并以圆融理论为依据，主“贪欲即道”；在修行方法上，更统合“南义北禅”，强调“止观并重”、“定慧双修”，建立了一套比较完整的佛性理论。

所谓“性具善恶”，也就是说，佛性不但像传统佛教所说的那样，是至纯至善的，而且也具有恶性。智𫖮此“性具善恶”思想主要以“三因佛性”说为依据。

所谓“三因佛性”，亦即把佛性分为正因、缘因和了因。智𫖮在许多著作中都谈到“三因佛性”，虽然说法不甚统一，但基本上是以非有非无、不染不净之“中道实相”为正因，以五度功德能资助觉智开显正性为缘因，以般若观照能显诸法实相为了因。从思想内容说，智𫖮“三因佛性”说的基本观点有二：一是认为缘、了二因具有恶性。例如，当有人问智𫖮：“缘了既有性德善，亦有性德恶不?”他十分干脆地回答：“具。”后来的天台学者评论此答曰：“只一具字，弥显今宗。”也就是说，就这一个“具”字，把天台宗佛性学说的特点给显示出来了。当然，从逻辑上说，单有“缘了具恶”的思想，尚不能得出“性具善恶”的结论。因为，人们通常多是以“正因”言佛性的。按照这种理解，只要正因不“具恶”，即便缘、了二因“具恶”，也不能说佛性“具恶”。正是针对这种情况，智𫖮进一步倡“三因互具”，亦即正、缘、了三因不是相互隔绝的，而是相即互具的。在《法华玄义》等著作中，智𫖮指出：如果“十法界离合读之”，则“三因互具”，因为“诸法实相不出权实”，“诸法是同体权中善恶缘了，实相是同体善恶正因”（《大正藏》，卷四十六，934页）。也就是说，缘了与正因的关系有如诸法与实相的关系一样，是权与实的关系，是一体之两面。因此，“言缘必具了、正，言了必具缘、正，言正必具缘、了。一必具三，三即是一，毋得守语害圆诬罔圣意”（同上）。智𫖮此一“一必具三，三即是一”说，从理论方面圆融了其“性具善恶”说。因为，通过“三因互具”说，正因佛性就不单纯是非善非恶、不染不净的，而是亦善亦恶、亦染亦净了。

与“性具善恶”说相联系，天台智者又提出一种称为“贪欲即道”的理论。所谓“贪欲即道”，即本为佛教视为“三毒”①、“五

① “三毒”即贪（贪欲）、嗔（憎恨）、痴（愚昧）。

逆”[①] 的根本烦恼、业障，在智𫖮看来，本身就是“道”。此说于智𫖮可做两面观：一是权宜方便、随机摄化，二是三谛圆融、即妄而真。

方便说者，此如智𫖮所说：“佛教贪欲即是道者，佛见机宜知一切众生底下薄福，决不能于善中修道……令于贪欲修习止观，极不得止，故作此说……若有众生不宜于恶修止观者，佛说诸善名之为道。佛具二说。”（《摩诃止观》，卷四下）此谓说贪欲即道，是对钝机者、对底下薄福者而言，因这些人不能于善中修道，故作是说，令此类众生于恶中修道；对那些不宜于恶中修道的众生，佛则不说贪欲即道，而说诸善为道。实际上，不管说贪欲即道，还是说诸善为道，都是为了随机摄化，都是一种方便说。

此外，智𫖮“贪欲即道”思想更是其圆融无碍理论的具体体现。智𫖮的圆融无碍理论，集中表现在其“三谛圆融”说中。“三谛圆融”者，即“空”、“假”、“中”三谛相即互具、圆融无碍。“空”离不开“假”、“中”，“说空亦即假即中”；“假”离不开“空”、“中”，“说假亦即空即中”；“中”离不开“空”、“假”，“说中亦即空即假”。“空”、“假”、“中”是“三而一”、“一而三”的。表面上看是三，实际上，“虽三而一”，“不相妨碍”。这种理论贯彻到佛性论中，必然得出这样一个结论：大千世界的一切诸法（即佛教所说的“假”），不管它是善法还是恶法，实际上，“亦即空即中”。所谓“中”者，也就是“中道佛性”。这样，贪欲诸恶法之就是佛性，就是道，实是顺理成章的。

当然，天台宗之倡“性具善恶”和“贪欲即道”，并没有因此而否认修行；恰恰相反，天台宗历代祖师都十分注重修行，至智𫖮更提出一种“止观并重”的修行方法。

所谓“止”者，原意是止息散心，专注一境，亦即“禅定”；所谓“观”者，即观想智慧之义。这是佛教的两种修行方法。佛教传入中国后，在修行方法上曾出现过南义北禅的局面，即南方重义理，北方重禅定。到了天台智者大师，把这两种修行方法统一起来，认为“若夫泥洹之法，入乃多途。论其紧要，不出止观二法”（《大正藏》，卷四十六，462 页）。智𫖮在其一生的弘法活动中，屡屡强调此“止观”二法，有如车之两轮、鸟之双翼，不可或缺，不可偏习；如

---

① “五逆”又称为“五无间业”，意为感无间地狱果报之恶业，有“三乘通相五逆”、“大乘别途五逆”、“同类五逆”和“提婆五逆”诸说。通常所说之“五逆”为杀父、杀母、杀阿罗汉、破和合僧、出佛身血五罪。

若偏习，即堕邪倒。他认为，“止”对治驰荡，“观”破诸昏塞。如果修“止”时间长了，不能开发，即应修“观”；反之，如果修“观”既久，暗障还不能破除，即应修“止”。“止”是破除缚结之初门，“观”是断除烦恼之正要。成佛之路，虽然很多，但最重要的就是“止”、“观”两法，并且必须把“止”、“观”结合起来，才卓有成效。

天台宗佛性理论的主要特点，是富有创造性，很具中国特色，灌顶就说天台的“止观学说”是“智者说己心中所行法门”，智顗自己也说其“三止”说是“未见经论，映望三观，随义立名”。实际上，不但“止观学说”，天台宗的整个学说，多具“六经注我”的特点，因此，与传统的印度佛教比，在许多方面都有很大的变化。

在天台宗之后兴起的是法相唯识宗。唯识宗佛性理论的主要特点是专门弘扬大乘有宗的佛性学说，把有无“无漏种子”作为能否成佛的依据，由此建立“五种种姓说”。

“五种种姓说”的主要内容，是在佛性问题上把一切众生分为五类：一是“声闻乘种姓”，“声闻”者，意为闻佛声教而悟道，具此种姓者，依佛教义而修行，可证得罗汉果；二是“缘觉乘种姓”，具此种姓者，可从观察“十二因缘”中证得辟支佛果；三是“菩萨乘种姓”，具此种姓者，将来可证得佛果；四是“不定种姓”，此类众生将来既可证得罗汉果、辟支佛果，亦可成佛；五是“无性种姓”，此类众生不具有佛性，永远不能成佛。

“五种种姓说”的特点是主张有一部分众生不具佛性，永远不能成佛，因此亦称为“一分无性”。

“一分无性”说在印度佛教史上，是由瑜伽行派所提倡的。在中国佛教史上，汉魏时期的佛教也曾有此种说法，但自竺道生提出“一切众生悉有佛性”，并为佛教界所接受之后，“众生有性”思想就成了中国佛性理论之主流。但是，有些佛教经典中又明言“一阐提无性”，唯识宗的创始人玄奘西行求法的原因之一，就是想到印度去亲睹真经，弄清楚这个问题。据有关史料记载，玄奘在印度时曾同诸名僧大德讨论过这个问题，认为若将“一阐提”没有佛性的思想搬回中国，可能吃不开，因此准备将此义略去不说。这个想法遭到戒贤法师的严厉斥责。结果，玄奘终于屈从师训，把“五种种姓说”作为一种基本教义带回中国，并把它作为唯识宗的家传秘法，传授给窥基。由于“五种种姓说”把相当一部分人拒于佛门之外，埋下了唯识宗“短命”的种子，加之他从印度搬回的法相唯识学具有深厚的经院习气，不适合中国的国情，因此，唯识宗虽然在唐初借助玄奘的声威和李唐王朝的支持曾经盛极一时，但时隔不久，便告消沉，成为一个短命的佛教宗派。

唐代另一个较有影响的佛教宗派是华严宗。华严宗佛性理论的特色是“净心缘起论”，认为所谓佛性，也就是“如来藏自性清净心”。此“清净心”至纯至净，毫无杂染，是一切诸法之本原，众生成佛之根据。众生与诸佛原本无差，都是此“清净心”的体现，差别仅在于迷悟不同。世俗凡夫，由于迷真起妄，故假号众生；若能离妄还源，即本来是佛。华严宗这种佛性理论，宗密在其《禅源诸诠集都序》中曾有一个十分概括的论述。他说：“谓六道凡夫，三乘圣贤，根本悉是灵明清净一法界心。性觉宝光，各各圆满，本不名诸佛，亦不名众生。但以此心灵妙自在，不守自性，故随迷悟之缘造业受报，遂名众生；修道证真，遂名诸佛。又，虽随缘而不失自性，故常非虚妄，常无变异，不可破坏，唯是一心，遂名真如。故此一心，常具真如、生灭二门，未曾暂阙。”（《禅源诸诠集都序》，卷四）宗密此说除了较准确地概括了华严宗的佛性理论外，还点出了华严宗的一个重要特点：其佛性理论受到曾被疑为“伪经”的《大乘起信论》真如随缘、不变思想的影响。

华严宗佛性学说的另一个重要特点，是其“圆融无碍”理论。此“圆融无碍”，华严宗也称为“无尽缘起”。所谓“无尽缘起”，亦即缘起的重重无尽。“法界”固然是体，但又不仅仅是体；缘起虽然是用，但又不纯粹是用。体用之间并非悬隔殊绝、情同楚汉，而是体用全收、圆通一际、溶融自在、无尽难名。这种圆融理论具体地体现在其“四法界”①、“六相圆融”②、“十玄无碍”③ 中。而如果就

---

① “四法界”，即“事法界”、“理法界”、“理事无碍法界”、“事事无碍法界”。此“四法界”说的核心是，通过阐述世间一切诸法都是“一真法界”随缘的产物，借以说明众生与诸佛是圆融无碍的。

② “六相圆融”，华严宗认为，一切事物同时都具有六种相状，即“总相”、“别相”、“同相”、“异相”、“成相”、“坏相”。此六种相状既各有自身的特点，又是相入相即的。因其相入相即，因此“总即是别”、“同即是异”。

③ “十玄无碍”，详见法藏所撰《华严一乘教义分齐章》卷四。其主要思想是说明各缘起法之间都是相入相即的，不论空间上粗细、广狭，还是时间上的一念、十世，乃至数量上的一多、诸法，都是相即自在、圆融无碍的。就其目的而言，是为了论证一切众生，本来具足如来圆满德性。众生与佛，本来无异，差别只是迷悟不同。众生若能悟此无尽缘起之理，称性而起，即可做佛。

其理论归趣言，最后都是为了说明一切众生，本来是佛，因迷妄而有众生之假号，妄尽还源，即本来是佛。

华严宗佛性理论的圆融性还体现出对以往各家佛性学说的统摄兼融，这一点突出地表现在其“方便五性”说上。针对以往各家各派对于佛性问题的不同看法，华严宗认为，所谓“五种佛性”说，实际上是“约机明得法分齐”，即针对不同根机，方便各述一门，均是随机摄化，其义各不相违。若“终教”以上，即“遍一切众生皆悉有性”，至于“圆教”，则不但众生悉有佛性，而且“一位一切位”，一切众生都“本来是佛”。(参见《华严一乘教义分齐章》，卷二)

纵观隋唐几大佛教宗派的佛性理论，有一个共同的特点，即他们所说的“佛性”，都是一种抽象的本体。不管是天台的“中道实相”，抑或华严的“如来藏自性清净心”，不但用语来源于印度佛教，思想内容上也带有浓厚的传统佛教的色彩。当然，这一说法是从相对的意义上立言的，因为，不管是天台的“实相”，还是华严的“清净心”，它们的内涵已与印度的传统佛教不尽相同，已逐渐从注重抽象的本体转向以“心”甚至以“觉心”谈佛性。如天台宗不但倡“心是诸法之本，心即总”(《法华玄义》，卷一上)，认为成佛的关键在于能“反观心性”、“反观心源”，而且以“觉心”释佛性；华严宗“唯心”的倾向较天台为甚，其圆融理论就是以“随心回转，即入无碍”为最后依据，至澄观甚至用“灵知之心”解释“本觉”，这就使“心”更具有“具体心”的意义。但是，相对于更加中国化或者说完全中国化了的禅宗而言，它们则带有更多传统佛教的成分。到了禅宗，这种情况就发生了根本性的变化。禅宗作为佛性的“人性”、“心性”，从一定意义上说，固然也是一种“本体”，但它已不那么“抽象”了，而是具体落实到现实的“人性”、“心性”上面。至于禅宗的佛性理论何以会发生这种变化，这正是下面我们所要探讨的问题。

第二节　儒家的人性、心性学说

要弄清楚禅宗何以会把传统佛教中的抽象佛性落实到“人性”、“心性”上，至关重要的一个环节，是必须搞清楚对中国佛教产生重大影响的儒家伦理哲学。

正如上一章所说的，儒家学说主要是一种“人学”或曰“人本”哲学。十分自然，人的问题，特别是人的特性、本性问题是儒学所要着重探讨的问题。事情本身正是这样，儒家从孔孟起，就致力于人性的探讨。

也许由于刚刚把视野从“天上”拉到了“人间”，孔子虽重“人”，但罕言及“性”，只说了个“性相近也，习相远也”（《论语·阳货》）。到了孟子，情形就开始发生变化。孟子的学说，有相当大一部分内容是在探讨人之所以成为人的“特性”或“本性”问题。

现行的各种中国哲学史教科书中，几乎都有孟子“性善论”一节，但是，从各种教科书对孟子“性善论”的具体论述看，多是从伦理学的角度，从道德评价、价值判断的角度去讨论孟子的“性善论”，亦即多从作为道德范畴的“善”或“恶”的角度去评析孟子的人性理论。实际上，如果从历史的和哲学角度去看待孟子的人性理论，人们还可以从孟子的“性善论”中获得一种新的理解。

固然，孟子的“性善论”有从相对“恶”的角度去谈人性善，但是，应该看到，孟子更有从人之本性“善于”禽兽的本性的角度去谈“性善”。也就是说，孟子所说的“性善”，并非单指人性“不恶”之善，而是说，人之成其为人，有“优于”或曰“善于”禽兽的地方。请看孟子自己的论述。

首先看看孟子所说之“性”究竟何所指？这一点，《孟子》载有一段孟子与告子的问答，现摘录于下：

> 告子曰：“生之谓性。”孟子曰：“生之谓性也，犹白之谓白与？”曰：“然。”“白羽之白，犹白雪之白；白雪之白，犹白玉之白与？”曰：“然。”“然则犬之性犹牛之性，牛之性犹人之性与？”（《孟子·告子上》）

这段话表明孟子不赞成告子“生之谓性”的说法。他诘问告子：如果以“生”为“性”，那么也就是说，一切白色的东西其性都没有差别，白羽、白雪、白玉之性都相同，犬之性也就是牛之性，牛之性也就是人之性?！他认为，所谓“性”应该是某一个属类的特性、个性。例如，人之性，应该是人区别于其他生物如禽兽等的特性，而不是把一切生物之属性都看成人之本性。他指出：

> 人之所以异于禽兽者几希，庶民去之，君子存之。（《孟子·离娄下》）

此谓人之异禽兽的地方虽然不多，但人之性与禽兽之性是有差别的，小人不懂得爱惜、保存这种“善性”，君子反是，能够存养之，因此有君子、小人之分野。

对于人与禽兽之性的异同，孟子还以“小体”、“大体”言之。他认为，“小体”者，是人与禽兽所相同者，而“大体”则是人区别于禽兽、人之所以成其为人的东西。在《告子》篇中，孟子指出：

> 体有贵贱，有小大。无以小害大，无以贱害贵。养其小者为小人，养其大者为大人。（《孟子·告子上》）
>
> 公都子问曰：“钧是人也，或为大人，或为小人，何也?”孟子曰：“从其大体为大人，从其小体为小人。”曰：“钧是人也，或从其大体，或从其小体，何也?”曰：“耳目之官不思，而蔽于物，物交物，则引之而已矣。心之官则思，思则得之，不思则不得也。此天之所与我者。”（同上）

此中所说之“大体”、“小体”，古人释之曰：“大谓心志，小谓口腹。”（《诸子集成·孟子正义》，466页）也就是说，只懂得贪求声色口味之欲者，这与禽兽无多大差别。人之成其为人，特别是要成为贤者圣人，则必须养其“大体”，即“心志”。此“心志”乃是“天”所特别赐给“我”——即“人类”——的“特殊的本性”，亦即“人性”。

那么，作为人之特性的“心志”又具体表现在哪些方面呢？孟子又说：

> 口之于味也，有同耆焉；耳之于声也，有同听焉；目之于色也，有同美焉，至于心，独无所同然乎？心之所同然者何也？谓理也，义也。圣人先得我心之所同然耳。故理义之悦我心，犹刍豢之悦我口。（《孟子·告子上》）
>
> 口之于味也，目之于色也，耳之于声也，鼻之于臭也，四肢之于安佚也，性也，有命焉，君子不谓性也。（《孟子·尽心下》）
>
> 君子所性，仁义礼智根于心。（《孟子·尽心上》）

这几段话的意思是说，声色味臭之欲，是一种本能，而不是人所独有之本性，人之特性乃在于仁义礼智诸品德，而这些品德对于人来说并不是成熟和定型的，它往往作为一种“善端”植根于“心”，这就是孟子所说的“恻隐之心，仁之端也；羞恶之心，义之端也；辞让之心，礼之端也；是非之心，智之端也”（《孟子·公孙丑上》）。在孟子看来，如果没有这种“善端”，就不成其为人，故孟子曰：“无恻隐之心，非人也；无羞恶之心，非人也；无辞让之心，非人也；无是非之心，非人也。”（同上）因此，如果要对孟子的人性理论加以归结的话，那就是孟子把“仁义礼智四端”看成人之成其为人的本性或特性。

笔者以为，这样去看待和谈论孟子的人性理论，才更合乎孟子之本意，也才更能看出孟子如何致力于对于人之“特性”或“本性”的探讨。单纯从“善”、“恶”的角度去讨论孟子的“性善论”，有时容易舍本求末。当然，这种探讨并不是笔者的发明，张岱年先生早在其《中国哲学大纲》中就有这种思想倾向，只是因为是大纲，没有充分展开罢了。此外，早在一千多年前，西汉大儒董仲舒就是从这个角度去评论孟子的人性理论的。他说：

> 或曰性也善，或曰性未善，则所谓善者，各异意也。性有善端，动之爱父母，善于禽兽，则谓之善。此孟子之善。循三纲五纪，通八端之理，忠信而博爱，敦厚而好礼，乃可谓善。此圣人之善也。……由是观之，圣人之所谓善，未易当也，非善于禽兽则谓之善也。使动其端，善于禽兽，则可谓之善，善奚为弗见也？夫善于禽兽之未得为善也，犹知于草木而不得名知。（《春秋繁露·深察名号》）

从思想观点上说，董子不赞成孟子的“性善”说，但他把孟子所说的“性善”看成“善于”禽兽之“善”，而非“善”、“恶”之善，则是明确不容置疑的。时人谈论孟子的“性善论”，董子此说不可不知，张岱年先生的《中国哲学大纲》一书，亦不可不读。

孟子之后的另一大儒是荀子。荀子之人性论与孟子很不相同，或者说正相反对。此中所言的“正相反对”，亦不是如学界平常所说的，一个主“性善”，一个倡“性恶”，而主要指他们对于人之所以成为人的本性的理解上观点的对立。“正相反对”的另外一个含义是他们在人性理论上带有相互批判的味道——此说也许会引起歧义——因为荀子远在孟子之后，孟子何以批判荀子？实际上，荀子对于“人性”的看法有点接近于告子，而孟子对于告子是持明显的批判态度的。

先看看荀子是怎么给“性”下定义的。下面简撮几条荀子对于“性”的表述：

> 凡性者，天之就也。(《荀子·性恶》)
>
> 生之所以然者谓之性。(《荀子·正名》)
>
> 不事而自然谓之性。(《同上》)
>
> 性者，本始材朴也。(《荀子·礼论》)

在荀子看来，所谓“性”者，乃是天生之本然也，是不可学不可事的。这样去谈论“性”，与告子的“生之谓性”、“食色，性也”的观点是相近或者说是相同的。这种观点有一个长处，即指出了“性”之为物，是不可改、不可易的；但这种观点又有一个缺陷，即没有指出所谓“性”者，乃是指此物区分于彼物的“特性”。因此，如果孟子在世，他同样可以用批判告子的那些论点去驳斥荀子，亦即“犬之性犹牛之性，牛之性犹人之性与”?!

当然，荀子也具体地谈到了“人”的“性”。他说：

> 凡人有所一同：饥而欲食，寒而欲暖，劳而欲息，好利而恶害，是人之所生而有也，是无待而然者也。(《荀子·荣辱》)
>
> 今人之性，生而有好利焉，顺是，故争夺生而辞让亡焉；生而有疾恶焉，顺是，故残贼生而忠信亡焉；生而有耳目之欲，有好声色焉，顺是，故淫乱生而礼义文理亡焉。(《荀子·性恶》)
>
> 人之性恶，其善者伪也。(同上)
>
> 若夫目好色，耳好听，口好味，心好利，骨体肤理好愉佚，是皆生于人之情性者也。(同上)

实际上，不管哪一种说法，荀子都没有道出人之成其为人的“特性”，因为不仅仅人，动物也都具有饥而欲食，寒而欲暖，口好味，目好色的本性。荀子所着力加以说明的，只是指出这种“好利恶害”的本性是“恶”，顺是，则争斗起而忠信亡。

此外，荀子“性恶”说的另一个重要特点，是严分“性”、“伪”，亦即“性”是本自天然的，不可改易的，而“伪”者，则是后天的人为。他批评孟子的“性善论”曰：

> 孟子曰：人之学者，其性善。曰：是不然，是不及知人之性，而不察乎人之性伪之分者也。凡性者，天之就也，不可学，不可事；礼义者，圣人之所生也，人之所学而能，所事而成者也。不可学，不可事，而在人者，谓之性；可学而能，可事而成之在人者，谓之伪。是性伪之分也。今人之性，目可以见，

耳可以听；夫可以见之明不离目，可以听之聪不离耳，目明而耳聪，不可学明矣。（《荀子·性恶》）

概言之，“性”是先天的本能，“伪”是后天的作为；“性”是不可学不可事的，“伪”是能事而能成的；“性”是不可丧、不可离的，“伪”是有得有失的。荀子严分“性”、“伪”的目的，是要“化性起伪”、“弃恶生善”。从这个意义上说，荀子的“性恶论”与孟子的“性善论”殊途同归。所谓“同归”者，孟子主“性善”，是要人“存养”、“扩充”此“善端”，目的是要成贤做圣；荀子倡“性恶”，是要人“化性起伪”。而圣人就是积伪的结果，此诚如荀子所说：“积善而全尽，谓之圣人。彼求之而后得，为之而后成，积之而后高，尽之而后圣。故圣人也者，人之所积也。”（《荀子·儒效》）所谓“殊途”者，即修行的方法不同。孟子主“性善”，“仁义礼智，非由外铄我也，我固有之也”（《孟子·告子上》）。因此，只要“反求诸己”，就可得到，走的是一条注重主观内省的道路。荀子则反是，因为“善”乃是后天“积伪”的结果，因此，他特别重视后天的学习、圣人的教化乃至环境的作用。荀子的著作中屡屡出现“习”、“行”、“注错习俗”等带有一定实践成分的术语，体现了与孟子不尽相同的修养方法。

进入秦汉，最著名的儒者当推董仲舒。董仲舒的“人性论”，前人谈得较多的是其“性三品说”，此不复赘。这里拟着重看看他对“人性”自身的界说。

董仲舒对“人性”本身的看法，既不同于孟子，也不同于荀子。就其以“生”、以“质”言“性”说，离告子、荀子近些。在《春秋繁露·深察名号》中，他说：

性之名，非生与？如其生之自然之资谓之性。性者，质也。

这是以生之自然之资、自然之质言性，与告子之“生之谓性”和荀子的“性者，本始材朴”说无大差别；所不同的是，董仲舒并不以此自然之质为恶，同时，他也反对孟子的人生而具有“善端”的说法。他把此“质”与“善”看成“禾”与“米”的关系，曰：

性比于禾，善比于米。米出禾中，而禾未可全为米也。善出性中，而性未可全为善也。善与米，人之所继天而成于外，非在天所为之内也。（《春秋繁露·深察名号》）

也就是说，“善”虽然出于天生之性中，但“善”并非纯是天然，而是“成于外”的，即有待后天的作为。如禾可生长而为米，但禾不是米；茧可复而为卵，但茧非卵。人性亦然，人性虽可借助王道教化而成善，但人性本身非善：“性待渐于教训而后能为善。善，教训之所然也，非质朴之所能至也。”（《春秋繁露·实性》）董子认为，如果像孟子所认为的那样，人性本来具有天然之“善端”，这就“失天意而去王任也。万民之性苟已善，则王者受命尚何任矣”（《春秋繁露·深察名号》）？意思是说，如果万民之性本善，那王道教化不就形同虚设了吗？这种说法显示了董仲舒人性学说带有为王道政治做论证的政治色彩。

董仲舒谈人性之善恶，有一特点，即视“善”很高。他坚决反对孟子把“善于禽兽”称为“善”，而认为圣人所说之“善”，是指“循三纲五纪，通八端之理，忠信而博爱，敦厚而好礼，乃可谓善”（同上）。对于“善”与“未善”，董仲舒有一个说法，曰：

> 质于禽兽之性，则万民之性善矣；质于人道之善，则民性弗及也。万民之性善于禽兽者许之，圣人之所谓善者弗许。吾质之命性者，异孟子。孟子下质于禽兽之所为，故曰性已善；吾上质于圣人之所为，故谓性未善。（同上）

也就是说，如果以禽兽之性为基点或标准，那么，人性确实是善的；但是，如果以人性之善为标准，则万民未能及此善也。孟子说人性善，就其指善于禽兽之性言，这是可以的，但这不是圣人所说之善。对于人性之善恶究竟要以什么为标准这一点上，我与孟子的看法不同。孟子以禽兽之性为基点、为标准，因此称人性善；我所说的善是指圣人之谓善，所以认为人性未善。

那么，如果舍去善恶不谈，董仲舒又以什么为人性呢？他说：

> 圣人之性，不可以名性；斗筲之性，又不可以名性。名性者，中民之性。（《春秋繁露·实性》）

也就是说，在“三品”中，上、下二品都不可以言性，只有中品之“中民之性”才能代表人之性。在董仲舒看来，上品之“圣人之性”，具有天生之善性，下品之“斗筲之性”，具有天生的恶质，二者都不是他所说的“天质之朴”，因此，都不可以言性。这一说法与我们在开头所说，董仲舒以天然资质谈性是一致的。

此外，董仲舒的人性理论还有一个重要特点，即主张“情性不分”。在他看来，“天两有阴阳之施，身亦两有贪仁之性”（《春秋繁露·深察名号》）。此中所谓“贪”者，即情欲也；所谓“仁”者，即指善性。此性之与情，乃人一身而二兼：“身之有性情也，若天之有阴阳也。言人之质而无其情，犹言天之阳而无其阴也。”（同上）这种情性理论对后来的人性理论产生了深刻的影响。如汉之刘向也讲情性，其基本观点是“性情相应，性不独善，情不独恶”（转引自荀悦：《申鉴·杂言下》），即认为情并非像董仲舒所说的有恶而无善。南北朝之刘昼主张性善情恶论，他说：

> 人之禀气，必有性情。性之所感者情也，情之所安者欲也。情出于性，而情违性；欲出于情，而欲害情。情之伤性，性之妨情，犹烟冰之与水火也。烟生于火而烟郁火，冰出于水而冰遏水，故烟微而火盛，冰泮而水通。性贞则情销，情炽则性灭。……故明者刳情以遣累，约欲以守贞。……此全性之道也。（《新论·防欲》）

刘子的基本观点是情欲害性，要全性必须刳情、去欲。

情性理论至唐代又起一高潮，自诩远续孔孟道统之韩愈就大讲情性。韩愈的情性理论有这样几个基本观点：第一，性是与生俱生的，情是接于物而生的；第二，情与性都有上、中、下三品；第三，情与性都不是纯善或纯恶的，性之下者，“恶焉而已矣”，情也有中节与不中节之分。

讲情性而与佛教和宋代儒学关系都很密切，影响也最大者，当推唐之李翱。李翱之《复性书》对情性的看法观点鲜明：性善情恶。就其基本思想说，可归纳为以下数端：第一，“性者天之命也”，“情者性之动也”；第二，“人之所以为圣人者，性也；人之所以惑其性者，情也”，亦即性是至纯至善的，情是惑障之根源；第三，圣人非无情，百姓非无性，差别仅在于“圣人寂而不动，不往而到，不言而神，不耀而光，制作参乎天地，变化合乎阴阳。虽其情也，未尝有情也”，而百姓者，则“为情之所昏，交相攻伐，未始有穷，故终身不自睹其性焉”。他还以清水与泥沙来说明性与情的相互关系，曰：

> 桀纣之性，犹尧舜之性也，其所以不睹其性者，嗜欲好恶之所昏也，非性之罪也。……水之性清澈，其浑之者，沙泥也。方其浑也性岂遂无有邪？久而不动，沙泥自沉，清明之性鉴于

天地，非自外来也。故其浑也，性本弗失；及其复也，性亦不生。人之性，亦犹水也。（《复性书》）

李翱这段话，意思很清楚，不拟赘释。这里所要指出的是，如果说李翱的情性理论乃自董仲舒以来儒家人性理论的继续和发展，那么，在唐代禅宗特别是以慧能为代表的南宗禅里，我们可以看到与李翱的情性理论不仅思想相近，而且连比喻、术语都没有多大差别的佛性理论。

除了人性以外，儒家伦理哲学的另一个重要特点是注重心性，这一特点，实际上是由儒学人性理论的思想内容决定的。试以孟子为例。孟子之谈人性善，是从人善于禽兽立论，而人在哪些方面善于禽兽呢？一言以蔽之，心也。人有恻隐之心、恭敬之心、辞让之心、是非之心，而禽兽无之，所以人性善于禽兽之性；而君子又是人中之杰，“君子所以异于人者，以其存心也”（《孟子·离娄下》），君子能“以仁存心，以礼存心”（同上），所以，君子能超越凡夫俗子。孟子更经常语及“大人”、“小人”。“大人”、“小人”的重要区别之一，就是“大人”能“从其大体”、“养其大体”（“大体”即“心”）；而“小人”则只懂得以饮食声色养其“小体”，“饮食之人，则人贱之矣”，何者？“为其养小以失大也。”（《孟子·告子上》）基于这种人性、心性理论，孟子的修养学说把落点放在“反求诸己”、“存养心性”：所谓“大人者，不失其赤子之心者也”（《孟子·离娄下》），“存其心，养其性，所以事天也”（《孟子·尽心上》），“尽其心者，知其性也，知其性，则知天矣”（同上），都是以“心”为最后的落点和归趣。

荀子之重心性，不亚于孟子。先看看荀子对于“心”的有关论述：

心者，形之君也，而神明之主也，出令而无所受令。（《荀子·解蔽》）

天职既立，天功既成，形具而神生，好恶、喜怒、哀乐臧焉，夫是之谓天情；耳、目、鼻、口、形，能各有接而不相能也，夫是之谓天官；心居中虚，以治五官，夫是之谓天君。（《荀子·天论》）

人何以知道？曰：心。心何以知？曰：虚壹而静。心未尝不臧也，然而有所谓虚……心生而有知。（《荀子·解蔽》）

从这些论述看，荀子不但把“心”看成人之形体、神明的主宰，而且是知“道”之主体。这种观点对汉代大儒董仲舒颇有影响。董子之论“心”，亦把“心”视为身体之“本”，曰“身以心为本”（《春秋繁露·通国身》），曰“凡气从心。心，气之君也，何为而气不随也？是以天下之道者，皆言内心其本也”（《春秋繁露·循天之道》），曰“一国之君，其犹一体之心也。隐居深宫，若心之藏于胸。至贵无与敌，若心之神无与双也”（《春秋繁露·天地之行》）。“心”对于人的至关重要性及其主宰作用，决定了以人为出发点和落足点的儒家伦理学说不能不十分注重“心性”。

儒学之重“心”，还表现在这样一点上，即宋儒所说的作为历代圣贤心心相传的个人修养和治理国家重要原则的“十六字心传”，所谓“人心惟危，道心惟微，惟精惟一，允执厥中”（《尚书·大禹谟》）。此中所言之“人心”，即包括人欲在内的现实具体之“心”；而所谓“道心”，即作为“天理”体现的“义理之心”。隋唐佛教的天台、华严、禅宗所说的“心”都带有“真心”和“具体心”双重成分，与儒家这一历代相传的“人心”、“道心”说，不能说毫无关系。

总之，儒学之重“人性”、“心性”，这乃是作为“人学”之儒学的必然结果，而儒学之在中国古代传统文化中的主流地位，又使得传入中国的佛教不能不受此“人性”、“心性”理论的影响。

第三节　儒学影响佛教最大者是人性、心性论的思想内容

在本章的第一节中，我们梗概地叙述了中国佛教佛性理论之发展线索，指出禅宗之前包括天台、华严二宗的佛性理论仍带有传统佛教的抽象本体的特点。在这一节中，我们将着重阐述完全中国化了的禅宗的佛性理论所具有的注重“人性”、“心性”的特点以及这一特点是如何形成的。

与世界上任何事物的发展都有一个过程一样，慧能南宗禅的出现，也不是异峰突起，它既有其先行者的思想成分在，也以当时整个中国佛教的发展为背景。

虽然从总体上说，天台、华严二宗的佛性学说仍具有传统佛教强调抽象本体的性格，但具体而论，作为两个比较具有中国特色的

佛教宗派，天台宗和华严宗的佛性学说已经开始出现一种注重“心性”的倾向。例如，在天台宗人的著述中，虽然他们常常以中道实相说佛性，但已逐渐出现把诸法实相归诸一念心的倾向。如慧思就曾以“觉心”释佛性，曰：“佛名为觉，性名为心。”（《大乘止观法门》，卷二）智顗更明确地把“心”作为诸法之归趣，曰：“心是诸法之本，心即总也。”（《法华玄义》，卷一上）并把“反观心源”、“反观心性”作为修行成佛最根本的方法。智顗的弟子灌顶也说：“观一念心，即是中道如来宝藏，常乐我净佛之知见。”（《观心论疏》，卷三）可见，天台宗的佛性学说已经出现了一种注重唯心的倾向。

与天台宗比，华严宗佛性理论的唯心色彩则更浓。本来，华严宗是以《华严经》为宗本的。《华严经》的基本思想之一，是在“法性本净”的传统看法上，进一步阐明一切诸法乃至众生诸佛是平等互即、圆融无碍的。可是，当华严宗人以“十玄无碍”、“六相圆融”、“理事无碍”等理论去解释法界缘起、生佛关系时，就侧重于以“各唯心现故”去解释万事万物乃至众生与佛的相入相即，指出“一切法皆唯心现，无别自体，是故随心回转，即入无碍”（《华严经旨归》）。他们认为，一切万法乃至诸佛“总在众生心中，以离众生无别佛德故”（《华严经探玄记》，卷一）。“心心作佛，无一心而非佛心”（同上），“离佛心外无所化众生……是故众生举体总在佛智之中”（《答顺宗心要法门》）。总之，心佛与众生，是平等一体，相即互融的。从这个思想出发，华严宗侧重于从心之迷悟去说生佛之异同，指出“特由迷悟不同，遂有众生及佛”（《大华严经略策》）。

这里有一个问题需顺便说及，即在印度佛教诸经论中，也有“心佛与众生，是三无差别”、“三界无别法，唯是一心作”等说法，为什么我们把天台、华严二宗以上的唯心倾向视为中国佛教的一个特色呢？此中之关键，是如何看待二者所说的“心”的内涵。毋庸讳言，由于中国佛教源于印度佛教，其思想内容乃至著述用语，多有沿用印度佛教者在。但是，作为在中国的佛教，它又多是通过中国僧人的思维方法、心理习惯去理解、去接受的，这就使得同一用语常常具有不同的内涵、意蕴。天台、华严二宗的唯心理论，也具有这一特点。他们所说的“心”虽然也含有与传统相同的作为抽象本体的“真心”、“清净心”的意思，但是，不容否认，亦在一定程度上带有中国传统文化的色彩，特别是作为中国传统文化主流的儒家伦理哲学之“心性”的特点。例如天台宗所说的“觉心”、“众生心”、“一念心”，虽然也含有作为诸法本体的“实相”、“真心”的成分，但在相当程度上与儒家所说的“心性”是相通的。至于华严宗常常于“理”、“事”、“本”、“末”外另立一“心”，并且屡屡以“各唯心现”、“随心回转”说诸法的相入相即、圆融无碍，此“心”与“法性”、“真心”是当有所区别。也就是说，华严宗所说的“心”，既指“真心”，又含有“具体心”的意思。虽然后来法藏曾把“十玄门”中之“随心回转善成门”改为“主伴圆明具德门”，此中的用心也许是为了避免由于唯心倾向所造成的理论上的矛盾，但这正好从反面说明，在法藏的思想中，唯心倾向已达到相当的程度。澄观的这种唯心倾向则更进一步，他甚至用“灵知之心”来解释“本觉”，这就使“心”更具有儒家所说的“心性”的性质。

如果说天台、华严二宗把“心”具体化主要表现为一种倾向，那么，至禅宗倡“即心即佛”，把一切归诸自心自性，心的儒学化、具体化就发展到了一个新的阶段。也就是说，在天台、华严二宗那里，“心”的双重性质主要表现为“真心”的基本内涵与具体心的倾向性的糅合；而在禅宗的佛性学说中，“心”虽然有时也被作为本体“真心”来使用，但就其基本内涵说，已接近儒家所说的“心性”。这一点可以从禅宗的有关著述中得到说明。

首先，我们来看看作为禅宗基本经典的《坛经》。

读过《坛经》的人，大概都会有一个感觉，《坛经》不像传统佛教的经典那样艰深晦涩；而从事中国古代哲学研究的人读《坛经》，则会有另一个感觉，即《坛经》中很多思想和说法都“似曾相识”。

《坛经》的基本思想之一，是“即心即佛”。在《坛经》中，慧能把一切众生乃至诸佛都归结于“自心”，他说：

> 听吾说法，汝等诸人，自心是佛，更莫狐疑，外无一物而能建立，皆是本心生万种法。故经云．心生种种法生，心灭种种法灭。（《坛经》。以下凡出自《坛经》之引文，均不再加注）
>
> 吾今教汝，识自心众生，见自心佛性。
>
> 故知万法，尽在自心。

显然，慧能这里所说之“心”，已不像传统的佛教经典中的“心”那样虚玄、抽象，而是给人一种较为现实、具体的感觉。当然，仅凭感觉是不能作为立论的根据的，因此，可以进一步看看慧能的其他论述。

在《坛经》中，慧能说：

> 经文明言自归依佛，不言归依他佛。自性不归，无所归依。今既自悟，各须归依三宝。内调心性，外敬他人，是自归依也。
>
> 心地但无不善，西方去此不遥；若怀不善之心，念佛往生难到。
>
> 汝今当信，佛知见者，只汝自心，更无别佛。……吾亦劝一切人，于自心中常开佛之知见。
>
> 汝自观本心，莫著外法相，法无四乘，人心自有等差。
>
> 自归依者，除却自性中不善心、嫉妒心、谄曲心、吾我心、狂妄心、轻人心、慢他心、邪见心、贡高心，及一切时中不善之行，常见自己过，不说他人好恶，是自归依。常须下心，普行恭敬，即是见性通达，更无滞碍，是自归依。

这里所说的“心”、“人心”、“自心”，很难作为传统佛教中那种抽象本体的“真心”来理解，而在相当程度上与儒家所说的那种具有善、恶之人心更接近。

此外，在修行方法上，慧能南宗也与在传统儒学中占统治地位的儒家思孟一系注重“反求诸己”，走主观内省的道路很相近。禅宗的一个重要思想就是主张“道由心悟”、“明心见性”。这一思想在《坛经》中表现得非常充分，慧能曾反反复复地语及这一问题，他说：

> 菩提只向心觅，何劳向外求玄？听说依此修行，西方只在眼前。
>
> 故知一切万法，尽在自身之中，何不于自心顿现真如本性？
>
> 佛是自性，莫向身外求。
>
> 自归依佛，不言归依他佛。自性不归，无所依处。

从理论上说，修行方法是建立在佛性理论基础之上的，既然禅宗把一切诸法乃至众生诸佛都归结于“自心”，那么，要修行成佛，当然只能在此“心”上用力，这与孟子一样，既然把人性之善——仁、义、礼、智、信“植根于心”，所谓修养，也就是如何存养、扩充此“善端”。

从以上所列举的思想、资料看，天台、华严，特别是禅宗，其佛性理论确实深受儒家心性学说的影响。在学术界，大家有一个比较一致的看法，即都认为天台、华严二宗的中国化色彩比较浓，而禅宗则是中国佛教的代表。但是，这种中国化究竟表现在哪些方面，时人则言之不多。实际上，所谓中国化，在相当程度上是指儒学化；而所谓儒学化，又相当程度地表现为心性化。因此，中国佛教心性化问题，从一定意义上可以说是理解佛教中国化的一把钥匙。

不过，由于在传统的印度佛教中，对于“心”的问题谈得很多，而传统佛教所说的“心”与中国传统文化中所说的“心”并非那么泾渭分明、一目了然，因此，不论在佛教界，还是在学术界，把二者混为一谈的事是屡屡可见的，这就给从“心性”角度去认识佛教与儒学相互关系特别是相互影响的问题造成了一定的困难。但是，心性问题之于佛教中国化却是一个至关重要的问题。例如，人们常说“六祖革命”是慧能对传统佛教的一次根本性的改革，把印度佛教变成了完全中国化的佛教；但是，如果人们进一步问：“六祖革命”最根本的“革命”是什么呢？笔者以为，“六祖革命”中最根本性的“革命”就是把传统佛教作为抽象本体的“心”变成更为具体、现实之“人心”，变成一种儒学化了的“心性”。实际上，正是这一改变，导致了禅宗思想的一系列重大变化，其中之最著者，则是把一个外在的宗教，变成一种内在的宗教；把传统佛教对佛的崇拜，变成对“心”的崇拜。一句话，把释迦牟尼的佛教变成慧能“心的宗教”。

“心性”之外，儒学影响佛教之最大者，当推“人性”问题。由于“人性”问题在传统佛教谈得不多，故中国佛教受儒家“人性”理论的影响就表现得相对“一目了然”。这亦可以《坛经》为例。《坛经》之谈“人性”俯拾皆是，现简撮几条：

> 人性本净，由妄念故盖覆真如；但无妄想，性自清净。
>
> 世人性自本净，万法从自性生。……如天常清，日月常明，为浮云盖覆，上明下暗，忽遇风吹云散，上下俱明，万象皆现。
>
> 人性本净。
>
> 自性能含万法是大，万法在诸人性中。

把佛性直接诉诸人性，这在传统佛教中并不多见。慧能其人，识字不多，文化程度较低，要他从传统印度经典中吸取多少深奥理论特别是更深一层的传统佛教的思维方式，是比较困难的，而他所处的又是儒学为主流的中国传统文化氛围；因此，不管是思维方法，还是使用术语，慧能所具备的是中国文化的传统，而不是也不可能是印度佛教的传统，此其一。其二，儒学作为一种“人学”——如我们在上一节所说的——最注重对于“人性”的探讨。“人性”之术语及思想充斥于儒家的各种典籍之中，包括“人之初，性本善，性相近，习相远”这样通俗的典籍，都言不离“人性”。因此，慧能有可能接触并理解这种“人性”说教。其三，中国佛教自进入隋唐之后，在很多方面已被儒学化，如我们在上面所论述的心性化以及与此相应的逐渐注重现实人生。因此，慧能所接触到的佛教，也已是在相当程度上被儒学化的佛教，故其思想与儒学有许多遥相契合之处（加之，佛教在注重人生方面也与儒学有一定的共同点），这就使得慧能可以用中国传统的思想文化去接受和理解佛教。其四，禅宗发展到慧能的老师弘忍时，已相当中国化了，故慧能的见解能够得到师父的认可和赞赏，并把衣钵传给他，为其思想的发展创造了条件。——这几点也许是慧能所以会直接用儒家学说中惯用的“人性”去取代佛教的佛性，以及这种“人性佛性论”能够得到佛教界的承认，并不断获得发展的文化背景和历史根据吧！

如果说，慧能的“人性佛性论”是以往佛教融摄、吸收儒家人性学说的一种产物，那么，慧能南宗的盛行，则又使这种儒学化的佛教思想得到了进一步的深入发展。这一点，在宋元时期几位著名佛教思想家身上表现得尤为明显。

第四节　宋元佛教的伦理化倾向

宋元佛教的儒学化，突出地表现为佛教的伦理化。这种伦理化倾向在一定意义上说，乃是隋唐佛教心性化、人性化的进一步延伸——既然佛教也把着眼点放到人身上，自然要进一步去探讨人与人之间相互关系的伦理道德。

在古代中国，人伦道德之最大者，莫过于“忠”、“孝”。“忠”处理君臣关系，“孝”处理父子关系。二者之中，“孝”尤是整个封建伦理纲常的基石——“事父为孝子者，事君必为忠臣”。基于这一点，宋元佛教的伦理化，紧紧地扣住“孝”字。

赵宋一代，站在佛教立场上大讲“孝道”的思想家首推契嵩。契嵩讲“孝”之最有影响的著作，是《孝论》、《原教》。以下我们就从《孝论》、《原教》及契嵩其他有关著述入手，看看他是如何把佛教儒学化、伦理化的。

首先，契嵩把“孝”抬到百行之端、诸善之首的至高无上地位，进而又把佛教的孝道大大地世俗化。在《孝论》中，契嵩说：

> 夫孝，天之经也，地之义也，民之行也。至哉大矣，孝之为道也夫！（《孝论·原孝章第三》）
>
> 夫孝，诸教皆尊之，而佛教殊尊也。（同上）

也就是说，孝之为道，是天经地义的，它在各种道理当中，是至高至大的；世上的各种教派，都提倡、遵从孝道，而佛教更是特别提倡它、遵从它。这种说法自然立刻使人们联想到儒学和传统的佛教。

从思想史的角度看，中国古代各种思想潮流（包括儒、释、道三教在内），向来最重孝道者，当推儒家。儒家学说从某种意义上说，就是建立在孝道的基础上的，后来作为儒家整个思想体系核心的“三纲五常”也是“孝道”的延伸和发展。与之相比，佛教虽然也偶然语及“孝”，但它绝非传统佛教之核心，更不是佛教诸多义理的基础。而且，传统佛教所说的“孝道”，通常都指所包盖远的“大孝”，正如南朝僧人刘勰所说：“佛家之孝，所包盖远。理由乎心，无系乎发。”（《灭惑论》）佛家所说的孝，与世俗所说的孝是不尽相同的。世俗所言之孝，多指身体发肤，受之父母，不可损毁，以及跪拜赡养之类；而佛家所说之孝，则指弘道济世、救众利生，因此，“一人全德，则道洽六亲，泽流天下”（《沙门不敬王者论》）。历史上许多僧人还用老子的“上德不德”来论证，佛家虽剃发弃亲，并非不孝，而是“大孝”，因为佛教向来是“不以色养为孝”的。传统佛教的这些思想至宋代发生了重大的变化。例如，契嵩所说的“孝”与传统佛教所说的“孝”就迥异其趣。他不但大谈“色养之孝”，如“得减其衣钵之资，而养其父母”，而且把父母看成天下三“大本”之一：“夫道也者，神用之本也；师也者，教诰之本也；父母也者，形生之本也。是三本者，天下之大本也。”（《孝论·孝本章第二》）本来，形生之人、物，在传统佛教中是不足为道的，它们都是假象、幻影，何能成为与“道”、“教”相提并论之一“大本”呢？但是，在中国这块重现实人生的国土上，传统佛教那种以现实人生为苦海、视世俗生活为弃履的思想和说教，无论如何是难以长期存在的。僧人们从现实生活中终于领悟到，单纯地谈“大孝”已不足以适应国人之需要，因此也就有契嵩一类的高僧出来倡导与世俗需要较接近的“孝道”了。

其次，契嵩把佛教伦理化的另一个表现，是把佛教的五戒十善与儒家的仁义忠孝统一起来，认为佛教的五戒十善有益于世俗的仁义忠孝。

契嵩认为，佛教“举其大者”可分为五乘，一曰人乘，二曰天乘，三曰声闻乘，四曰缘觉乘，五曰菩萨乘。后之三乘，乃超然之出世者也，世人不可得而窥之；前之二乘者，则与世情“胶甚”，亦即与世俗紧密联系在一起。人乘、天乘中的所谓五戒十善，则与儒教所说的五常仁义，“异号而一体”(《原教》)。例如：

> 五戒，始一曰不杀，次二曰不盗，次三曰不邪淫，次四曰不妄语，次五曰不饮酒。夫不杀，仁也；不盗，义也；不邪淫，礼也；不饮酒，智也；不妄语，信也。是五者修，则成其人，显其亲，不亦孝乎？(《孝论》)

如果说把佛教五戒与儒家五常联系起来，契嵩并不是第一人，那么，把五戒作为“孝”的一个前提条件，则是契嵩所首倡。这也是契嵩把佛教思想伦理化的一个重要特点。他不是一般地谈论五戒与五常的关系，而是把五戒与儒家之仁义忠孝紧紧地联系在一起，强调五戒十善有益于儒家之仁义忠孝。例如在《原教》中，他说，如果一个人具备了五戒十善，“岂有为人弟者而不悌其兄，为人子者而不孝其亲，为人室者而不敬其夫，为人友者而不以善相致，为人臣者而不忠其君，为人君者而不仁其民，是天下之无有也”。也就是说，只要做到五戒十善，那么，世俗之仁义忠孝则一应俱全。

最后，契嵩之所以提倡佛教的儒学化、伦理化，是由于他认为，佛教与儒家一样，其重要目标之一是劝人为善。在《广原教》中，契嵩说：

> 古人有圣人焉，曰佛，曰儒，曰百家，心则一，其迹则异。夫一焉者，其皆欲人为善者也；异焉者，分家而各为教者也。圣人各为其教，故其教人为善之方，有浅，有奥，有近，有远，及乎绝恶，而人不相扰，则其德同焉。

此谓儒佛各教、诸子百家虽然教名有异，所说不同，但有一个共同点，即都是为了劝人为善。由于为教各异，所以，教人为善的方法各不相同，或深，或浅，或近，或远；但不论哪一种方法，都是为了使人去恶从善，因此说“心则一”。

从契嵩的“孝论”不难看出，宋代的佛教在伦理化方面已走得相当之远。这里人们又碰到一个问题，即隋唐之后的佛教为什么会被逐渐地伦理化？对此，以往学界多从佛教为了自身的生存和发展，不得不向传统文化靠拢，对传统文化做出让步的角度去解释。实际上，这种现象还有其更深层的原因，即佛教自隋唐之后的逐步被中国化、儒学化，已经使得这一时期的佛教在思想内容方面程度不同地、自觉不自觉地转向了以现实的“人”为对象、为中心，而不像传统佛教那样始终环绕那个作为抽象本体的佛性。因此，研究现实的人与人之间相互关系的伦理道德问题，自然成为佛教必须加以探讨的问题。从这个意义上说，隋唐之后中国佛教的伦理化，并不单纯是佛教不得已的一种让步，也是其时佛教自身思想发展的一种内在需要和逻辑必然。

第四章
顿悟见性与修心养性

传统佛教与传统儒学在思维模式、思想内容和最终目标上的差异，是由中印两国不同的社会历史条件、思想文化背景造成的，而这种差异本身又导致二者在修行方法上的不同。如果说，传统佛教与传统儒学在思维模式、思想内容和最终目标上的差异主要表现为：其一，前者是“本体论”，后者是“天人合一”；其二，前者注重抽象的“佛性”，后者注重现实的“人性”、“心性”；其三，前者追求成佛做菩萨，后者讲究成贤做圣，那么，由之造成的两种修行方法的差别，则主要表现为前者注重顿悟见性，后者强调修心养性。

第一节　反本归极与顿悟见性

从以上对于佛性的有关论述已经可以看出，大乘佛教已不像原始佛教那样把灰身灭智、了脱生死作为修行的最终目标，而是以反本归极、体证佛性为旨趣。这种变化使得大乘佛教已不像原始佛教那样强调累劫修行，而是更注重般若智慧和顿悟见性。

就中国佛教说，自魏晋南北朝之后，占主导地位的是大乘佛教。与之相应，中国佛教的各宗各派在修行方法上虽然不全然否定“渐修”，但从总体上说，多是以顿悟为极致。笔者以为，这种看法大概不至于遭到非议。

以中国佛教史的事实为例。中国佛教发展史上的一位关键人物是竺道生。竺道生的佛教思想大要有二：一是主“众生有性”，二是倡顿悟成佛。

竺道生的“顿悟”，史上亦称“大顿悟”，借以区分之前支、安二法师的“小顿悟”。“小顿悟”的基本观点是主张前六地非悟真性，至七地始悟无生；七地虽悟无生，但功行未满，尚未究竟证体，仍需进修八、九、十三地方能最后证体。① 而竺道生的“大顿悟”则认为，十住之内，无悟道之可能，皆是大梦之境；十住后之“金刚心”，方能豁然大悟，把一切结惑断得干干净净。慧达《肇论疏》述竺道生的顿悟义曰：

> 两顿悟者，两解不同。第一竺道生法师大顿悟云，夫称顿者，明理不可分，悟语极照。以不二之悟，符不二之理。理智恚释，谓之顿悟。

《大般涅槃经集解》卷一也引竺道生序文之言曰：

> 夫真理自然，悟亦冥符。真则无差，悟岂容易？不易之体，为湛然常照，但从迷乖本，事未在我耳。

此谓竺道生以法性理体，本有无差，涅槃佛性，湛然常照，以能悟之智，符不二之理，故为顿悟。理既不可分，故悟则全悟，不容阶级。

在《妙法莲华经注》中，竺道生从另一个角度说明既得无生，则无须再进修三地：

> 得无生法忍，实悟之徒，岂须言哉！……夫未见理时，必须言津，既见于理，何用言为？其犹筌蹄以求鱼兔，鱼兔既获，筌蹄何施？

意谓既得无生，则超乎言象，此犹鱼兔既得，筌蹄可弃。如果于七住已得无生，后又需进修，此则守指忘月，得筌忘鱼。竺道生的这种思想，他还有一个更明确的表述，曰：

> 夫象以尽意，得意则象亡；言以诠理，入理则言息。自经典东流，译人重阻，多守滞文，鲜见圆义。若亡筌取鱼，始可与言道矣。（《高僧传·竺道生传》）

可见，道生之学，贵在“得意”，而意之可得者，舍“顿悟”别无他途。

据史料记载，自竺道生倡理超象外、顿悟成佛后，时人多“推服之”，《续高僧传》载僧旻的话说：“宋时重道生，顿悟以通经。”

---

① 南齐刘虬《无量义经序》云：“寻得旨之匠，起自支公。支公之论无生，以七住为道慧阴足，十住则群方与能，在迹斯异，语照则一。”《世说新语·文学篇注》亦云：“《支法师传》曰：法师研十地，则知顿悟于七住。”

可见，道生之顿悟说在南北朝时已成为时代之风尚。

竺道生后，弘扬“顿悟”说最力者，是南朝刘宋时的谢灵运。

谢灵运著有《与诸道人辩宗论》一文，对道生之顿悟义极表推赞，而其特点是糅合孔、释。他说：

> 释氏之论，圣道虽远，积学能至，累尽鉴生，方应渐悟。孔氏之论，圣道既妙，虽颜殆庶，体无鉴周，理归一极。有新论道士，以为寂鉴微妙，不容阶级。积学无限，何为自绝？今去释氏之渐悟，而取其能至；去孔氏之殆庶，而取其一极。一极异渐悟，能至非殆庶。故理之所去，虽合各取，然其离孔、释矣。余谓二谈救物之言，道家之唱，得意之说，敢以折中自许。窃谓新论为然。

这段话的大意是说，释教认为成佛虽遥，然渐修积学可以达到，故“闭其顿了，开其渐悟”；儒学则认为圣人很难通过学习而成，即使如颜子也只是“殆庶”，故“闭其累学，而开其一极”。今有新论道士（即竺道生），立“不容阶级”之说，反对渐修积学，私下以为此说为是。盖释氏虽有渐悟之谈，然其有能至之旨，今可取其能至而弃其渐悟；孔门虽有“殆庶”之言，然其又有“一极”之论，今亦可去其“殆庶”而取其“一极”。如此折中而言，则既可成佛，又非渐悟，合而言之，则是顿悟成佛。

谢灵运对竺道生顿悟说的申述与发挥，还表现在他对诸道人的答辩中。在答僧维“若资无以尽有者，焉得不之渐悟”之问时，谢灵运说：

> 夫累既未尽，无不可得；尽累之弊，始可得无耳。累尽则无，诚如符契，将除其累，要须谤教。在有之时，学而非悟，悟在有表，托学以至。但阶级教愚之谈，一悟得意之论矣。（《与诸道人辩宗论》）

此谓累未尽，不可得“无”；累尽之后，“无”乃可得。故悟在“有表”。“有表”者，道生“象外”之谓也，亦即得忘象之义，故说“阶级教愚之谈，一悟得意之论”。

针对“悟在有表”的“象外”之论，僧维再问：若“涉学希宗，当日进其明”，“若日进其明者，得非渐悟乎”？谢灵运答道：

> 夫明非渐至，信由教发。何以言之？由教而信，则有日进之功；非渐所明，则无入照之分。然向道善心起，损累出垢伏。……

非心本无累。至夫一悟，万滞同尽耳。(《与诸道人辩宗论》)

此谓由教而信，乃有日进之功，但悟理得意，非渐修能至。由教日进之功，虽可损垢伏累，然这仅谓之学；只有“万滞同尽”，乃可谓悟。此与道生之“见解名悟，闻解名信”的思想是相通的。

在三答僧维问中，谢灵运进一步阐发了学者为渐、为假、为权，悟者为顿、为真、为常、为智、为见理的思想。僧慧驎问真假二智何异？谢灵运答道：

假知者累伏，故理暂为用；用暂在理，不恒其知。真知者照寂，故理常为用；用常在理，故永为真知。(同上)

此谓假知乃是伏累，寂照方为真知。当慧驎更问：理在心，累亦在心，将何去之？谢答道：

累起因心，心触成累。累恒触者心日昏，教为用者心日伏。伏累弥久，至于灭累，然灭之时在累伏之后也。(同上)

这是说信修仅是伏累，悟理为灭累。

那么，伏累、灭累又有什么区别呢？谢灵运说：

伏累、灭累，貌同实异，不可不察。灭累之体，物我同忘，有无一观。伏累之伏，他己异情，空实殊见。殊实空、异己他者，入于滞矣。一有无，同物我者，出乎照也。(同上)

此谓伏累有物我、己他之分，空实、有无之殊，入于滞碍，故非真悟；灭累乃达物我同忘、有无并观之境界，故滞同尽，乃真悟也。这个思想与道生以见不二之理为顿悟相类。

谢灵运之顿悟说，虽然在具体表述上与竺道生的说法不无差别，但就其理论根据说，则与竺道生一脉相承。其与诸道人的往复论难，千言万语在说明闻教信修可由积学渐悟，但悟理须在“有表”，得意则应在“象外”，此实道生“入理言息”、“得意忘象”之再唱。

竺道生倡导的“顿悟”思想，经谢灵运的大力阐发、弘扬之后，在南北朝佛教界的影响进一步扩大。虽然当时也有一些僧人对此说颇持异议①，但由于顿悟之修行方法毕竟是大乘佛教反本归极、体证佛性的终极法门，因此，总体来说，仍日渐受到佛教界的重视。

---

① 南北朝时，反顿悟而主渐悟者，如收于《涅槃无名论》中之“无名”氏对顿悟说之诘难及慧观的《渐悟论》等。

进入隋唐之后，这种倾向就愈发明显。

隋唐佛教主要是宗派佛教。由于隋唐佛教之各宗对佛教学说多持兼融汇合的态度，故其时之顿、渐两种修行方法，不像南北朝时那样处于相互对立的两端，而是往往通过判教，把顿、渐两种思想纳入同一学说体系中；但二者的地位并非完全平等，而是有高低深浅之分。一般来说，都是以顿悟为深、为实、为了义，而以渐悟为浅、为权、为方便说。天台是这样，华严亦然。

天台有“化法四教”和“化仪四教”之分。其中“化仪四教”是以众生之机缘不一，从形式上分全部佛说为“渐、顿、秘密、不定”四种。所谓“渐”者，则是次第行、次第学、次第入道；所谓顿，即从初发心，即坐道场。《摩诃止观》谓天台传南岳三种止观：一渐次，二不定，三圆顿。“渐则初浅后深，如彼登梯”，“圆顿初后不二，如通者腾空”。从天台智者的思想看，在此三种止观中，他以圆顿为究竟；但亦不全然废弃渐悟，而是主张大小渐顿相资为用。当有人问及如何相资为用时，他说：

> 小闻于大，耻小而慕大，是为顿资小；佛命善吉转教，大益菩萨，是为渐资顿。(《法华玄义》，卷二上)
>
> 若带小明大，是渐顿相资，若会小归大，是顿渐泯合。(同上)
>
> 当知即顿而渐，即渐而顿。(同上)

华严宗吸取了天台的判教学说，以法分五教，曰“小乘教”、“大乘始教”、“终教”、“顿教”、“圆教”。法藏有时又把中间三教更分为渐、顿二教。从法藏对于渐、顿二教位次的安排看，他无疑视顿教比渐教高出一头。澄观也有同样的思想，他在《大华严经略策》中说：

> 夫教有浅深，根有胜劣。从微至著，渐教诱于劣机。初心顿圆，圆教被于上士，即圆信圆解，万行圆修，顿悟顿成，万德圆备。

可见，澄观也把渐教视作诱于劣根之浅教，而视圆教为极致，这与法藏于顿后更立一圆的思想是一致的。

如果说，天台、华严二宗虽然把“顿”视为比“渐”更究竟之法门，但尚未把它作为创宗判教的唯一标准；那么，到了禅宗（特别是慧能南宗），顿悟见性、顿悟成佛的思想则成了创宗立论之纲骨。

慧能之重顿悟，《坛经》言之凿凿，俯拾皆是，自无须一一赘述。这里简撮几条，以窥大概。他说：

> 故知一切万法，尽在自身中，何不从自心顿现真如本性。
>
> 我于忍和尚处，一闻言下大悟，顿见真如本性，是故将此教流行后代，会学道者顿悟菩提，令自本性顿悟。
>
> 若悟无生顿法，见西方只在刹那。不悟顿教大乘，念佛往生路遥。
>
> 迷来经累劫，悟则刹那间。

慧能这里所说的“顿悟”，较之以前所说的“顿悟”更进一步。如果说，以前佛教界所说的顿悟尚需以渐修为基础；那么，到了慧能，其顿悟说则可以不假修习，当下大悟，立地成佛。此种不假修习，当下大悟的修行方法经慧能倡导之后，就成为禅宗的一个基本原则。慧能后学多循此路而行，且越走越远。慧能的嫡传弟子神会曾以“利剑斩束丝”比喻以顿悟断除一切烦恼业障，并以顿、渐为标尺，把以神秀为代表之北宗推到“旁门”之地位。此后马祖门下的慧海和怀海的弟子希运更把顿悟思想推到了极致，视之为“唯一法门”。慧海曰：“唯有顿悟一门，即得解脱。”（《顿悟入道要门论》）希运更说，历世苦修，“只是历劫枉受辛苦耳”（《筠州黄檗山断际禅师传心法要》），“纵使三祇精进修行，历诸地位，及一念证时，只证元来是佛，向上更不添一物”（同上）。提倡“直下便是，运念即乖，然后为本佛”（同上），“直下顿了，自心本来是佛，无一法可得，无一行可修，此是真如佛”（同上）。

总之，中国佛教自竺道生之后，“顿悟”的修行方法一直为佛教界所注重，虽然多数思想家并不主张完全废弃“渐悟”、“渐修”，但一般地总是以“顿悟”为究竟、为极致，把“顿悟”摆在比“渐修”更高的地位。这里人们碰到这样一个问题：为什么中国佛教会把“顿悟”作为一种更根本的修行方法？要回答这个问题，必须联系到中国佛教的基本思维模式，即本体论的思维模式问题。

从理论上说，“顿悟”的修行方法是与特定的思维模式相对应的。换句话说，当佛教发展到以本体论为一种最根本的思维模式后，其修行方法必定要随之发生相应的变化，因为“本体”之为物，是“无声无臭”、“无形无象”的，它不同于某种有形有象的“实体”。如果说实体可以由“部分”相加而成，那么，再多的“部分”相加也不能构成“本体”。因此，对于本体的把握，不可能通过积累“部分”的认识来实现。用佛教的术语说，要“得本称性”、“反本归极”，唯有“顿悟”，不能“渐修”。诚然，大乘佛教并没有完全否定“渐修”，但是这种“渐修”只能为“顿悟”创造条件，奠定基础。用竺道生的话说，只是“资彼之知”，虽不无“日进之功”，然最终目标之实现，则非“顿悟”不可。因此，大乘佛教多以“顿悟”为极致。

大乘佛教对于达到最高境界何以要“顿悟”而不能“渐修”曾有过许多颇为深刻的论述。例如，相传为僧肇所著的《涅槃无名论》中就有这样一句话：“心不体则已，体应穷微。而曰体而未尽，是所未悟也。”这是对“渐悟”说的驳斥，意为对于本体之体悟，不悟则已，既悟则属全体，不可能这次悟此部分，下次悟另一部分。因为，本体是不可分的，或者说，“理”是不可分的。对此，竺道生及后来的禅宗更有详尽的论述。

在竺道生看来，所谓佛者，即“反本称性”、“得本自然”之谓。而此“本”乃无形无相、超绝言表的，故不可以形得，不可以言传，而贵在得意。因此，道生倡“象外之谈”、“得意之说”。又，此本体乃一纯全之理体，是一而不二的，故体悟此本体的智慧也不容有阶级次第之分，而应以“不二之悟，符不分之理”。可见，竺道生的“顿悟”学说，完全是以本体之理不可分的思想为基础的。

至于禅宗，更提倡“经是佛语，禅是佛意”，禅只可意会，而不可言传。此中之理论根据，也是把“本来是佛”之“本心本体”视为一包罗万象之整体。对此“本心本体”之证悟，只能“默契意会”、“直下顿了”，故禅宗倡“以心传心”、“直指便是”，反对在语言文字上讨意度。

总之，不管是禅宗还是天台、华严各宗，尽管他们具体的思想内容不尽相同，但在一点上是共同的，即由于他们都以本体论的思维模式为依托，因此，都以“反本归极”、“体证佛性”为终的，都把“回归本体”、“与本体合一”作为最高的境界。而此一最高境界的实现，又都借助于“悟”，特别是“顿悟”。

第二节　成贤做圣与修心养性

与佛教的最终目标是成佛做菩萨不同，儒家的最高理想境界是成贤做圣或曰“内圣外王”。由于最终目标不同，儒家的修行方法也与佛教有诸多殊异。

基于“天人合一”的思维模式，儒家把道之大原归诸“天”。因此，作为儒家理想人格的圣贤，一个最基本的要求就是要能够体认天道，进而与天道合一。而纵观儒家的修养理论，体认天道的最基本方法，就是通过修养心性，以上达天道。此诚如孟子所言：“尽其心者，知其性也，知其性，则知天矣；存其心，养其性，所以事天也。”（《孟子·尽心上》）

对于如何修心养性，儒家有一个颇为完整的理论体系，此理论体系最突出的一个特点，就是强调主观内省。这一点，从儒家创始人孔子起，就十分重视。他认为，只要“内省不疚，夫何忧何惧?”（《论语·颜渊》）因此，一方面，他“吾日三省吾身”（《论语·学而》）；另一方面，他谆谆教诫弟子，“为仁由己”（《论语·颜渊》），认为“君子求诸己，小人求诸人”（《论语·卫灵公》）。此一思想对于后来儒家的修养理论具有十分重要的影响。作为孔门“亚圣”的孟子及往后的许多儒者，都非常注重“反求诸己”，把它作为修心养性的一条最基本的原则。可以这么说，儒家修养理论中的许多具体修行方法，都是由这个基本原则派生出来的。

就具体修行方法而言，最为儒家所强调的是“存心养性”。由于儒家从孟子起就把“心”作为人所以区别于禽兽或者君子区别于小人的一个重要标志，因此，如何存养此“心性”，就成为成贤做圣的关键所在。孟子曰：

> 大人者，不失其赤子之心者也。（《孟子·离娄下》）
> 君子所以异于人者，以其存心也。（同上）

此谓“大人”之所以成为“大人”、“君子”之所以成为“君子”，关键就在于他能保存天命之性，即“赤子之心”，使其不失。他对那些“鸡犬放则知求之”，“有放心而不知求”（《孟子·告子上》）者大发“哀哉”之感叹，认为这是舍人路而不走，去君子而不求，良可悲矣！

此外，对于天命之心性，不能仅是“存之”，还要“扩充”之，扩充此心性中固有的“善端”。孟子认为：“凡有四端于我者，知皆扩而充之矣，若火之始然，泉水始达。苟能充之，足以保四海；苟不充之，不足以事父母。”（孟子·公孙丑上）也就是说，人生固有之“善端”，本很微弱，有如星星之火，既可扩充之而成燎原之势，亦可因不善守而熄灭，二者的结果是大不一样的。如能扩充之，“足以保四海”；如不能扩充之，则连孝事父母这种最基本的人伦道德也不会具备。另一方面，对此“心性”还要能善于养护，“养心”的最好办法是“求放心”，此诚如孟子所说的“学问之道无他，求其放心而已矣”（《孟子·告子上》）。所谓“求放心”，实际上就是要清心寡欲，尽量减轻“心”的负累，因此，他说：“养心莫善于寡欲。”（《孟子·尽心下》）孟子此一寡欲养心说对后儒具有很大的影响，宋明理学家的“存天理，灭人欲”说，就思想渊源看，实出于孟子。

先秦另一大儒荀子也十分注重“心”、“养心”。他把“心”视为“知道”的主体：“人何以知道？曰：心。”（《荀子·解蔽》）至于如何“养心”，他与孟子的“寡欲”说不尽相同。他认为，在对待情欲问题上，不管是纵欲还是寡欲、禁欲都是错误的。如果一味放纵情欲，这是不符合礼义的，势必引起争乱；反之，如果一味地提倡寡欲乃至禁欲，这也不符合人的本性，因为情乃性的本质之所在，而情之发作就是欲，人的情欲应该得到一定的满足。因此，荀子提出“礼以养情”说，曰：

> 礼起于何也？曰：人生而有欲，欲而不得，则不能无求。求而无度量分界，则不能不争。争则乱，乱则穷。先王恶其乱也，故制礼义以分之，以养人之欲，给人之求。使欲必不穷乎物，物必不屈于欲，两者相持而长，是礼之所起也。故礼者养也。（《荀子·礼论》）
>
> 孰知夫恭敬辞让之所以养安也，孰知夫礼义文理之所以养情也。（同上）

也就是说，先王所以制定礼义，乃在于养情，使作为性之体现的情欲既能得到一定的满足，又不至于因情欲而引起争斗，因此，寡欲、禁欲说既不合乎人的本性，又是对礼义的否定。按照荀子的看法，对于情欲的正确态度，应该是遵循礼义法度，对人的情欲进行合理的节制，使其适可而止。而人是可以做到这一点的，因为人有一最可宝贵的东西——“心”。他说：

> 欲不待可得，而求者从所可。欲不待可得，所受乎天也；求者从所可，所受乎心也。所受乎天之一欲，制于所受乎心之多，固难类所受乎天也。人之所欲生甚矣，人之所恶死甚矣，然而人有从生成死者，非不欲生而欲死也，不可以生而可以死

也。故欲过之而动不及，心止之也。心之所可中理，则欲虽多，奚伤于治！欲不及而动过之，心使之也。心之所可失理，则欲虽寡，奚止于乱！故治乱在于心之所可，亡于情之所欲。（《荀子·正名》）

这段话的意思是说，人的欲望是随时都有的，要满足这些欲望，则总是从可能的方面去争取。情之与欲，乃人之天性，而根据是否可能去追求欲望的满足则出于心的作用。由于人心总能从多方面考虑问题，因此不会离开既定的条件去无休止地追求。正因为这样，生虽是人之所共欲，死虽是人之所共恶，却有宁死而不愿苟生者在。此中之关键，在于心之权衡制约作用。如果心之取舍是合理的，那么，欲虽多不为害；如果心之取舍是不合理的，那么，欲望再少也不能止乱，故治乱在心不在欲。从这一段话看，虽然在对待情欲的态度上荀子与孟子不同，但在注重心之作用上，二者却是相同的，都把心作为修行的关键所在。

通过内省功夫去体认"天道"的修行方法，儒家"诚"的理论有更详尽的论述。《孟子》曰："是故诚者，天之道也；思诚者，人之道也。"（《孟子·离娄上》）荀子也说："君子养心莫善于诚，致诚则无它事矣，唯仁之为守，唯义之为行。诚心守仁则形，形则神，神则能化矣。"（《荀子·不苟》）《中庸》也说："诚者，天之道，诚之者，人之道。" "自诚明，谓之性，自明诚，谓之教。"此中之"诚"，实是一种作为圣人本性之原的道德规范，亦即"天道"；而所谓"思诚"、"诚之"、"明诚"，则是一种主观内省功夫，儒家认为，通过这种主观内省功夫，人们就可以由"心"、"性"上达于"天道"，从而达到"天人合一"的境界。这有如《中庸》所说的："唯天下至诚，为能尽其性；能尽其性，则能尽人之性；能尽人之性，则能尽物之性；能尽物之性，则可以赞天地之化育；可以赞天地之化育，则可以与天地参矣。"可以说，这就是传统儒家在修行方法上所遵循的最基本的思想路数及其所要达到的最高境界，即通过对当下心性的内省功夫上达于"天道"，进而实现"天人合一"之最高境界。

儒家主观内省的修养方法还有一个重要特点，即提倡"慎独"。所谓"慎独"，亦即在他人所不闻不睹、闲居独处之时，也能够小心、谨慎，一言一行都合乎道。此种修行方法始见于《荀子》。在《不苟》篇中，荀子曰："夫此顺命，以慎其独者也。"意为人们的一言一行要顺乎“天道”，即使在一人独处时也要谨慎不苟、诚实无欺。后来被列入“四书”、对后儒特别是宋明理学产生深刻影响的《大学》、《中庸》，都十分强调“慎独”的方法。《大学》曰：“诚于中，形于外，故君子必慎其独也。”《中庸》对“慎独”的方法更大加张扬，曰：

> 君子戒慎乎其所不睹，恐惧乎其所不闻，莫见乎隐，莫显乎微，故君子慎其独也。
>
> 君子内省不疚，无恶于志。君子所不可及者，其唯人之所不见乎。《诗》云：“相在尔室，尚不愧于屋漏。”

从这些论述看，“慎独”的修行方法特点有二：一是表里如一，亦即“至诚”；二是始终一贯，亦即在在处处、时时刻刻都不放松。贯穿于二者之中的，就是反省内求，亦即发扬天性中固有之“诚”。可见，反省内求始终是儒家修行理论中一条最基本的原则。

这里所要进一步指出的，是儒家的反省内求，始终不离自家身心，其落点则在于治国平天下，这与佛教通过“顿悟”而“反本归极”是迥异其趣的。如果说佛教的“反本归极”，其最终目标是与佛性本体合一，那么，儒家的一切修养，最终目的则是“内圣外王”。“内圣”者，心性符合于“天道”、“天理”；“外王”者，“修齐治平”是也。故自《大学》至宋儒，一再强调“意诚而后心正，心正而后身修，身修而后家齐，家齐而后国治，国治而后天下平”（《大学》）。二者之不同彰彰也。

第三节　明心见性与复性明诚

从理论思维的角度说，佛、儒在修行方法上的差异，是由二者思维模式的不同造成的。随着佛、儒二家在思维模式、思想内容等方面的相互浸透、相互吸收，隋唐之后的儒学逐渐朝着本体论的思维模式方向发展，而佛教也大量吸收了儒家人性、心性论的思想内容，这就导致了儒、佛在修行方法上的相互靠拢。佛教的反本归极，逐渐变成禅宗的“明心见性”；而儒家的“修心养性”，也逐渐发展为“复性”、“明诚”。

禅宗的“明心见性”，慧能及往后的禅宗言之甚详。在《坛经》中，慧能就说：

> 不识本心，学法无益；识心见性，即悟大意。

此谓心乃一切诸法之本，学佛学法的最终目标，就是洞见此心之“本来面目”，如果不识此心，纵使你饱读千经万论，也徒劳无益；所谓“见性”，即发见自心本具佛性，自性本来是佛。实际上，“明心”与“见性”是一个事物的两个方面，唯有“明心”，方能见佛性本自具足；而“见性”，亦即明了自心本来是佛。

根据禅宗的基本理论，人心本来一切具足，人性本来明朗清净，只是由于众生横生妄念，执著外境，故不识自心，不见自性。如果能灭诸妄念，离诸外境，也就是见性成佛。慧能说：

> 汝之本性，犹如虚空，了无一物可见，是名正见；无一物可知，是名真知。无有青黄长短，但见本源清净，觉体圆明，即名见性成佛，亦名如来知见。(《坛经》)
>
> 于一切法不取不舍，即见性成佛道。(同上)

这种于一切法不取不著，慧能也称为“无念”，并且把它作为禅宗修行方法之根本，曰：“我此法门，从上以来，顿渐皆立无念为宗。”(同上)

所谓“无念”，按照荷泽神会和黄蘖希运的说法，也就是顿息诸缘、断绝妄想、无思无虑、一切不动于心：

> 决心证者，临三军际，白刃相向下，风刀解身，日见无念，坚如金刚，毫微不动。纵见恒沙佛来，亦无一念喜心，纵见恒沙众生一时俱灭，亦不起一念悲心。此是大丈夫，得空平等心。(《荷泽神会禅师语录》)
>
> 故知一切诸法皆由心造。……如今但学无心，顿息诸缘，莫生妄想分别，无人无我，无贪嗔，无憎爱，无胜负，但除却如许多种妄想，性自本来清净，即是修菩提法佛等。(《黄蘖断际禅师宛陵录》)

此真是泰山崩于前而不动心，白刃加于颈而不变色，对一切法都不分别执著，断绝一切妄想思虑。禅宗认为，如能修养到这步田地，就能发明本心，见性成佛了。这种修行方法，按照宗密的说法，乃是整个禅宗特别是南宗的根本法门。在《中华传心地禅门师资承袭图》中，宗密说：

> 荷泽宗者……是达磨来之本意也。……即此立寂之知，是

前达磨所传空寂心也。……顿悟空寂之知，知且无念无形，谁为我相人相。觉诸相空，真心无念，念起即觉，觉之即无。修行妙门唯在此也。故虽备修万行，唯以无念为宗。

从禅宗“以无念为宗”及对“无念”的解释看，禅宗修行方法的落足点已与传统佛教所欲“反”之“本”和所欲“归”之“极”不尽相同。前者的特点是返归抽象本体，后者则强调在自家心性上用功。虽然这种用功带有道家“无为而无不为”的味道，即离却一切妄想、断绝一切思虑；但它的目的还是为了发明此“心”，洞见此“性”。当然，禅宗所说之“心性”，并非与传统儒家所说的“心性”完全一样。客观地说，它还带有本体之特征，但应该承认，它比传统佛教的抽象本体无疑要现实、具体得多。

修行方法之于儒家，隋唐之后，也逐渐发生变化。如果说隋唐之前的儒家往往侧重于自家身心的修养，那么，隋唐之后的儒家则逐渐把修行方法归结为“复性”、“明诚”。此种修行方法之肇端者，当推唐代大儒李翱。

李翱于修行方面的代表作是《复性书》。《复性书》共三篇。上篇总论性情及圣人，中篇评论修养成圣的方法，下篇勉人修养之努力。全书以恢复孔孟道统为号召，以《周易》、《大学》、《中庸》为典要，以开诚明致中和为旨意，以去情复性为旨归，以弗思弗虑情则不生为复性之方。从表面上看，该书所据均为儒典，所语亦多属儒言，其目的也在于恢复孔门道统；但是，如果不停留于表面现象，而深入到思想内部，就不难发现，该书之思想旨趣乃至表达方式，与中国佛教的佛性理论，多有相近或相通之处，以至从某种意义上可以说，《复性书》是以儒家的语言，讲佛教的佛性理论。

《复性书》的落点，在教人如何成贤做圣。李翱认为，“人之所以为圣人者，性也”。但“性”并非圣人所独有，而是一切众生皆具有的。圣人与凡夫的区别不在于性之有无，而在于圣人得天命之性，不为情所惑；凡夫俗子则反是，溺于情而不知其本，“故虽终身而不睹其性焉”。这有如水性常清澈，但由于夹杂了污泥沙石，故浑浊不堪。如果“沙不浑，斯流清矣”。圣人就是这样，他们不为凡情所惑，故性常清明。至于如何才能做到不为凡情所惑，李翱认为，最基本的方法是“弗虑弗思”。当有人问及“人之昏也久矣，将复其性者，必有渐也。敢问其方”时，李翱答道：

弗虑弗思，情则不生；情既不生，乃为正思。正思者，无虑无思也。……焉能复其性邪？曰：如之何？曰：方静之时，知心无思者，是斋戒也。知本无有思，动静皆离，寂然不动者，是至诚也。（《复性书》）

这段话的意思是说，只要弗虑弗思，情则不生；情既不生，则无以惑其性。动静皆离者，寂然不动之谓也，此亦即至诚。至诚则不但可以尽人之性，而且可以尽物之性，“赞天地之化育，与天地参矣”，此亦即复其天命之本性。这种修行方法与禅宗的“离相”、“无念”，简直如出一辙，难怪韩愈叹道：“吾道萎迟，翱且逃矣”。宋石室祖琇说得更直截了当，曰：“习之《复性书》，盖得之于佛经，但文字援引为异耳。”

李翱这种“复性”的思路，至宋代进一步发展为“善反本性”的修行方法，张载就是主张这种方法的代表。他认为，每一个人，都兼具“天地之性”和“气质之性”。“天地之性”是至纯至善的，而“气质之性”则有善有恶。“天地之性”虽无形无象，但它与人的关系，有如水性之于冰，太虚之于气，乃是一切共有之本性；而“气质之性”则是人具有形质之后具体的情性，对于每个人是各各殊异的，因此导致有“刚”、“柔”、“宽”、“褊”、“才”、“不才”等等区别。那么，君子与小人、圣人与凡夫的区别在哪里呢？张载认为，“视其善反不善反而已”，“善反之则天地之性存焉”（《正蒙・诚明》）。也就是说，圣人并非没有“气质之性”，其“气质之性”亦不全然是善的；凡夫也不是没有“天地之性”，他们所具有的“天地之性”同样是至纯至善的。区别仅在于圣人“善反”，即善于发明、洞见进而返归此至纯至善的天地之本性；而凡夫则为“气质之性”所桎梏而不知反、不善反，故难于超凡脱俗。

从以上的论述可以看出，如果说，李翱所“复”的“天命之性”还很难说就是一种具有本体性质的“本性”，那么，张载所“反”的“天地之性”则无疑是一种具有本体性格的本性。在这里，人们看到了李、张二氏与传统儒学修行理论的分野所在，前者注重通过自家身心的修养，进而上达天道；后者则主张通过“弗虑弗思”、“变化气质”等方法，返归具有本体性格之本性。后一种修行方法受佛教修行理论的影响是显而易见的。

宋代儒家修行方法之不同于传统儒学，还表现在“自明诚”、“自诚明”等理论上。

这里有一个问题应该首先搞清楚，即应如何看待儒家所说的

"诚"，更具体点说，应该如何看待宋儒所说之"诚"与传统儒学所说之"诚"的区别。

在谈论儒家的"诚"时，以往有不少著作和文章有这样一种看法，即认为自孟子、荀子、《中庸》至宋明之理学家，他们所说的"诚"都是指圣人的一种"境界"。如果此说成立，那就是说，天之道，即圣人之道，圣人之性。这就意味着，传统儒学的"诚"已具有本体的意义。

实际上，这种看法是值得商榷的。考诸儒家思想发展史，"诚"之成为圣人的一种境界，当是后儒的思想，特别是宋明理学家们的思想，而不是传统儒学的思想。因为，在传统儒学那里，虽然以"天人合一"的思维模式为依托，但这种"合一"，多少带有二物合而为一的味道，亦即"天道"是源，"人道"是流，"天道"是本，"人道"是末，尽管圣贤可以通过"尽心"、"思诚"达到与天道合一的境界，但"天人"并非原本一体。只是到了宋儒，才提出了所谓"天人本无二，更不必言合"的思想，此中之关键，乃是受到佛教"反本归极"修行理论的影响。

确实，在宋明理学家那里，"诚"成了一种至高无上的宇宙和道德本体。理学开山祖师周敦颐在《通书》中说："诚者，圣人之本。大哉乾元，万物资始，诚之源也。"此后，不管是理学还是心学，都既把"诚"作为"天之道"，又把"诚"作为一种人伦道德之本体。认为要成贤做圣，最根本的修养功夫，就是要"明诚"。朱熹说："诚则无不明矣，明则可以至于诚矣。"（《中庸章句》）张载也说："儒者则因明致诚，因诚致明，故天人合一，致学而可以成圣，得天而未始遗人。"（《正蒙·乾称》）王守仁则说："良知无所伪而诚，诚则明矣。自信，则良知无所惑而明，明则诚矣。"（《传习录》中）虽然理学家与心学家在强调"自明诚"与"自诚明"上有分歧，理学家讲"自明诚"，注重"道问学"；心学家讲"自诚明"，强调"尊德性"，但二者都把发明、洞见此道德本体作为最根本的修行方法，把"至于诚"、与本体合一作为最高的道德境界，这一点，陆王心学表现得尤为明显。他们所谓"发明本心"和"致良知"，实际上就是发明此道德本体并进而与此本体合一。这自然使人想起禅宗的"明心见性"，禅宗"明心见性"之旨趣无非要人悟得此"本心本体本来是佛"。而宋儒之"自诚明"也罢，"自明诚"也罢，乃至"发明本心"、"致良知"等，也同样是要人发明此作为"天道"、"人道"之本体的“诚”或者“本心”、“良知”，字眼虽有小异，思想路数毫无二致，都是强调“明本”、“反本”、“与本体合一”。

由于宋明理学也把“明本”、“反本”作为一家思想之归趣，这就使得理学家在修行方法上逐渐走上注重证悟的道路，因为对于本体的体会只能采取意会或证悟的方法。对此，朱子有“豁然贯通”之说，陆子更提倡“悟则可以立改”，以致张南轩曾批评陆学“多类扬眉瞬目之机”，王阳明说得更直接和明白：“本体功夫，一悟尽透。”实际上，当理学采用了佛教本体论的思维模式和把“明本”、“反本”作为一家思想之归趣之后，在修行方法上就一定要走上注重证悟的道路。

第五章
出世与入世

谈论佛教与儒学的区别，笔者以为，最主要的有两个：一是思维模式，二是最终目标。佛、儒二家思维模式的区别，本书的第二章已做了具体的论述，这里拟着重探讨佛教与儒学在最终目标上的相互关系。

第一节　传统佛教的出世主义

佛教亦称“沙门”。“沙门”是梵文 Sramana 音译“沙门那”之略称，有“息心”、“净志”之意，所以佛教有“清净沙门”之称。“清净”，远离烦恼染垢之谓也，故脱尘离俗、遁世潜修是它的根本特点之一。

从佛教史上说，佛教自其创立之日起，就以远离嚣尘、厌弃尘俗为标志。佛祖释迦牟尼因悲怜人生，视人世为苦海，故毅然放弃将要继承之王位，入山修清净。其所传弟子，多有王公贵族之辈，但都不恋世情，不慕荣华，以出世求解脱为高尚。之后，佛门弟子都剃须弃发，身披袈裟，以示割断尘缘、离情绝俗。佛教徒们的衣、食、住、行，处处表现出他们厌弃人生欲求、不染世间事务的风格。所衣者，不过“三衣”①，多的就要布施了，甚至拣拾人们抛弃的旧布和破布，一条一条拼凑成衣服来穿，故称“粪扫衣”；所食者，只以维持生命为限，故日中一食，至多是早上、中午两餐；所住则随遇而安，屋檐、树下、旷野、荒郊，均是栖身之所；行则赤足或芒鞋。除此之外，随身所带至多是一个净水瓶，供饮水、盥洗之用，

① “三衣”指“僧伽梨”即大衣、“郁多罗僧”即七条衣、“安陀会”即五条衣。

一个钵盂，做吃饭之用。他们这样做的目的，就是为了尽量放弃物欲之牵累，避免世事之烦扰，以利于忘情绝俗，专心修道。在古印度，豪门权贵甚至臣僚国君皈依佛门者为数甚多，但佛教徒涉足官场、干预朝政未曾有过。不但如此，印度佛教极力避免与官方发生联系，甚至为了避免这方面的瓜葛，在僧徒受戒之前，多要询问是否由于政治或其他方面的原因出家。在佛陀时代，国王大臣若以国事相问，佛陀只给予道德、宗教的启示，取舍由国王自己决定，佛陀从不直接干预军国政事。例如，摩揭陀国阿阇世王曾派遣大臣往灵鹫山求教于佛陀，可否派兵征服其近邻吠舍离之越祇人。佛陀则告之越祇人恭敬执行其国之宗教、道德诸方面应尽之职责，适值兴盛之际，毫无衰微之迹象，似不会被武力所征服。阿阇世王接受了佛陀的忠告，越祇人因此而免受亡国之灾。类似这种动辄生灵涂炭的大事，佛陀都不愿意直接干预，旁的世事就更不会多管了。《佛遗教经》就明确教诫门徒信众：持净戒者，“不得贩卖贸易，安置田宅……一切种植及诸财宝，皆当远离，如避火坑”；欲修行者，“当离愦闹，独处闲居”，“不得参预世事……结好贵人”。并且说：“人系于妻子、舍宅，甚于牢狱”，等等。印度佛教基本上是循着这条路子走的，他们多以“远离尘俗”、“不问世事”相标榜，特别是小乘佛教，更视三界如火宅，视人生若冤家，以自了为旨趣，以出世为终的。

不仅小乘佛教是这样，传统的大乘佛教同样强调以出世的修行方法修出世法，以期达到出世的目的。从理论上说，大乘空宗以“性空缘起”为理论基础，大乘有宗以“万法唯识”为思想标志，二者都把一切诸法，特别是世间法看成因缘而起、稍纵即逝的幻影假相，现实人生乃至天人六道均不足恋，最终目标都是出世得解脱，成菩萨做佛。大乘佛教与小乘佛教的区别仅仅在于，前者注重个人的解脱，后者则强调慈悲普度，一切众生都得解脱。可见，注重出世，实乃大、小乘佛教的共同特点。

佛教传入中国之后，在思想内容、修行方法等方面确实逐渐发生了程度不同的变化；但是，在中国这块注重现实具有悠久历史的土地上，虽然佛教的某些思想不能不有所改移，但只要它还是佛教，以出世为终的就是绝对不会改变的。此外，正如一切事物的变化总有一个过程一样，佛教的变化不可能是一蹴而就的，因此，在解决出世与入世的相互关系上，中国佛教也有一个逐渐发展的过程，这一点我们可以从中国佛教史上的事实得到说明。

佛教东渐之初，在中土流行的佛教于出、入世问题上基本上是循着印度佛教的路子走的。南朝僧祐编的《弘明集》和唐道宣编的《广弘明集》中都载有许多南北朝以前中国人对于佛教的看法，可以从一个侧面看到佛教在出、入世问题上的态度。

这两部文集收录了自佛教传入至隋唐时期大量佛教徒的论文及部分儒者、道士批评、攻击佛教的文章。在批评、攻击佛教方面，儒者、道士最常使用的"法宝"有三：一是指斥佛教违背封建伦理纲常，二是批评佛教危害王道政治，三是夷夏之辨。此三条中，前二条均牵涉到出、入世问题。例如，儒家指责佛教"脱略父母，遗蔑帝王，捐六亲，舍礼义"（《广弘明集》，卷七），从而使得"父子之亲隔，君臣之义乖，夫妇之和旷，友朋之信绝"（《广弘明集》，卷十五），把佛教视作"入国而破国，入家而破家，入身而破身"（《弘明集》，卷八）的洪水猛兽。在儒家看来，"修身"、"齐家"乃是"治国"、"平天下"的基础，佛教视身为假象幻影，视家为牢狱桎梏，除须剃发、弃亲离家，又何以言治国平天下？因此，儒家经常指斥"浮屠害政"，"桑门蠹俗"，"无益于时政，有损于治道"（《弘明集》，卷六）。

对于儒家关于佛教有乖人伦五常的指责，佛教徒常常以"在家出家"、"方内方外"分而辩之。曰：在家处俗，"则是顺化之民，情未变俗，迹同方内，故有天属之爱，奉主之礼"，"出家则是方外之宾，迹绝于物。其为教也，达患累缘于有身，不存身以息患；知生生由于禀化，不顺化以求宗"。因此，"皆遁世以求其志，变俗以达其道。变俗则服章不得与世典同礼，遁世则宜高尚其迹"（《弘明集》，卷五）。意思是说，在家奉法，乃是顺化之民，故应有父子之亲，君臣之礼；出家乃方外之宾，其旨在体极求宗，而求宗体极者不应存身顺化，故应遁世变俗，去世俗之恩爱礼义。从佛教的这些辩释看，佛教也视自家为"方外之宾"，提倡"遁世以求其志"，所以很难说它是主张"入世"的。

从修行方法说，中国佛教多数仍然是主张遁世潜修的，他们提倡独处幽栖，潜形山谷，泯迹人间，杜绝交往，认为这样才有利修行。这种情况直到慧能之前仍无多大改变，即使是禅宗的前几祖，也多以岩居穴处、潜心修行为高尚。例如，达磨之禅以"壁观"著称于世；二祖慧可也以注重静坐闻名于佛教史；三祖僧璨禅法的特点是"隐思空山，萧然静坐"（《楞伽师资记》，卷一）；四祖道信更以山林是托，提倡“闭门坐”，谆谆教诫门人以“努力勤坐为根本”；五祖弘忍对于隐遁潜修更有一套理论，当有人问及修行何以“要在山居”，“学问何故不向城邑聚落”时，弘忍说：“大厦之材，本出幽谷，不向人间有也。以远离人故，不被刀斧损斫，长成大物，后乃堪为栋梁之用。故知栖神山谷，远避嚣尘，养性山中，长辞俗事，目前无物，心自安宁，从此道树花开，禅林果出也。”（《楞伽师资记》，卷一）此说与庄子“不材之材，无用而大用”的说法相类似，都认为远离人间不被刀斧故终成稀世之大材，栋梁之大用。据说弘忍就是本着这种精神，“自出家处幽居寺，住度弘慜，怀抱真纯，缄口于是非之场，融心于色空之境，役力以申供养，法侣资其足焉”（同上）。在《修心要论》中，弘忍还说：“但能着破衣，餐粗食，了然守心，佯痴，最省气力而能有功。”

总之，慧能之前的禅宗几代祖师均有重林谷、远人间之倾向，在修行方法上都以独宿孤峰，端居树下，终朝寂寂，静坐修禅为特点。禅宗乃是中国化色彩最浓的一个佛教宗派，其风格尚且如此，其他佛教宗派之主张遁世修行就可想而知了。可见，不仅印度佛教，中国佛教在修行方法、最终目标等方面，也带有浓厚的出世色彩。

第二节　儒家学说的入世精神

与传统佛教的出世主义正好相反，中国儒家自创立之日起就注重入世。儒家创始人孔子为了“用世”，曾大声疾呼：“苟有用我者，期月而已可也，三年有成。”（《论语·子路》）为了“济世”，老夫子更亲率弟子“斥乎齐，逐乎宋、卫，困于陈蔡之间”（《史记·孔子世家》），“累累若丧家之狗”（同上）。他虽然对管仲的越礼行为颇有微词，却推崇其“相桓公，一匡天下，民至今受其赐”。子贡问：“如有博施于民而能济众，何如？可谓仁乎？”子曰：“何事于仁，必也圣乎。”（《论语·雍也》）用世之心，济世之情，溢于言表。

孟子继承孔子的传统，主张“用世”，提倡“济天下”。他曾对齐王说：“王如用予，则岂徒齐民安，天下之民举安。”（《孟子·公孙丑下》）并把自己视为“名世之士”，称：“如欲平治天下，当今之世，舍我其谁也。”（同上）孟子的一句名言——“穷则独善其身，达则兼济天下”，后来更成为中国士大夫的座右铭和行为准则。

孔孟之后，历代儒家均提倡“入世”、“用世”，就连董仲舒那样的儒者，虽然一再声称“正其谊不谋其利，明其道不计其功”，但仍强调“圣人之为天下，兴利也”（《春秋繁露·考功名》）。降至宋明，理学家们更把提倡“正心、诚意、修身、齐家、治国、平天下”思想的《大学》抬到“四书”的地位。

宋明新儒学的学术重心，在于心性义理，讲修心养性、成贤做圣。但是，修养到什么样的境界，才成其为圣贤？朱子认为：“士而怀居，不足以为士矣，不是块然守定这事物，在一室闭门独坐便了，便可以为圣贤。自古无不晓事的圣贤，亦无不通变之圣贤，亦无闭门独坐之圣贤。”（《宋元学案·朱子学案》）二程也主张圣贤应该是管事的圣贤，“入世”的圣贤，反对学佛者多要忘是非，认为“是非安可忘，自有许多道理，何事可忘”，又说：“人恶多事，世事虽多，尽是人事。人事不叫人去做，更叫谁做。”陆九渊更以“同体大心”来说明“宇宙内事乃是己分内事，己分内事乃宇宙分内事”（《宋元学案·象山学案》）。南宋永嘉学派的代表人物叶適更把“忧世”看得比“仁”更重要，他说：“读者不知按统绪，虽多无益也；为文不能关教事，虽工无益也；笃行而不合于大义，虽高无益也；立志而不存于忧世，虽仁无益也。”（《叶適集·赠薛子长》）。

两宋之后，有感于宋之灭亡，儒门学者对于“凭空蹈虚、高谈性命”更为深恶痛绝。明之宋濂便宣扬“真儒在用世”，主张“生有补于世，死有闻于世”（方孝孺：《送方生还宁海》）；黄绾、方孝孺等更直接提倡“经世之学”，主张“以经纶天下为己任”，明言“儒者之道……无有不达乎世务而可以为儒者”（方孝孺：《庞统》）。明清之际及清代的一大批儒门思想家更大讲“经世致用”，明确提出“天下兴亡，匹夫有责”的响亮口号。顾炎武主张：“君子之为学，以明道也，以救世也”（《与人书二十五》），“愚所为圣人之道如之何？曰：博学于文，行己有耻，自一身以至于天下国家，皆学之事也”（《与友人论学书》），把“为学”与“天下国家”、“明道”与“救世”紧密联系在一起，并且认为“文不关于经术政事者，不足为也”（《国朝汉学师承记》）。朱舜水则提倡“经邦弘化，康济时艰”（《朱舜水集》）。清之汪中，承傅山、王夫之传统，“有志于用世，而耻于无用之学”（《与朱武曹书》）。龚自珍、魏源更大声疾呼：读书是为了经世致用，探世变者，圣之至也。

纵览儒学的历史发展，自先秦至明清凡二千余年，始终有一条主线贯串其中，即志存天下，积极用世。中国儒家的这种入世精神，现在有些学者亦称之为“忧患意识”，而最能体现这种“忧患意识”的，当是宋代范仲淹的如下一段话。范仲淹在《岳阳楼记》中说：

> 不以物喜，不以己悲。居庙堂之高，则忧其民；处江湖之远，则忧其君。是进亦忧，退亦忧。然则何时而乐耶？其必曰：先天下之忧而忧，后天下之乐而乐乎。

中国士大夫的这种“忧患意识”，还有一副对联对它做了一个十分生动、简练的概括，曰：“风声雨声读书声，声声入耳；家事国事天下事，事事关心。”如果把这些话同佛教有关隐遁潜修、心外无物等说教联系起来，应该说，二者真是“不同彰彰”也！

第三节　中国佛教的亦出世亦入世

自汉武帝“独尊儒术”之后，儒学便逐渐上升为社会的统治思想。至唐韩愈提出恢复孔孟道统后，儒学的影响更逐渐增大，其主张修、齐、治、平，提倡为王道政治服务的“入世精神”，也深刻影响于各家学说。东传佛教在中国所走的道路，就留下了深刻的儒学印痕。

佛教在中国所发生的一个重要变化，就是由原来的注重出世，逐渐发展成既讲出世，又讲入世，主张既出世又入世，把出世与入世统一起来。当然，这是一个漫长的过程，其间的变化也是逐步的、渐进的，而且往往多是先从某一个局部、某一个侧面开始，因此佛教的中国化（包括其由出世而入世的思想发展）表现出一种错综复杂的过程。

佛教刚传入中国时，其与中国传统文化距离最大、对立最尖锐的，当推其弃家离世的思想。在这方面，儒家对它的攻击是不遗余力的，主张把它尽退天竺，或放归桑梓，认为它不应在中国流传。此一遭遇，使得传入中国的佛教面临这样一种抉择：或者墨守遗教尽遭摈弃，或者入乡随俗，对传统的思想做某些改革，以求得自身的发展。中国佛教选择了后一条道路。

首先，与印度佛教对于政治一般都持避而远之的态度不同，中国佛教在入世与出世问题上却是另一番景象：中国佛教的许多名僧和宗派，常常根据佛经所言“佛为一大事因缘出现于世”以及大乘佛教“慈悲普度”的精神，认为佛教的根本宗旨不是为了自身的修行解脱，而是为了利他济世、普度众生。因此，中国佛教所宣扬的，多是大乘菩萨精神，所谓“我不入地狱，谁入地狱”，“地狱未尽，誓不成佛，众生度尽，方证菩提”。在此基础上，中国佛教常把出世与入世统一起来，认为只有把世间法做得停停当当，才能作为出世的资粮。以这种思想为基础，中国历史上许多佛教徒常大胆走出山林，投身社会，乃至涉足官场，过问政治。中国历史上和尚过问政治的事不胜枚举。早在东晋时期，名僧佛图澄曾被石勒尊为“大和尚”，石勒的大将军郭里略还拜他为师，“军机要事，皆听其言”（《高僧传·佛图澄传》）；前秦之道安，也是苻坚的政治顾问，征战之事，苻坚常与道安商量；前后秦之鸠摩罗什，更一度成为政坛上的风云人物；南北朝时的释慧琳，《南史》称他“少出家，后为文帝所重”，后“遂参权要，朝廷大事，均与议焉”，故史上对他有“黑衣宰相”之称；隋唐时期，几个较有影响的佛教宗派创始人，都与当朝皇帝关系密切，如智顗之与陈宣帝、陈文帝，玄奘之与唐太宗，法藏之与武则天，等等。

其次，与佛教东传之初，佛教徒对于儒家“不忠”、“不孝”的指责多以“在家”“出家”、“方内”“方外”及一些包含广泛的所谓“大忠”、“大孝”来进行辩释不同，隋唐以后的佛教，也逐渐走上儒家的道路——逐步伦理化。例如，唐代及唐代以后的许多佛教徒已不谈那种所包盖广的“大忠”、“大孝”，而是大谈那种实实在在的仁义忠孝。唐初李师政在其《内德论》中就说：“佛之为教也，劝臣以忠，劝子以孝，劝国以治，劝家以和。”唐代名僧百丈怀海始创，后历代均有所损益的《百丈清规》更大讲“忠”、“孝”：首二章“祝釐”、“报恩”讲“忠”，次二章“报本”、“尊祖”讲“孝”，完全仿效儒家口吻。宋之名僧契嵩所写的《孝论》更把父母视为“天下三大本之一”。明代僧人所撰之《孝闻说》、《广孝序》等文，也大谈孝道，认为，“世出世法，皆以孝顺为宗”（《灵峰孝论》，卷四之二），“儒以孝为百行之首，佛以孝为至道之宗”（《灵峰孝论》，卷七之一），把作为儒家学说基础的孝道视为佛教的根本宗旨之一，其儒学化、伦理化程度可见一斑。

隋唐之后的中国佛教在入世问题上的一个重要发展，是通过阐释“治心”与“治世”的相互关系，把出世与入世统一起来。在这一点上，宋代名僧契嵩是一个很有代表性的佛教思想家。在《寂子解》中，契嵩说：

> 儒佛者，圣人之教也。其所出虽不同，而同归乎治。儒者，圣人之大有为者也；佛者，圣人之大无为者也。有为者以治世，无为者以治心。治心者不接于事，不接于事则善善恶恶之志不可得而用也；治世者宜接于事，宜接于事赏善罚恶之礼不可不举也。其心既治，谓之情性真正，情性真正则与夫礼仪所导而至之者不亦会乎?!

这段话的意思是说，儒佛二教虽然所出不同，但都是圣人之教，都以“治”为归趣。所不同的是，儒是有为之学，旨在治世；佛乃无为之教，旨在治心。治心之佛教虽然不介入世俗之善善恶恶，但如果把世人之心治好了，其情性则真正淳厚。情性既真正淳厚，自然与儒家礼仪所要达到的目标是一致的，这岂不是有益于治世吗?

在调和、融合传统佛教出世主义与儒家学说的入世精神方面，宋代天台宗的孤山智圆表现得更为突出，下面拟着重对智圆这方面的思想做一较深入、具体的剖析，借以窥探宋元时期中国佛教如何融摄儒家学说的入世精神。

智圆自号中庸子，因“中庸”乃儒家经典之名，又向来被视为儒家之思想和传统术语，故有人问智圆：“中庸之义，其出于儒家者流，子浮图子也，安剽窃而称之耶?”此谓你是佛教徒，怎么剽窃儒家语以自号呢? 智圆答曰：

> 夫儒释者，言异而理贯也，莫不化民，俾迁善远恶也。儒者，饰身之教，故谓之外典也；释者，修心之教，故谓之内典也。惟身与心，则内外别矣。
>
> 生民，岂越于身心哉? 非吾二教，何以化之乎! 嘻! 儒乎，释乎，其共为表里乎!(《中庸子传》上)

这段话的意思是说，儒学之与释教，虽然言说不同，但道理是一致的，都是为了教化民众，使之习善远恶。儒学乃修身之教，所以称之为外典；佛教乃治心之教，故称之为内典。身与心虽然有内外之别，但人之为人，岂能越乎身心之外? 所以二教实正好互为表里。从这个意义上说，我智圆以儒家语为号又有什么不好呢?

智圆进一步指出：

> 岂知夫非仲尼之教，则国无以治，家无以宁，身无以安。国不治，家不宁，身不安，释氏之道何由而行哉! 故吾修身以儒，

治心以释，拳拳服膺，罔敢懈慢，犹恐不至于道，况弃之乎！呜呼！好儒以恶释，贵释以贱儒，岂能庶中庸乎？（《中庸子传》上）

此说简直把儒教作为释教的基础。如果没有儒教，则不能治国、宁家、安身，既然国不能治，家不得宁，身无以安，那佛教以什么为依托呢？所以，他提倡用儒修身，以释治心，拳拳服膺，不敢有丝毫懈怠，目的正在于至于理而达于道，怎么能说是放弃佛道呢？至于好儒而恶释，或者贵释而贱儒，二者都是违背中庸之道的。换句话说，他所以用“中庸”为号，就是表明他在儒释之间采取了一种不偏不倚的“中庸”立场。

智圆更以佛教之“中道”说儒家之“中庸”。当有人以“儒之明中庸也，吾闻之于《中庸》篇矣，释之明中庸，未之闻也”为诘时，智圆说：“释之言中庸者，龙树所谓中道义也。”并以佛教之不落有无，不荡于空，不胶于有之中道义去说儒家“过犹不及”之中庸。最后，智圆说：“世之大病者，岂越乎执儒释以相诬”，“故吾以中庸自号以自正，俾无咎也”（同上）。这说明智圆是有意用“中庸”之号来使自己于儒释之间持调和态度的。

智圆对自己取号“中庸”的这一系列辩释，基本上把他为什么要提倡佛儒交融及其在调和佛儒问题上的主要思想表述出来了。从智圆的有关著述看，其在调和佛儒方面，主要有以下一些观点：

其一，儒教修身，释教治心，二者互为表里。他认为儒是“域内”之教。“域内”之事，诸如修身、齐家、治国、平天下等等，舍儒不可他求，所谓“非仲尼之教，则国无以治”者是。虽然此教“谈性命焉，则未极于唯心；言报应焉，则未臻于三世”（《四十二章经序》），亦即在探性灵之真奥及明三世之因果方面，儒教并不擅长；但就今生今世言，则“不可一日而无之矣”，因为没有它，则国无以治，家无以宁，身无以安。至于佛教，它是“域外”之教。“域外则治于心矣”，亦即其功在于探性灵之真奥，明三世之因果。虽然如此，“实有毗于治本矣”，亦即它对于修身、治世也不是全然没有益处，正如以往僧人所说的，如果天下人都能持五戒、修十善，则皇帝可以坐致太平。因此，释氏“之训民也，大抵与姬公、孔子之说共为表里”（《翻经通纪序》）。

其二，儒释二教都能迁善远罪，有益教化。这一思想是前一观点的延伸与具体化。从儒教方面说，其要修、齐、治、平，自然不能没有礼仪教化，使人去恶从善；就佛教言，它的所有教义，几乎也都有这一功能。“何耶？导之以慈悲，所以广其好生恶杀；敦之以喜舍，所以申乎博施济众也；指神明不灭，所以知乎能事鬼神之非妄也；谈三世报应，所以证福善祸淫之无差也。使夫黎元迁善而远罪，拨情而反性。”（《翻经通纪序》）正是基于这样的思想，智圆认为：就拨情复性的深浅而言，或者就论事之远（如佛谈三世）、近（如儒明今生今世）说，二教不得不有小异。如果把三教视为一物，混同看待，“或几乎失矣”；但就“迁善而远罪，胜残而去杀”言，则二教“不得不同也”（《四十二章经序》）。

其三，智圆不仅倡佛儒交融，而且明确地主张儒、释、道三教合一。在《三笑图赞并序》中，智圆曾对东晋庐山慧远送晋帝、桓玄“以虎溪为界，而送道士陆修静、儒者陶渊明‘则过之矣’”，大表感叹，并作赞曰：

> 释道儒宗，其旨本融，守株则塞，忘筌乃通。
> 莫逆之交，其惟三公，厥服虽异，厥心惟同。
> 见大忘小，过溪有踪，相顾而笑，乐在其中。

此谓儒、释、道三教外表虽异，其心则同。慧远、陆修静、陶渊明三公因能见大忘小，得鱼忘筌，所以能够相顾而笑，乐在其中。在《谢吴寺丞撰闲居编序书》中，智圆也说：“夫三教者，本同而末异，其于训民治世，岂不共为表里？”此中之“其于训民治世，岂不共为表里”说，甚为重要，即三教之相为表里，或者说三教交融汇合之联结点，乃在于“训民治世”。也就是说，宋元时期的佛教，已不像以往的佛教争相以“方外”之教相标榜，而是在相当程度上关注世间，强调入世。实际上，智圆的这一说法绝不是他一个人的看法，而是在相当程度上反映了宋代佛教的特点，即世俗化在赵宋一代已成为时代的潮流。这一点，在大慧、契嵩的思想中也有很明显的表现。

其四，智圆在儒佛关系乃至三教关系问题上的态度有一点是值得特别注意的，这就是他在《谢吴寺丞撰闲居编序书》中所说的：“是以晚年所作，虽以宗儒为本，而申明释氏，加其数倍焉。往往旁涉老庄，以助其说。”此中之“以宗儒为本”说，至关重要。也就是说，在赵宋一代，即便像智圆这样的高僧，也出现了“以宗儒为本”的思想，尽管他在后面又补充了“而申明释氏，加其数倍焉”，但是其“本”仍在于“儒”。这一点说明宋代的佛教在儒化方面已经走得很远。对此，我们不妨比较一下同样提倡三教合一的唐僧宗密的有关思想。宗密的《华严原人论》是中国佛教史上提倡三教合一的最有代表性的著作，但是，宗密的三教合一，明确地以佛教作为“合一”的归趣，而儒与道在那里充其量只是个铺垫，它们都是佛教的一个阶段，是佛教发展过程中一个较低的层次，这也许与李唐时期佛教之隆盛有关。但是到了宋代，随着儒之复兴以及佛教之衰微，终于使得即使佛教徒自身，也不敢像李唐时代那样去看待和对待儒教了，这也许就是智圆公然提出“以宗儒为本”的其中一个重要原因。

赵宋一代的佛教界之所以会把“治世”作为目标之一，或者说，强调佛教的“治世”功能，这与受儒家学说“入世精神”的影响是密切相关的。例如，就智圆本人而言，据《谢吴寺丞撰闲居编序书》记载：智圆“洎年迩升冠，颇好周孔书，将欲研几极深，从有道者受学，而为落发之师拘束之，不获从志。由是，杜门阒然，独学无友，往往得五经之书而自览焉”。从这段记述看，智圆从小就颇好儒学，尽管受到其师的反对，未能实现对儒学“极深研几”的愿望，但这并没有妨碍他独览自学儒家经典，乃至于对“周、孔、孟、荀”之书，往往“行披坐拥”，“虽无师之训教，无友之磋切”，也没有妨碍他“准的五经，发明圣旨”（《谢吴寺丞撰闲居编序书》）。正是由于智圆对儒学不但好之，而且读之，因此，在出、入世问题上深受儒学的影响，对儒学“修齐治平”的思想颇表赞赏，由之逐渐把儒学的“治世”思想纳入自己的学说体系之中。

赵宋一代佛教的入世倾向，还表现在另外一个方面，即佛教的世俗化。在这一点上，宋代另一位著名禅师，即“看话禅”的倡导者大慧宗杲最具有代表性。沿着禅宗“运水与搬柴，皆神通妙用”的道路，宗杲进一步倡“喜时怒时，净处秽处，妻儿聚头处，与宾客相酬酢处，办公家职事处，了私门婚嫁处，都是第一等做功夫，提撕警觉底时节”（《大慧普觉禅师语录》上）。也就是说，世俗的一切事务，乃至人们的一切动作施为、语默动静，皆是佛家的第一等做功夫处。更有特点的是，宗杲把佛教的世俗化与佛儒之交融联系、统一起来。他说：“□地一下子，儒即释，释即儒；僧即俗，俗即僧；凡即圣，圣即凡。”（《答汪应辰书》）在宗杲看来，佛儒、僧俗、凡圣之间，并不存在什么绝对的界限，在一定情况下，它们都是相摄互融的。基于这一思想，宗杲反对把在家、出家，世俗、僧侣对立起来，赞扬李邦产在“富贵丛中参得禅”，杨亿虽身居翰林也参得禅，张商英做江西转运使仍参得禅。宗杲认为，这种在世俗事务中参禅，比那些“终日鬼窟打坐”的默照禅师要强得多。在《大慧普觉禅师语录》中载有这样一段话更耐人寻味，宗杲说：

> 士大夫学道与我出家大不相同，出家儿，父母不供甘旨，六亲固已弃离，一瓶一钵，日用应缘处，无许多障道底冤家，一心一意，体究此事而已。士大夫开眼合眼处，无非障道底冤魂。……净名所谓尘劳之畴，为如来种。怕人坏世间相，而求实相。……譬如高原陆地，不生莲花，卑湿污泥，乃生此花。……如杨文公、李文和、张无尽三大老打得透，其力胜我出家儿二十倍。何以故？我出家儿在外打入，士大夫在内打出。在外打入者，其力弱；在内打出者，其力强。(《指月录》，卷三)

从这段话看，宗杲甚至认为在家修行比出家打坐更为殊胜。出家为僧，一心一意只是打坐修行，没有世间的许多烦恼，因此比较省力；而在家参禅，则开眼闭眼皆是尘俗事务，时时有许多烦恼惑障缠身，因此需要更强的信念和力量，但也正因为如此，更能打透禅关，结出道果。这有如维摩诘居士所说：高原陆地，不生莲花，卑湿污泥，乃生此花。

随着佛教的儒学化和世俗化，赵宋一代出现了僧侣、禅师与士大夫相互交游、酬唱的局面。一方面，僧人多与士大夫交往，如大慧宗杲之与张九成，雪窦重显之与曾会，首山省念之与王随，佛印了元之与苏轼，天衣义怀之与杨亿，大觉怀琏之与王安石，黄龙祖心之与黄庭坚等等；另一方面，士大夫参禅者更多，从上层官僚如王安石、杨亿、富弼、李遵勖、杨杰、张商英等，到理学家如周敦颐、二程、朱熹、陆九渊，无一不热衷于参禅或出入佛老。当时的佛教界，僧侣们常常真乘法印与儒典并用；而在儒学界，士大夫们也多既深明世典，又通达释教。佛儒之间虽然在某些个别问题上还有相互对立和相互排斥的现象，但从总体上说，确呈现出一种相互汇合、交融之局面。这种交融汇合从严格的意义上说甚至不限于儒佛二教，而是在当时社会上处于主导地位的儒、释、道三种思想潮流均加入了交汇之洪流，以至出现了诸如“红花白藕青荷叶，三教原来是一家”等说法。

宋代佛儒交融乃至三教合一的思想，至元代仍是时代之潮流。此时期静斋堂学士刘谧所作《三教平心论》，可视为从佛教方面融合儒、道的一篇代表作。

《三教平心论》最基本的观点之一，就是主张三教“皆有其极功”。刘谧认为，儒教之功，在于使纲常以正，人伦以明，礼乐刑政四达而不悖，“其功有于天下也大也”；道教之功，则是使人清虚以自守，卑弱以自持，使天下归于静默无为之境，“其有裨于世教也至矣”；佛教之功，则在于使人弃华而就实，由自利而变为利他，“其为生民之所依归者，无以加矣”（《三教平心论》，卷上）。虽然三教各有其功，但它们又有一个共同的特点，即三教都“好生恶杀”，“无非欲人之归于善耳”（同上）。例如，佛教的作用，无非是“悛心改行，为仁为慈，为孝为廉，为恭为顺”（同上）。因此，“释氏化人，亦与儒者无差等”。此外，刘谧认为，佛教并非全然出世的，其以五乘设教，其中之人乘、天乘就属于世间法。人乘中之五戒，即属世俗儒教之五常，天乘中之十善，即道教中的“九真妙戒”，此二者均属治世之世间法。刘谧的这一思想，是唐宋以来佛儒交融思想的继续和发挥。盖自唐宋之后，佛教界最常用的一个方法，就是在五乘佛教的旗帜下统合儒释，这种思想甚至影响到近代佛教，例如太虚也是以五乘佛教为根据，提出“人生佛教”的。

虽然从思想理论方面说，刘谧的《三教平心论》没有多大特色，但它也透露了一个消息，即宋元时期从佛教方面倡佛儒合一的各种说法，均以这样两个思想为基础：第一，佛教与儒学一样，也是有益于人伦教化的；第二，佛教并非全然出世的，它同样以世间为基础，以入世的人乘、天乘为始基。这一时期的佛教之所以发生这种变化，究其原因，大体有二：一是中国是一个注重现实人生、讲究实际的国度，全然不顾世俗的人伦纲常、过多强调脱尘离俗，是不适合中国国情的，是注定要被抛弃的；二是中国佛教自隋唐之后，就受到儒家心性、人性学说的深刻影响，各种佛教理论本身已在相当程度上被儒学化、伦理化，因此，注重人伦，强调入世，实乃佛教自身发展的一种必然趋势。

第六章
理学与佛学

中国佛教发展到隋唐，已成为一股与儒、道二教鼎足而三的重要思想体系和社会思潮。相对以往的封建王朝，李唐一代政治较开明，国力也最强盛，在意识形态方面较宽容、开放，对儒、释、道三教采取一种兼收并蓄的政策，因之造成了一个三教并存并进的局面。这一时期的佛教，高僧辈出、宗派林立，玄奘、法藏、神秀、慧能各领风骚几十年，天台、唯识、华严、禅宗各称雄于一代，几大佛教宗派的相继成立和迅速发展，把中国佛教推向一个鼎盛期。在道教方面，借助于“李氏乃柱下之后嗣”的说法，道教在李唐一代被抬到最尊之地位。至于儒学，它本来就是中国传统学术、文化之主流，虽自东汉之后，由于经学自身走入了死胡同，加之魏晋南北朝时期的政治形势等原因，出现了儒学衰、玄学盛的局面；但是作为中国王道政治和宗法制度理论支柱的儒学，在魏晋至唐佛、道、玄盛行的几百年时间内，没有也不可能被吞并掉，而是作为一股强大的社会思潮潜伏着。当唐代的韩愈提出恢复儒家道统之后，就出现了一种复兴的势头。这时，中国土地上几个强大的思想文化系统，面临着一场殊死的决战。在这种情况下，三教中的有识之士，都站在维护本教的立场，一方面高唱三教一家，另一方面极力抬高自己，并伺机吃掉对方。道教在“红花白藕青荷叶，三教原来是一家”的口号下面，没有放松对儒、佛二教的攻击，力图确保或夺回高居于儒、佛之上的地位。佛教则在加快内部禅教合一步伐的同时，进一步通过权与实、方便与究竟等说法，把儒、道二教变成隶属于直显真源之究竟教的权便说。儒家凭借自己在中华民族的心理习惯、思维方式、宗法伦理等方面根深蒂固的影响，以及王道政治与宗法制度的优势，自觉不自觉地、暗地里或公开地把佛、道二教的思维模式和有关思想内容纳入自己的学说体系之中，经过唐朝五代之酝酿孕育，至宋明时期终于吞并了佛、道二教，建立了一个熔儒、释、道三教于一炉，以心性义理为纲骨的理学体系。

那么，儒家是怎样吞并掉佛教的？它吸取和融合了佛教的一些什么思想以及是如何吸取的？宋明理学在吸取了佛教的有关思想后，其思想较诸传统儒学究竟发生了一些什么变化？凡此种种，都是研究佛教与儒学相互关系中的一些带根本性的大问题，下面试图从某些侧面对这些问题做一些力所能及的探讨。

第一节　濂溪之学与佛学

周敦颐是理学的“开山”，研究理学与佛学的关系，自然应该先了解周子之学，此其一；其二，在本书的第二章中，我们已经言及，佛教对于儒学的最大影响乃在于本体论的思维模式，而周子之学的一个重要特点，就是带有浓厚的天道本体及人性本体色彩，从这个角度说，探讨理学与佛学的相互关系，不妨先看看周子之学。

一、周敦颐与宋明心性义理之学

周敦颐其人，从他自己的一些诗文论著及后人对他的有关品评看，颇具仙风道骨：他酷爱莲花，著有《爱莲说》，极力称赞莲花的“出淤泥而不染”；喜欢隐居山林、吟风弄月，很有一种高适远遁、超然物外之气概。黄庭坚在《濂溪词并序》中说：“茂叔虽仕宦三十年，而平生之志，终在邱壑”；蒲宗孟撰周敦颐墓碑碣，也称他“孤风远操，寓怀于尘埃之外，常有高栖远遁之意”；周敦颐自己也以唐朝元结自居，曰：“吾乐盖易足，名溪朝暮侵；元子与周子，相邀风月寻”（《周子全书》，卷十七）。据载，周敦颐还常与高僧、道人“跨松箩，蹑雪岭，弹琴吟诗，经月不还”。他为官三十年，所到之处，遇有山水名胜，必畅游亲观。他曾在一首游道观的诗中说：“久厌尘坌乐静元，俸微犹乏买山钱；徘徊真境不能去，且寄云房一榻眠。”（《题酆都观三首》）真有点思隐离俗、飘飘欲仙的样子。但是，周敦颐始终没有放弃其官僚生涯，而只想当一个身在尘俗、心在方外的“君子”。

周子之学如其人，他既以“出淤泥而不染”的“君子”为理想人格，其学就不能不处处打上“君子”的烙印。黄百家在《濂溪学案》中有一段评述周子思想风格的案语，曰："周子之学，在于志伊尹之志，学颜子之学。"周敦颐在自己的诗文论著中也屡屡推赞孔颜乐处："颜子一箪食，一瓢饮，在陋巷，人不堪其忧，而不改其乐。"(《通书》)反复强调君子须进德修业、孜孜不息，认为"人至难得者，道德有于身而已矣"(同上)。他对孟子的养心养性说及《大学》、《中庸》的修齐治平思想极表赞赏，在继承孔孟等先儒及《大学》、《中庸》等思想的基础上，提出了一套"道体论"、"性五品说"及"主静"的修养理论，奠定了宋明心性义理之学的基础。后儒对于周子之学的这一历史地位看得真切，评述周子其人其学曰："周子奋自南服超然独得，以上承孔孟垂绝之绪，河南二程神交心契，相与疏论阐明而至道复著"(《周子全书》，卷首下)；"宋有濂溪者作然后天理著，而道学之传复"(同上)；"周元公开揭蕴奥而天下始知求性命之微"(同上)；"卓哉！其元公乎……宛然一孔子也"(同上)。这些评论有一个共同点，即都指出了周子之学乃一种上承孔孟余绪之伦理哲学。

但是，周敦颐在世时，其名声并不大，地位也不高，被捧为道学之始鼻祖，乃南宋时事。朱熹依照《景德传灯录》作《伊洛渊源录》，以周敦颐为道学开山，后来程朱学说成为社会的统治思想，这一说法遂成定评。可见，周敦颐之于道学，有如禅宗的达磨，道教的张伯端，其崇高地位多出于后人之追拟。当然，道学家所以推濂溪为鼻祖，也不是毫无根据的。

反对对周子其人其学"尊之太高"和"抑之过甚"两种倾向的黄百家是这样评价周敦颐的：

> 孔孟而后，汉儒止有传经之学，性道微言，绝之久矣。元公崛起，二程嗣之，又复横渠诸大儒辈出。圣学大昌。故安定、徂徕，卓乎有儒者之矩范。然仅可谓有开之必先，若论阐发心性义理之精微，数元公之破暗也。(《宋元学案·濂溪学案上》)

后儒熊文端也认为周子之学：

> 上承邹鲁之传，下开洛闽之绪，功在斯文，流泽后世。(《周子全书》，卷首下)

看来，周子之学的主要特点是"嗣往圣，开来哲"，上承孔孟邹鲁之绪，下开宋明心性义理之学。对于这一点，《道学传总论》说得更为具体、明白：

孟子没而无传……周乃得圣贤不传之学，作《太极图说》、《通书》，推阴阳五行之理，命于天而性诸人者，了若指掌。张作《西铭》，又极言理一分殊，然后道之大原出于天者，灼然而无疑焉。(《周子全书》，卷首上)

朱熹在《太极通书·总序》中也说：

程先生兄弟语及性命之际，亦未尝不因其说。(《周子全书》，卷一)

这些说法表明，虽然理学之至昌大盛，主要得力于张载、程、朱诸大儒，但是，首开宋明理学之先河者，濂溪其人也。

二、周子之学的心性本体论与隋唐佛教的佛性本体论

如果说周子之学的思想内容确如先儒所说的，乃远承孔孟之余绪，那么，这里所要着重指出的，则是其思维模式与佛教的关系。

周子之学的思维模式，带有浓厚的天道本体及人性本体的特色。他一方面把天道伦理化，另一方面又把伦理天道化，而他把天道伦理化的目的，是把伦理天道化。周子的《太极图说》，就其思想主旨言，是要“明天理之本源，究万物之始终”；但是，作为落点，又常常回到人、人性、人伦道德之常规。他“推明天地万物之源”的目的，是为了说明“道之大源出于天”。这种理论的思想路数与隋唐佛性理论把佛性人性化，从而使人性佛性化是一样的。

周子把伦理天道化及把天道伦理化的一个重要工具是“立诚”。继承《孟子》、《中庸》“诚者，天之道；诚之者，人之道”的思想，周敦颐认为，“无妄则诚”，把“诚”视作一种“静无而动有”(《通书》)的神秘的宇宙本性。同时，周敦颐又把“诚”看成五常之本、百行之源。他说：

诚者圣人之本。大哉乾元，万物资始，诚之原也。乾道变化，各正性命，诚斯立焉，纯粹至善者也。故曰一阴一阳之谓道，继之者善也。元亨，诚之通；利贞，诚之复。大哉易也，性命之源乎。(同上)

诚，五常之本，百行之源也。(同上)

正如我们在第二章所指出的，在中国哲学史上，“诚”之具有本体性质，成为本体论范畴，是隋唐以后的事。如果具体地说，“诚”之成为一种本体，开其端者，周子其人也。在周敦颐的学说中，

“诚”不仅是沟通天人、联结道德与天道的桥梁，而且还是人性、天道之本体。周敦颐思维模式上的这一变化，从儒学系统说，是承接李翱的《复性论》。李翱所要“复”之“性”已在相当程度上具有本体的性格，而李翱之“复性”理论本身就是深受佛教佛性理论影响的产物。此外，对李翱思维模式产生影响的是隋唐佛教的心性本体理论。由于隋唐佛教把佛性人性化、心性化，使得佛教的佛性与儒家的人性、心性已非绝然悬隔，而在很大程度上是相通的，加之濂溪其人对佛教有相当的接触，他在《太极图说》中用以注入人之灵魂，成为人之本性的“无极之真”一词，就直接来源于唐僧杜顺的《华严经·法界观》。这一切都说明，周敦颐把“诚”本体化，确实直接或间接地受到佛教人性、心性本体论的影响。

“立诚”的思想在周敦颐的学说中占有十分重要的地位。薛文清说：“《通书》一诚字括尽。”（《宋元学案·濂溪学案上》）黄宗羲说：“周子之学，以诚为本。”（《宋元学案·濂溪学案下》）后儒所以这样重视“诚”在周子之学中的地位，盖在于“诚”为偏重于心性义理的宋明理学找到了既是人性、天道，又是本体的根据。这一点，明末的刘宗周看得真切，说得更明白。他说：

> 《通书》一编，将《中庸》道理，又翻新谱，真是勺水不漏。第一篇言诚，言圣人分上事，句句言天之道，却句句指圣人身上家当。“继善成性”，即是“元亨利贞”，本非天人之别。（《宋元学案·濂溪学案上》）

此最后一句可以说是点睛之笔。“诚”之理论贡献，在其“一天人”也！所谓“一天人”，亦即“天人本无二”，而这正是本体论思维模式的最大特点所在，也是佛教思维模式与传统儒家“天人合一”思维模式的区别所在。说佛教对传统儒学之最大影响在其本体论的思维模式，这是其中一个重要表现。

三、周敦颐的“无欲故静”与禅宗的“离相”、“无念”

周敦颐的人性理论，除了以上所说的认为人的本性来源于天道，主张“以诚为本”外，他还把人性具体地分为五品。在《通书》中，他说：

> 性者，刚、柔、善、恶、中而已矣。

此谓人性可分为刚、柔、善、恶、中五品。但他认为这五者并不是平等并列的，而是刚柔与善恶相配，成为“刚善”、“刚恶”、“柔善”、“柔恶”，再加上“中”而形成五品。

周敦颐认为，刚与善相结合为“刚善”，“刚善”之性“为义，为直，为断，为严毅，为干固”，这可说是一种美德；刚与恶相结合则为“刚恶”，“刚恶”之性“为猛，为隘，为强梁”，这就成为恶德了。“柔亦如之”：柔与善相结合为“柔善”，“柔善”之性“为慈，为顺，为巽”，这也是一种美德；柔与恶相结合为“柔恶”，“柔恶”之性“为懦弱，为无断，为邪佞”，这又是一种恶德。这四种性中，“刚善”与“柔善”虽都可算是一种美德，但还不是最高、最完善的德性，最高、最完善的德性是“中”。周敦颐说：“惟中也者，和也，中节也，天下之达道也，圣人之事也”，“圣人之道，仁义中正而已矣”（《通书》）。

周敦颐这一“中和”说，既是来源于《中庸》之“喜怒哀乐之未发，谓之中；发而皆中节，谓之和”，又为宋儒留下了许多话题。道学家们曾喋喋不休于“未发之中”、“已发之中”，其源盖出于周子此一中和性论。明清之际的黄宗羲在《宋元学案》中曾对此有一总结性案语，曰：

> 濂溪以中言性，而本之刚柔善恶。刚柔二字，即是喜怒哀乐之别名。刚而善，则怒中有喜，恶则只是偏于刚，一味肃杀之气矣；柔而善，则喜中有怒，恶则只是偏于柔，一味优柔之气矣。中便是善，言于刚柔之间认个中，非是于善恶之间认个中，又非是于刚柔之外认个中。此中字，分明是喜乐哀乐未发之谓中，故即承之曰中也者和也，中节也，天下之达道也，圣人之事也。《图说》言仁义中正，仁义即刚柔之别解。（《宋元学案·濂溪学案上》）

黄宗羲把刚柔善恶、仁义中正、喜怒哀乐都串了起来，这虽有受宋儒“中和”说影响的成分在，但也一定程度地揭示了周子学说中各种思想的内在联系，以及周子学说与历史上有关伦理思想的关系。

现在有一个问题，即周敦颐一面言人性原于天道，得二五之秀气，是纯粹至善的，一面又说有“刚善”、“刚恶”、“柔善”、“柔恶”、“中”五品，这岂不前后矛盾？对此，周敦颐自己是这样回答的：在《太极图说》中，周敦颐明确指出“善恶分，万事出”乃是形生神发、五性感动的结果。也就是说，作为得之于天道、吸取了“无极之真”的人的先天本性，它是至纯至善的；但是，当人一旦有了具体形体，有了感触之后，性便会发生偏差，或过或不及，这就有了善恶了。在这里纯粹至善与有善恶之分的区别是先天与后天、抽象与具体。如果说先天之本性是纯粹至善的，那么，善恶之分则是后天的事；又如果说纯粹至善原是一种抽象的本性，那么，善恶之分乃是一种具体的人性。这一先天后天、抽象具体相互统一的人性理论，周敦颐虽说得不太明确，但基本思想已经有了，后来张载的“天地之性”、“气质之性”又把它进一步理论化、系统化。

在《通书》中，周敦颐又用“诚”与“几”两个范畴来说明性本善与性五品的关系：

诚，无为；几，善恶。

对于周敦颐的这句话，后来诸儒有许多诠释和争论，或曰：“诚无为，如恶恶臭，如好好色，直是出乎天而不系乎人”（《宋元学案·濂溪学案上》）。或曰：“诚无为”，“属天理”，则善而已；而“几”者，动之微也。人体形成之后动而有为，则有善有恶；“天理固当发现，而人欲亦已萌乎其间”。这几种解释虽有其“言之成理”处，但是，“诚”既是全善的，从中萌发出来的“几”为什么又有善有恶、有天理有人欲呢？对于这一点，胡五峰进一步用“同体异用”解释之。朱熹的学生赵致道则说：善恶虽相对，当分宾主；天理人欲虽分派，必省宗孽。这是说，善是主，恶是宾，天理是宗，人欲是孽。明朝的罗整庵则用本末来说明，曰：“周子之言性，有自其本而言者，诚源、诚立，纯粹至善是也；有据其末而言者，‘刚善刚恶，柔亦如之，中焉止矣’是也。然《通书》首章之言，浑论，精密，读者或有所未察，遂疑周子专以刚柔善恶言性，其亦疏矣。”（《宋元学案·濂溪学案下》）凡此诸说，或从体用，或从主宾，或从本末上立论，但都认为周子是以纯粹至善为主、为体、为本，而善恶之分，刚柔善恶，则是宾、是用、是末。应该说，这是符合周子人性论的实际情况的。

既然周敦颐认为人只要有了具体的形质之后，性就会发生偏差，会出现诸如“刚恶”、“柔恶”等恶的品性，那么，人们怎么做才能弃除这些恶的品性而“至于中”呢？对此，周敦颐提出的一个最根本的原则，就是“主静”。

首先，何谓“主静”？

《宋元学案》引了一段前儒有关“主静”的问答，对我们理解这个问题颇有助益，现摘录于下：

或曰：周子既以太极之动静生阴阳，而至于圣人立极处，偏著一静字，何也？曰：阴阳动静，无处无之，如理气分看，则理属静，气属动，不待言矣。故曰：循理为静，非动静对待之静。（《宋元学案·濂溪学案下》）

黄宗羲在这段话后案曰：

循理为静，非动静对待之静，一语点破，旷若发蒙矣。（同上）

这话一点不假，濂溪所说之“静”，实是指人们应当遵循无极中正之理，不为形体物欲所动，而不是指一动一静之“静”。只有把握了这一点，才能准确理解周敦颐所说之“静”的真实含义。实际上，如果说无极是有理而无形，而人们之形体物欲乃阴阳交感的结果，那么，说理属静，而气属动，似也言之有据，顺理成章。在这里，我们看到了理学家们长期争论不休的“天理”、“人欲”说的雏形。所谓“主静”者，乃是强调人们必须循天理、灭人欲，只不过周敦颐没有明确地这样说罢了。

在《宋元学案》中，黄宗羲对“主静”说还做了许多颇为精辟的说明。他说：

学者须要识得静字分晓，不是不动是静，不妄动，方是静。（同上）

慎动，即主静也。主静则动而无动，斯为动而正矣，离几一步便是邪。《宋元学案·濂溪学案上》

圣学之要，只在慎独……动而无妄，曰静，慎之至也。是之谓主静立极。（同上）

黄宗羲用“慎动”—“不妄动”—“动而正”来解释“静”，与前儒所说的“循理为静”的意思是相吻合的，也就是人们不可“妄动”，而应“慎动”，不动则已，动则必须循理而正。这种说法很容易使人们想起禅宗的“离相”、“无念”说。禅宗“明心见性”的修养方法，最后把落点放在“离相”、“无念”上，认为只要“于一切法不取不舍，即见性成佛道”（《坛经》），并且主张“我此法门，从上以来，顿渐皆立无念为宗”（《坛经》）。而禅宗所说的“无念”，亦不是无一切念，而是指无“妄念”、“无邪念”。所以慧能说：“但无妄念，性自清净。”（同上）《大珠禅师语录》卷上更载有一段关于“无念”的问答：

问：此顿悟门，以何为宗？以何为旨？

答：无念为宗，妄心不起为旨。

问：既言无念为宗，未审无念者，无何念？

答：无念者无邪念。

问：云何为邪念？云何为正念？

答：念有念无，即名邪念。不念有无，即名正念。

也就是说，所谓“无念”，只是无邪念，非无正念。所谓“邪念”，不仅念有著相为邪念，念无著空也是邪念，只有既不著有，也不著无，既不著相，也不著空，才合乎“中道”之理，方为正念。周敦颐的以“循理”为静，以“不妄动”、“动而正”为静，以中正为至善，以中节为达道的人性学说和修养理论，就思维方法说，与禅宗以“离相”、“无念”为明心见性是遥相契合的。

其次，我们再来进一步看看周敦颐对“主静”说的具体阐释。

在《太极图说》中，周敦颐对“静”有一个十分精辟的注解，曰：“无欲故静。”就是说，如果人们能够达到无欲的地步，也就是达到“静”的境界了。

周敦颐认为，人生在世最紧要的莫过于学做圣人：“圣希天，贤希圣，士希贤。”（《通书》）而圣人可学乎？周敦颐自问自答曰：

圣可学乎？曰：可。曰：有要乎？曰：有。请问焉？曰：一为要。一者无欲也，无欲则静虚动直。静虚则明，明则通。动直则公，公则溥，明通公溥，庶矣乎。（同上）

这是说，没有欲望，心则虚静，虚静则明白无疑，通晓透彻；能虚静，念头萌动处，则正直公道而无私，这就叫“静虚动直”、“明通公溥”。他认为，这种精神境界中的人，从思想到行为自然都是善，贫贱富贵不能动其心，“常泰无不足，而铢视轩冕，尘视金玉”（同上）。人能达到这种境界，也就离圣人不远了。

周敦颐还对孟子的寡欲说做了进一步的发挥。他在合州讲学时，为当地学士张宗范作《养心亭说》，其中说：

孟子曰：养心莫善于寡欲。其为人也寡欲，虽有不存焉者，寡矣。其为人也多欲，虽有存焉者，寡矣。予谓养心不止于寡欲而存耳。盖寡欲以至于无，无则诚立明通。诚立，贤也；明通，圣也。是贤圣非性生，必养心而至之。养心之善，有大焉如此，存乎其人而已。（《周子全书》，卷十八）

周敦颐对孟子的寡欲说不太满意，认为应该寡欲以至于无，才能诚立明通，成贤成圣。这比孟子走得更远。实际上，周敦颐的无欲说，与其说来自儒家，毋宁说得自佛教。佛教把贪嗔痴三毒视为万恶之源，而欲就是贪的一种，认为世人正是由于各种贪欲妄想、烦恼惑障，才使自己堕入生死轮回之中，备受各种痛苦。只有彻底去欲离染，断绝一切烦恼惑障，才能见佛性、得解脱。如果说这种“寡欲”、“节欲”、“无欲”说并非佛教所专有，而是儒、佛、道三家所共同提倡，那么，周敦颐的“静虚动直”说就带有更为浓厚的道教和禅家色彩了。禅宗佛性理论的一个基本观点，就是认为人之自性，本自清净，只是由于各种妄念浮云、烦恼惑障的盖覆，才不能见自本性。如果能离欲去染，但无妄念，自性即明朗，可了了成佛。道教也主张清静无为，绝欲去智。周敦颐的“无欲故静”无疑受到佛、道二教修养理论的深刻影响。可以说，他的整个修养理论是糅合儒、佛、道三家修养理论的产物。

周敦颐的伦理哲学之所以深受佛教佛性论和修养论的影响，除了有其时代背景，即唐宋时期儒、佛、道三教交融汇合之趋势外，还有其个人际遇和学术师承的原因。考周敦颐其人，一生与佛教关系颇为密切。据史料记载，他曾参谒禅师，游心禅学。黄宗炎在《太极图辨》中曾说：“穆修以无极图授敦颐，周又得先天图之偈于寿涯。”中峰禅师门下的胡长孺居士所作的《大同论》中也说：“周子之传，出自北固山鹤林寺寿涯禅师。”朱熹的弟子作濂溪年谱时，也认为周受教于寿涯。从周敦颐的《太极图说》看，这些说法是合乎实际的，因为《太极图说》中的宇宙万物乃至人类形成的理论，与寿涯禅师的《原人论》极其相近。周敦颐还曾拜谒庐山归宗寺的佛印了元禅师，师事东林寺的常聪禅师。常聪门人所著《纪闻》称：“周子与张子得常聪《性理论》及《太极·无极》之传于东林寺。”周敦颐本人也常自称“禅客”，其所作诗文，常提到与佛有关的事，例如《题大颠堂壁》云：“退之自谓如夫子，原道深排佛老非。不似大颠何似者，数书珍奇寄寒衣。”至于他所倡之心性之学，周敦颐本人曾经叹道：吾此妙心，实启迪于黄龙，发明于佛印，然易理廓达，自非东林（常聪）开遮拂拭，无由表里洞然。这一切都说明，周子之学，得益于佛学者甚多。

第二节　邵雍之学与佛学

邵雍其人其学与佛学的关系，以往不曾为人们所重视，实际上，邵雍其学在许多方面与佛学有着十分密切的联系。

邵雍之学的最大特征是“先天象数学”。这种“象数学”在某种意义上是一种神秘的创世说，讲的是先天地存在并创造万物的原理。这种象数学从天地万物的生成演化谈起，进而论及人。他首先描绘这样一幅宇宙万物的生成演化图：太极（或曰“道”，或曰“心”）一也，不动；其后动而生天，静而生地；天分阴阳，地分柔刚；阴阳又分太阳、太阴、少阳、少阴（即日、月、星、辰），叫天之四象；柔刚又分太柔、太刚、少柔、少刚（即水、火、土、石），叫地之四象。由日、月、星、辰而有寒、暑、昼、夜之变化，由水、火、土、石而有风、雷、雨、露之现象，再由八者错综变化而生万事万物。在这幅宇宙生化图中，人处于什么位置呢？邵雍说：“夫人者，天地万物之秀气也”，“人兼乎万物，而为万物之灵”（《观物外篇》）。他还进一步指出，人也是由道派生的：

> 天地尚就是道而生，况其人物乎。人者，物之灵者也。物之灵未若人之灵，物尚是由道而生，又况人灵于物者乎。（《观物内篇》）

这是说，世间的一切事物乃至于天地，都是由“道”派生的，人为万物之最灵者，当然也是由“道”派生出来的。人不但是“道”派生出来的，而且因其是“得天地万物之秀气”者，因此，人还能兼乎万物。因为相对于物之声色气味言，人有耳目口鼻，而目能收万物之色，耳能听万物之声，鼻能收万物之气，口能收万物之味，“声色气味者，万物之体也；耳目口鼻者，万人之用也”，“体用交而人物之道于是备”（同上），因此，“万物于人一身，反观莫不全备”（《伊川击壤集》，卷六）。

邵子“万物之性备于人”的思想，就其思想渊源说，部分来自孟子；但是从邵雍整个思想体系看，这种人备万物之性的人性理论，则是深受隋唐佛教佛性本体论思想的影响。且不论其所谓“体用交而人物之道于是备”的说法是从“体”之与“用”的角度去谈论“道”、“万物”与“人”的相互关系，在以下的许多论述中，人们更可以看到邵子之学的佛教本体论色彩。

邵雍十分赞赏《中庸》之“可以与天地参”和庄子“万物一体”的思想，他对这两种思想的态度与对孟子“万物备于我”的态度一样，既是借它来阐发自己的“道本体”、“人性本体”思想，又是利用这种思想为自己“道本体”、“人性本体”的思想做注脚。而最能体现邵雍“道本体”、“人性本体”思想的，是他在《观物吟》中所吟的一首诗。诗云：

> 一物其来有一身，一身还有一乾坤。
> 能知万物备于我，肯把三才别立根。(《伊川击壤集》，卷四)

这种“一身还有一乾坤”的思想，与华严宗的“毛孔现大千”、“须弥纳芥子”的思想，又何其相似乃尔！如果说华严宗借助“一真法界”之本体，使得世间万物都“一即一切”、“一金狮子毛即是金狮子”、“椽即是屋”，那么，邵雍之“一身”假若不是“道本体”、“人性本体”的体现，它又何以能“还有一乾坤”呢?!

在《观物篇》中，邵雍对庄子与惠子游于濠梁之上时所说的“儵鱼出游从容，是鱼之乐也”① 一说大加赞扬，曰：“此尽己之性能尽物之性也，非鱼则然也，天下之物皆然也。若庄子者，可谓善通物矣。”邵雍在这里所赞赏的是庄子人鱼相通、万物一体的思想。在他看来，万物都是源于天地之道的，人虽为万物之灵，但他仍是天道本体的一个体现，因此，人之与鱼、与物皆有相通之处。

邵雍基于天道本体的人、物相通思想，还体现在其“观物”说上。在邵雍看来，就人与万物的相互关系言，人能知天地万物之道，故万物之道尽于人，人虽是万物中之一物，却能“当非物之物”。人又可进一步分为凡夫与圣人，如果说凡夫作为“人”，也都能“当非物之物”，那么，“圣人”则不但能“当非物之物”，而且能“当非人之人”。所谓“当非人之人”，亦即能以一人摄一切人，能以一心观

---

① 《庄子·秋水篇》载庄子与惠子游于濠梁之上，庄子曰：“儵鱼出游从容，是鱼之乐也。”惠子曰：“子非鱼，安知鱼之乐?”庄子曰：“子非我，安知我不知鱼之乐?”惠子曰：“我非子，固不知子矣；子固非鱼也，子之不知鱼之乐，全矣。”庄子曰：“请循其本。”

万心，能以一世观万世；能以心代天意，口代天言，手代天工，身代天事；能上识天时，下尽地理，中尽人物，通照人事；能弥纶天地，出入造化，进退古今，表里人物。“圣人”何以能如此神通广大呢？邵雍认为，这是由于圣人善于“观物”。所谓善于“观物”，非观之以“目”，而是观之以“心”；非观之以“心”，而是观之以“理”。他说：

> 以目观物，见物之形；以心观物，见物之情；以理观物，见物之性。(《观物内篇》)

“以理观物”，在邵雍的学说中有时也称为“以物观物”、“能反观”。也就是说，圣人所以能以一人“当兆人之人”，能以一心观万心，以一世观万世，能口代天言，心代天意，就在于他能领悟到“天地之道备于人，万物之性备于身”的道理。更进一步说，由于“我”与天地万物都是天道本体的体现，二者同“理”同“性”，因此，“以理观物”，能“见物之性”。这里，人们可以看到，邵雍的“观物”说，就其思维模式说，乃是以本体论的思想作为理论依据的，而正如前面所一再指出的，中国古代本体论的思维模式，在相当程度上是来自佛教的。

此外，在修养理论上，邵雍之学受佛教修行理论的影响更为明显。

借助“天地之道备于人，万物之性备于身”的理论打通天人物我之后，邵雍又把这种天道、人性互为表里的思想贯彻到道德修养论上。

邵雍认为，既然天人是互为表里的，人性天道是相通的，天有阴阳之分，人自然有邪正之别。人之邪正，不但根源于“天”，而且是“系乎于上”的：上好德则民正，上好佞则民用邪。但这又不等于说，圣君之世无小人，庸君之世无君子，而仅仅是圣君之世难为小人，因此君子多，庸君之世难为君子，因此小人多。邵雍通过回顾历史认为，总体来说，历史上治世少而乱世多，君子少而小人多。究其原因，主要是因为阳一而阴二。当他面对现实时，也认为当时“天下为善者少，而为害者多，造危者众，而持危者寡”。他以“畎亩”志士自居，把自己的著作集称为“击壤集”。

主张“击壤”，说明邵雍虽认为人类社会的道德风尚是每况愈下的，但这不等于说人们对于这种状况是无可奈何的，他主张通过道德教化来移风易俗、变化民情。在《观物内篇》中，邵雍认为，民情虽劣，但只要教之、化之，“民之情始可以一变矣。苟有命世之人，继世而兴焉，则民虽如夷狄，三变而帝道可举矣”。看来，邵雍对于道德教化是寄予希望和充满信心的，不但充满信心，而且还提出了一套修养理论。

邵雍的修养理论要而言之，其端有二：一曰“养心”，二曰“慎独”。先看其“养心”说。

邵雍认为，一个人要没有“口过”，这比较容易；若要没有“身过”，就比较难了；但是最难的还在于没有“心过”。如果能做到“心已无过”，那还何难之有呢？圣人所以能立于无过之地，关键就在于他们“善事于心者也”（《观物内篇》）。因此，在道德修养问题上，与其言之于口，莫若行之于身；与其行之于身，莫若尽之于心。因为，“言之于口，人得而闻之；行之于身，人得而见之；尽之于心，神得而知之。人犹不可欺，何况神明呢！是知无愧于口，莫若无愧于身；无愧于身，莫若无愧于心”（《观物外篇》）。因此，修行之大者，莫过于“养心”。

“养心”既然如此重要，那么，应该怎样“养心”呢？邵雍说：

> 为学养心，患在不由直道。去利欲，由直道，任至诚，则无所不通。天地之道直由己，当以直求之，若用智数，由径以求之，是屈天地徇人欲也，不亦难乎。（同上）

这里，邵雍提出了几条原则：一是“去利欲”，二是“由直道”，三是“任至诚”。“去利欲”好理解，即人们不要为眼前的私利物欲所迷惑，而产生各种邪念恶意；“由直道”即指人的本性得之于“天”、得之于“道”，本自具足，人们的道德修养，实无须舍近求远，离开自身心性，而往东往西，四处寻觅，只要径直体认自己的天赋本性，就可以达到与“道”合一，就能成贤做圣了。他有一首《乾坤吟》，对这种修养做了一个十分形象的概括，诗云：

> 道不远于人，乾坤只在身。
> 谁能天地外，别去觅乾坤。（《伊川击壤集·乾坤吟》）

邵雍的这种修养理论，与禅宗的修行理论不但思想相近，而且字眼亦类。禅宗创始人慧能在《坛经》中一再强调：“菩提只向心觅，何劳向外求玄？听说依此修行，西方只在眼前。”“一切般若智，皆从自性而生，不从外入。”“故知一切万法，尽在自身心中，何不从自心中顿现真如本性。”

邵子之学受佛教的影响，还表现在他对“心”的理解上。在邵雍的著作中，“心”的含义比较含混，它有时指当下现实之人心，有时又与“太极”、“道”等同起来。邵雍其“心”的这种双重属性，与隋唐时期的天台、华严、禅宗所说之“心”，有时指抽象本体的“真心”，有时又指“当下现实之人心”，有相似、相通之处。

指出邵雍“心”的二重性，目的有二：一是说明邵雍的“心”深受隋唐佛教的影响；二是说明邵雍所谓的“养心”说，既有“去利欲”，通过修心养性达到“心无过”的境界，又有“由直道”，直接体认“心即太极”、“心即道”，心中自有天赋善性，人们可以通过“养心”，进而达到心与道合、成贤做圣的意义。而这种“由直道”、“体认自心”的“养心”说，也与隋唐佛性理论的注重心性，强调“反观自性”、“反照心源”的思想很相近。

邵雍“养心”说的第三条原则是“任至诚”。所谓“任至诚”，有点类似《中庸》所说的“自明诚”。对于《中庸》的“自明诚”和“自诚明”，邵雍有自己的解释。他说：

> 资性，得之天也；学问，得之人也。资性由内出者也，学问由外入者也。自诚明，性也；自明诚，学也。（《伊川击壤集·心学》）

这是说，所谓“自诚明”，这是尽性的事；所谓“自明诚”，则须从学问理会，然后推达于天性。邵雍所说的“任至诚”，亦即从学问理会，从己心推达于天性。邵子认为，“先天之学主乎诚，至诚可以神通明，不诚则不可以得道”（同上）。也就是说，至理之学，必须达到与天性合一，与道合一。“养心”必须养到从自心直接体认天赋本性，推到天地之道，这样才能达到与神通明，无所不通。邵雍这种由己心直接体认天赋本性、天地之道的修养方法，明显地带有佛教体证佛性、返归本体的印痕。

邵子修养理论的另一个重要内容是“慎独”。

“慎独”与“养心”有密切的联系。在一定意义上说，“慎独”是“养心”的一个重要组成部分；但是，邵雍的“慎独”说又有其独特之处，因此，有必要单独予以论述。

邵子的“慎独”说是基于这样一种理论之上的，即人之善恶，见之于言行，人始得知之；但是，当一个人心中萌发善恶之念时，鬼神则已经知了，因此，君子必须“慎独”。（详见《观物外篇》）他有一首《推诚吟》，诗云：

天虽不语人能语，心可欺时天可欺。
天人相去不相远，只在人心人不知。
人心先天天弗违，人身后天奉天时。
身心相去不相远，只是人诚人不推。

这首诗说的是天人、身心相去不相远，心与天都是欺骗不得的。人之神就是天地之神，人之自欺，就是欺天地也，因此君子不可不“慎独”。在这里，邵雍把“心”不可欺与“天”不可欺统一起来。如果说邵雍的“天不可欺”说带有相当浓厚的“上帝临汝，无二尔心”的宗教色彩，把“养心”说宗教化，那么，他的“心不可欺”又把“天不可欺”的宗教理论伦理化了。准确地说，邵雍“慎独”的修养说是一种宗教理论与儒家伦理思想的杂拌，是一种宗教化，或者准确点说，是一种佛教化了的伦理哲学。

第三节　横渠之学与佛学

理学与佛学的相互关系，以张载的思想最具代表性。一方面，张载对佛教的“性空”、“幻化”、“寂灭”诸说进行了十分猛烈的抨击，认为佛教的“性空”、“幻化”说是“以山河大地为见病”（《正蒙·太和》），其所谓“寂灭”者，是“往而不返”；另一方面，在思维模式、修行方法等方面，张载得益于佛教者甚多。这种既反对佛教又大量吸收佛教有关思想的现象，可以说是宋明理学的共同特点。宋明理学家大都在反佛的口号下，大量融摄隋唐佛教的佛性理论，特别是佛教佛性理论的思维模式。

在本书的第二章中，我们已经指出过，宋明理学区别于传统儒学之最根本处，乃在于二者思维模式的不同，并且说及张载“天地之性”的本体论性格。这里我们将进一步看看张载伦理学说及其哲学本体论是如何受到佛教思想的影响的。

张载的本体论哲学，在一般的教科书中，通常称为“自然观”。这种说法严格地说是有欠妥当的，因为“自然观”与“本体论”是两个不同逻辑层次的哲学范畴，不宜混为一谈。所以会造成这种混淆，或者是没有看到张载哲学的本体论性质，或者是认为张载哲学的思维模式不是一种本体论。学术问题，见仁见智，不可强加于人，因此，这里不拟去同谁争论这一问题，而准备从正面阐释张载的哲学本体论及其与佛教的关系。

在张载的哲学中，最能体现其本体论性格的，是其“太虚无形，气之本体”（《正蒙·太和》）的命题。但是，张载哲学的本体论又不像王弼那样，只停留于“以无为本”等几句话，而是贯彻到他的整个学说当中，特别体现在其“气论”中。

在张载看来，天地万物，唯一气耳！但气有不同的存在形式，或聚或散，或隐或显。“气聚则离明得施而有形，气不聚则离明不得施而无形。”（同上）但不管是聚之有形，或者是散之无形，都是气“变化之客形尔”（同上）。气之聚而有形，则是世上的万事万物；气之散而无形，张载称之为“太虚”。“太虚”与“气”和“万物”的相互关系，张载认为：“太虚不能无气，气不能不聚而为万物，万物不能不散而为太虚。”（同上）也就是说，“太虚”、“气”、“万物”三者是“通一无二”（同上）的。他形象地以“冰”和“水”来说明“太虚”与“气”的关系，曰：“气之聚散于太虚，犹冰之凝释于水，知太虚即气则无无。”（同上）就是说，“气”即“太虚”，“太虚”即“气”，二者一也，只是“凝”、“释”不同罢了，而不是像道家所说的那样，万物是由“无”产生的；也不像佛教所说的那样，“万象为太虚中所见之物”（同上），若然，“真所谓疑冰者与”（《正蒙·大心》）。总之，张载的“气论”始终贯彻这样一个基本思想，即“太虚”者，“气”之体，“万物”者，气之用，“气本之虚，则湛一无形；感而生，则聚而有象”（《正蒙·太和》）。这种思想之具本体论性质应该说是毋庸置疑的。

以这种元气本体论为哲学根据去说明人、人的本性、人与人之间的相互关系，张载建立了一个颇为完整的伦理思想体系，而此一伦理思想体系与佛教的佛性理论有许多相通之处。

一、“天地之性”与“真如佛性”

首先，张载认为，人与天地万物一样，是由“气”凝集而成的，因此，气之本性，就是天地万物的本性，亦即人的本性。而“气”有太虚与阴阳之气两种状态，故“合虚与气，有性之名”（同上），“性其总，合两也”（《正蒙·诚明》）。

张载这里所说的“性”，并非人所独有，而是一个包括人和天地万物的总概念：“性者，万物之一源，非有我之得私也。”（同上）它包括人性与物性，是人与天地万物之共同根源。这种“性”的特点是“生而无所得”，“死而无所丧”，无所谓生灭，是抽象的、普遍的、永恒长存的。张载称这种“性”为“天地之性”。

其次，张载认为，这种“天地之性”与人的关系，“正犹水性之在冰，凝释虽异，为物一也”（《正蒙·诚明》）。就是说，虽然每个人的具体形质不同，但无不具有此“天地之性”。张载这种抽象的、普遍的、存在于每一个人身上的“天地之性”，用现代的哲学语言说，则是一种“人性一般”，或曰“形而上”的“本性”、“本体”。

在指出人与天地万物之共性之后，张载又进一步论述了人的“类”本性，以及每个人的特殊本性。张载认为，人的本性是由气禀决定的，这种“性”是“形而下”、“形而后”的。它包括人类的共同本性以及每个人具体的、特殊的本性，张载把这称为“气质之性”。

“气质之性”有两层含义：一是指人类的共同本性，如饮食男女之性。他说：

> 湛一，气之本，攻取，气之欲。口腹于饮食，鼻舌于臭味，皆攻取之性也。知德者属厌而已，不以嗜欲累其心，不以小害大，末丧本焉尔。（同上）
>
> 饮食男女皆性也，是乌可灭？然则有无皆性也，是岂无对？庄、老、浮屠为此说久矣，果畅真理乎？（《正蒙·乾称》）

这种“气质之性”是人的一种自然欲望、生理要求，是不可或缺、不能消灭的。他反对老庄、释氏以为欲望不是性的观点。

“气质之性”的另一层含义是指每一个人的具体本性。由于每个人所禀之气都不相同，因此，每个人的气质各各有异。有“刚”，有“柔”，有“宽”，有“褊”，有“才”，有“不才”，等等。“天下之物无两个有相似者。至如同父母之兄弟，不惟其心之不似，以至声言形状，亦莫有同者。”（《张子语录》中）由于每个人所禀之气不可能完全相同，因此气质就不可能完全一样；气质不完全一样，气质之性就会各各殊异：有些人善，有些人恶，有些人刚，有些人柔，有些人狭隘自私，有些人豁达大度，等等。

从以上所论可以看出，张载所说的“人性”，是一个既包括普遍、抽象、永恒的纯粹至善的“天地之性”，又包括作为人类的共性及作为各个人具体本性之相统一的“气质之性”。这就提出了一个问题，这两种“性”之间究竟是一种什么样的关系？

在张载的人性学说中，“天地之性”与“气质之性”并不是两个独立并存的实体，二者亦不处于同一个逻辑层次，而是一种本体与现象、抽象与具体、一般与个别的关系。人性则是作为本体的抽象的“天地之性”与作为现象的具体的“气质之性”的统一。这样去谈“人性”，在中国伦理学说史上还是第一次，它比起中国古代的诸多人性理论，诸如“性善论”、“性恶论”、“性三品说”等，更具思辨色彩，更有理论高度，因此也更加完满圆通，解决了中国伦理思想史上许多争论不休的问题。

例如，孟子主“性善论”，按照孟子的思想逻辑，人所以能成善，是因为人具有“善端”，具有善的本性；那么，何以会有恶呢？如果没有恶的本性，不具恶端，恶又从何而来？而且，孟子本人也没有否认在现实社会中，确实存在着许多恶的现象，诸如以抢劫为生的盗贼，争权夺利的政客，天性淫荡的男女，等等。这些现象又作何解释？还有，孟子说：“富岁子弟多赖，凶岁子弟多暴，非天之降才尔殊也。”这简直是用后天环境来谈论人性之善恶了，显然与他的“性善论”大相径庭。“性善论”在理论上的不彻底创造了否定自身的条件，荀子的“性恶论”终于起而代之。

荀子的“性恶论”认为，“人之性恶，其善者伪也”（《荀子·性恶》）。人性既然是恶的，那么，何以会有道德行为？何以能成善？荀子认为，一是由于反面的要求，即本身缺少什么就需要什么，他说：“凡人之欲为善者，为性恶也。夫薄愿厚，恶愿美”（同上）；二是必须加以“师法之化，礼义之教”或社会的陶冶功夫，即所谓“化性起伪”。从总体上说，荀子的“性恶论”比孟子的“性善论”要圆通一些；但从理论上说，“性恶论”也存在自相矛盾的致命弱点。因为从逻辑上说，所谓内在的反面要求，实际上就是善的要求，所以荀子的“性恶论”无形中由性恶一元论发展至善恶二元论。

孟、荀之后，不论是“性三品说”，还是“性善情恶说”，在理论上都很难自圆其说。例如，“性善情恶说”主性尽善，恶由情生。但是，在他们的学说中，“情由性而生”，性无不善，而由性生之情何以会为恶？这又陷入了二律背反。这一矛盾直到张载的“天地之性”、“气质之性”说才得到比较合理的说明。在张载的人性论中，人性是抽象、一般的“天地之性”和特殊、具体的“气质之性”的统一，而“天地之性”是至纯至善的，“气质之性”则有善有恶，这样，人性，特别是每个具体的人的人性，就是一种善与恶的统一。

这里，人们碰到了一个问题，即张载何以会提出这种人性理论？

毫无疑问，就其谈论性善、性恶言，张载的人性理论系得自孟、荀诸前儒；但如果就其思维模式说，就其从体用的角度——或者用现代哲学的语言说——从本体论的角度去谈论人性说，则无疑受到了佛教的影响。从张载对于“天地之性”的有关论述看，这种抽象的、一般的、具有本体性格的“本性”，与隋唐佛教佛性理论所说的作为一切众生乃至诸佛本体的“真如佛性”，无论在思维方法上还是具体表述上，都十分相似。如果说张载的“元气本体论”与佛教的“真如本体论”，在以何者为本体这一点上具有根本的区别，即一个以抽象的“真如”为本体，一个以具体的“元气”为本体；那么，在人性理论上，二者的这一差别也已不复存在了，因为就其具体内涵说，张载的“天地之性”与佛教的“真如佛性”并没有什么原则上的区别，所不同的只是称谓罢了。

二、“善反”与“体性”

张载伦理学说的另一个重要内容是“善反之则天地之性存焉”（《正蒙·诚明》）。

从理论上说，张载提出这种“善反”的修行理论是合乎逻辑的，因为既然每一个人身上都存在着一种至纯至善的“天地之性”，修行的最终目标和根本途径当然是如何返归此至纯至善的本性。那么，如何才能返归此至纯至善的本性呢？对此，张载提出“变化气质”的修行理论。

首先，张载认为，“人的气质美恶，与贵贱寿夭之理，皆是所受定分”（《经学理窟·气质》）。就是说，人的气质是生下来就命定的，具有什么样的气质，每一个人自己是无法选择的。但是，人的气质并不是一成不变的，相反，“如气质恶，学即能移”（同上），即如果一个人所禀受的气质是恶的，通过学就能改变它。每一个人的“气质之性”亦然。如果所禀受的“气质之性”不美，“则学得亦转了”（《张子语录》下）。“性美而不好学者无之，好学而性不美者有之。”（同上）也就是说，性美的人都好学，好学的人不一定都性美，这里面有一个所学是否得法的问题。

那么，如何学才算得法？才能变化气质？张载说：“为学所急，在于正心求益。”（《性理拾遗》）所谓“正心”，首先必须“壹志”。张载认为“壹志”则能动气，亦即只要做到心志专一，则可以变化气质。

其次，张载继承孟子“居移气，养移体”的思想，认为“变化气质”的主要方法，是要善于养浩然之气。这种浩然之气的特点是“严正刚大”，不存在于自然界之中，而是要靠学，靠加强道德修养培植起来，靠“集义所生”：“养浩然之气须是集义，集义然后可以得浩然之气。”（《经学理窟·学大原上》）

那么何谓“集义”？所谓“义”，张载曰：“义者，克己也。”（同上）

把“义”释为“克己”，这是张载的独特见解。也就是人们必须以义理战退私己，做到无我无私，“无我然后得正己之尽”（《正蒙·神化》）。

此外，张载还把“集义”解释为“积善”。他说：集义，“犹言积善也”（《经学理窟·学大原上》）。这是要人们“居仁由义”，使动作皆中礼，处处与人为善。达到这种境界，便能“所过者化，所存者神”、“上下与天地同流”。

最后，张载的“养心集义”说还有一个重要内容，即寡欲论。他认为，由于“气质之性”，人人都有利欲之心。如果人们不能尽量地自我克制，尽可能地减少各种欲望，人固有的本然善性就会丧失殆尽。因此，“学者要寡欲”。从思想内容看，这显然是继承自孟子的寡欲说。

从以上张载关于“变化气质”、“养心集义”的论述看，张载的修养理论确实来自儒家，特别是来自孟子的“存心养性”学说；但是，张载的伦理学说并没有就此止步，而当他再往前走的时候，就进入另一境地了。如果说孟子的存心养性最后是要达到“知天”、“事天”，那么，张载伦理学说的最后目标，或者说最后境界，并不是“知天”、“事天”，而是“反性”，返归本来存在于自己身上的“天地之性”。这就不是传统儒学的思想了，而与佛教佛性理论所说的存在于一切众生心中的“佛性”、“人性”、“心性”更接近，且其所谓“反性”在方法上也与佛教的“体性”、“反观心性”相同。如果说张载强调“学”与慧能南宗一味强调“顿悟”不尽相同，那么，与神秀一系主张通过“拂尘看净”诸多修行之后才洞见佛性，所走的则是同一条路。张载所说的“集义”、“壹志”，与禅学北宗之强调摄心入定也多有相近、相通之处。

三、“民胞物与”与“万法唯心”

张载伦理学说的另一个重要内容是“乾坤父母”、“民胞物与”说。

所谓“乾坤父母”、“民胞物与”，张载说：

> 乾称父，坤称母；予兹藐焉，乃混然中处。故天地之塞，吾其体；天地之帅，吾其性。民吾同胞，物吾与也。大君者，吾父母宗子；其大臣，宗子之家相也。尊高年，所以长其长，慈孤弱，所以幼吾幼。圣其合德，贤其秀也。凡天下疲癃残疾惸独鳏寡，皆吾兄弟之颠连而无告者也。于时保之，子之翼也；乐且不忧，纯乎孝者也。(《正蒙·乾称》)

对于张载的这一学说，宋儒众口一词，均表称赞。历代注家纷纭，且诠释各异，其中注得最为精当、确切的，当推南宋的朱熹和明清之际的王夫之。朱子云：

> 《西铭》大要，在“天地之塞吾其体，天地之帅吾其性”两句。塞是说气……自一家言之，父母是一家之父母；自天下言之，天地是天下之父母。通是一气，初无间隔。民吾同胞，物吾与也，万物虽皆天地所生，而人独得天地之正气，故人为最灵。故民同胞，物则亦我之侪辈。(《朱子语类》，卷九十八)

大意是说，天地万物，均是一气之流行，那气所聚散之太虚，则是万物与人类之本体。既然天地万物都是一气之聚散流行，而人又都共禀此气，那么四海之内，自然都是同胞兄弟，天下万物，也都是同一族类。因此，人们不但要爱一切人，而且要爱一切物。

再看王夫之的注解。在《张子正蒙注》卷九中，王夫之说：

> 乾称父，坤称母。……从其大者而言之，则乾坤为父母，人物之胥生，生于天地之德也固然矣；从其切者而言之，则别无所谓乾，父即生我之乾，别无所谓坤，母即成我之坤。惟生我者其德统天以流形，故称之曰父；惟成我者其德顺天而厚载，故称之曰母。故《书》曰：“唯天地万物父母”，统万物而言之也。……尽敬以事父，则可以事天者在是；尽爱以事母，则可以事地者在是；守身以事亲，则所以存心养性而事天者在是；推仁孝而有兄弟之恩，夫妇之义，君臣之道，朋友之交，则所以体天地而仁民爱物者在是。人之与天，理气一也；而继之以善，成之以性者，父母之生我，使我有形色以具天性者也。理在气之中，而气为父母之所自分，则即父母而溯之，其德通于天地也，无有间矣。若舍父母而亲天地，虽极其心以扩大

而企及之，而非有恻怛不容已之心动于所不可昧。是故于父而知乾元之大也，于母而知坤元之至也。……又曰："继之者善，成之者性。"谁继天而善吾生？谁成我而使有性？则父母之谓矣。继之成之，即一阴一阳之道，则父母之外，天地之高明博厚，非可躐等而与之亲，而父之为乾，母之为坤，不能离此以求天地之德，亦昭然矣。

王夫之的注解讲得更详尽、更深入了，特别是他运用"万物一体"和"继善成性"的思想以说明人伦道德，把乾坤与父母联系起来，指出父母继天地而善吾生，成我性，因此，尽敬以事父，则可以事天，尽爱以事母，则可以事地。这一"事亲则事天"应该说既符合张载"乾坤父母"说的本意，又做了比较深入的发挥。前儒徐子融也曾说过：张子《西铭》之意，尽于"事亲则事天"一句。

与"乾坤父母"说主要讲"事亲则事天"的孝道不尽相同，张载的"民胞物与"说则侧重于讲仁民爱物，爱必兼爱。按照张载的元气本体论，天地万物同是一气之聚散流行，而人又共禀此气，因而，四海之内均是同胞兄弟，天下万物都是同一族类。因此，人们不但要爱一切人，而且应该爱一切物。他说："性者，万物之一源，非有我之得私也，惟大人为能尽其道。是故立必俱立，知必周知，爱必兼爱，成不独成。"(《正蒙·诚明》)"以爱己之心爱人，则尽仁。"(《正蒙·中正》)

这里，有一个问题必须顺便语及，即张载的"民胞物与"说与墨子"兼爱"说的相互关系以及其中所蕴涵的思维模式的区别问题。

包括宋儒在内，曾经有人认为张载的"民胞物与"说与墨子的"兼爱"说没有什么区别，如杨时就持这种观点。但此说后来遭到程朱的驳斥。程颐曾针对杨时论《西铭》一文，寄书予以批驳，曰：

《西铭》之为书，推理以存义，扩前圣所未发，与孟子性善养气同功，岂墨子之比哉。《西铭》明理一而分殊，墨氏则二本而无分；分殊之蔽，私胜而失仁；无分之罪，兼爱而无义。分立而推理一，以止私胜之流，仁之方也；无别而迷兼爱，至于无父之极，义之贼也。子比而同功，过矣。(《答杨时论〈西铭〉书》)

这段话的意思是说，墨子之兼爱，失事亲之敬，流于无父之弊，张子的《西铭》，倡理一而分殊，明事敬之方，二者不可同日而语。

程颐此一思想很受朱熹的赞扬。朱熹在《〈西铭〉论》中对《西铭》理一分殊说做了进一步的发挥，他说：

> 《西铭》之作……程子以为“明理一而分殊”，可谓一言以蔽之矣。盖以乾为父，以坤为母，有生之类，无物不然，所谓理一也。而人物之生，血脉之属，各亲其亲，各子其子，则其分亦安得而不殊。一统而万殊，则虽天下一家，中国一人，而不流于兼爱之弊。万殊而一贯，则虽亲疏异情，贵贱异等，而不牿于为我之私。此《西铭》之大指也。

朱熹此说紧紧抓住“理一分殊”，揭示了张载“乾坤父母”、“民胞物与”说的思想特点及其同墨子“兼爱”说的区别。在朱熹看来，墨子的“兼爱”是有“一”而无“殊”，如此必然导致“无父”、“贼义”；而张子《西铭》所提倡的，则是“一统而万殊”、“万殊而一贯”，这就可以既不流于兼爱之弊，又不牿于为我之私。

如果说张载“乾坤父母”、“民胞物与”说之“大指”确实如程朱所说的，在于“理一而分殊”，那么，此“理一分殊”思想本身就是深受佛教学说影响的产物，特别是深受华严宗“海印三昧”、“月印万川”思想的影响。如果从思维模式上说，“理一分殊”的基点在“理一”，或曰“体一”。通观张子之《西铭》，其整个学说是建立在“一体”思想的基础之上的，即“万物一体”、“人类一体”。此种“一体”思想之受佛教的影响也是显而易见的。大乘佛教的一个基本特点，就是一切诸法，包括众生与佛都是“实相”的体现。中国佛教讲“心性”，诸法是“心”的体现，“心生种种法生，心灭种种法灭”、“本心本体本来是佛”，此“心性”也是一种本体。因此，不管是天台宗说“一色一香，无非中道”，华严宗说“一切众生本来是佛”，还是禅宗说“本心本体本来是佛”，就思维方法说，都是一个意思，一切诸法包括众生、诸佛都是本体的体现，因此“诸法都是实相”，“众生咸是佛子”。张载的“乾坤父母”、“民胞物与”说，在具体说法上虽然与佛教有异，但思想路数则与佛教毫无二致。当然，二者的思想旨趣是不同的，如果说佛教的“众生咸是佛子”说是为了说明一切众生都有佛性，都能成佛，那么张载的“乾坤父母”、“民胞物与”说的理论落点则在于孝亲事天、仁民爱物。一个是出世的，一个是入世的；一个是宗教的，一个是伦理的。

从以上的论述可以看出，张载的人性学说完全是一种把儒家伦理学说同佛教的佛性理论融合在一起的、亦佛亦儒的伦理哲学。

第四节 程朱理学与佛学

二程（程颢、程颐）对佛教亦持两面态度，既反对、排斥佛教，又吸收、融摄佛教的有关思想。一方面，他们认为，“若尽为佛，天下却没人去理”（《二程遗书》，卷二上）；“杨墨之害，甚于申韩；佛老之害，甚于杨墨。……佛老其言近理，又非杨墨之比。此所以为害尤甚杨墨之害”（《近思录》）。并且要学者对于释氏之说，“直须如淫声美色以远之”，不然的话，则会“骎骎然入于其中”（同上）。另一方面，二程对佛教的很多思想又颇表推崇。当有人问及庄周与佛比如何时，程伊川曰：“周安比得他佛。佛说直有高妙处。庄周气象，大抵浅近。”（《二程遗书》，卷十七）二程还认为：“释氏之学，又不可道他不知，亦尽乎高深。”（《二程遗书》，卷九）可见，二程对于佛学既贬斥，又推崇。

那么，二程为何推崇佛学？他们又反对佛教的什么东西？从有关资料看，二程对佛教最持反对态度的，是其出世思想。他们认为，如果大家都像佛教徒那样，出世离俗，那“天下却没人去理”。程伊川还反对“学佛者多要忘是非”，认为“是非安可忘，自有许多道理，何事可忘？”又说：“人恶多事，世事虽多，尽是人事。人事不叫人做，更叫谁做？”

另外，二程还反对佛学之玄远疏阔，直言佛教之“山河大地之说与我无关”，认为佛学高深莫测，博大不着边际，因此虽能“穷神知化，而不足以开物成务”。对于后期禅宗的“公案”、“机锋”等，二程亦颇反感，认为这“虽有敬以直内，然无义以方外，故流于枯槁或肆恣”。但是，对于佛教的修行方法，二程是推赞服膺的。他们的治学、修养三部曲——“静坐”、“用敬”、“致知”，在一定意义上说，是受佛教“戒、定、慧”三学的启迪而推导出来的。“三学”中的“定学”，尤为二程所推崇，其直言不讳：“学者之必务，在固心志，其患纷乱时，宜坐禅入定。”至于禅宗人性化了的佛性理论，对二程影响更大。程伊川就同意“人性本明”的说法，认为“人性本明，因何有蔽”，“此须索理会也”（《二程遗书》，卷十八）。从有关资料看，二程对禅学接触颇多，也颇通禅理，故明儒高攀龙说：“先儒唯明道先生看得禅书透，识得弊真。”二程的弟子们也多通禅。被称为程门“第一”的谢良佐，朱熹说他的思想“分明是禅”（《宋元学案》，卷二十四），明清学者说他“终身以禅之说证儒”；被称为程门“高弟”之杨时，亦屡赞禅学。对于这种情况，朱熹曾说：“程门高弟，如谢上蔡、游定夫、杨龟山，下稍皆入禅学去。”

实际上，朱熹对于佛教的态度、与佛教的关系，大体上与二程相似。而其对佛教的推崇、受佛教的影响，则比二程更甚。

朱熹也反对、贬斥佛教。他曾说：“禅学最害道，老庄于义理绝灭犹未尽至，佛则人伦尽坏，禅又将许多义理，扫灭无余，故其为害最深。”（《续近思录》）又说：“佛老之学，不待深辨而明，只是废三纲五常这一事，已是极大罪名，其他更不消说。”（同上）这是从伦理的角度反佛。

另外，朱熹还反对佛教的心性说。首先反对佛教把“心”与“性”混为一谈，视若一物。其次反对其空虚心性说，指出：“释氏只是恍惚之间，见得些心性影子，却不曾仔细见得真实心性，所以都不见里面许多道理。致使有存养之功，亦只是存养得他所见的影子，而不可谓之无所见，亦不可谓之不能养；但所见所养，非心性之真耳。”（同上）在答李伯炼时又说：“形有死生，真性常在，某谓性无伪冒，不必言真，未尝不在，不必言在。盖所谓性，即天地所以生物之理……曷尝不在？而岂有我之所能私乎?！释氏所云真性，不知其与此同乎否也。同乎此，则古人尽心以知性知天，其学固有所为。非欲其死而常在也，苟异乎此，而欲空妄心，见真性，唯恐其而失之，非自私自利而何?!”（同上）从这两段话看，朱熹并没有整个地反对佛教的心性说，而是反对其所说的心性非真，只是些心性影子，而不是实实在在的心性。朱熹认为，古圣贤哲谈心性，都是在事实上说，“如言尽性，便是尽得此君臣父子三纲五常之道而无余，言养性，便是养得此道而不害，至微之理，至著之事，一以贯之，略无余欠，非虚语也”（同上）。此说道出了朱学与佛学分歧之所在。盖朱学所重者，乃人伦事理，道德纲常，心性之存养，亦须在这上面用功夫。离此而奢谈心性，妄说虚空，则于实际毫无裨益。《宋元学案》载有朱熹这样一段话：“士而怀居，不足以为士。不是块然守定这事物，在一室闭门独坐便了，便可以为圣贤。自古无不晓事的圣贤，亦无不通变之圣贤，亦无闭门独坐之圣贤。”实际上，朱熹在这里所反对的，是主张出世的传统佛教心性论，而不是唐宋以来主张既出世、又入世的中国佛教特别是禅宗的心性论。盖禅宗之心性论，实已背离印度佛教之出世传统和抽象品格，而逐渐把出世与入世融为一体，逐渐把心性具体化、现实化。例如，从慧能到后期禅宗，都一方面把印度佛教的“真心”变成当前现实之人心；另一方面逐步走上世俗化的道路，如宋代之契嵩、宗杲等人思想世俗化的倾向已经发展到相当程度。对于这些禅师及其思想，朱熹就甚表敬重和推崇，亲自向他们问禅学道，并且自认不讳。朱熹自己曾说：“少年亦曾学禅”，“某于释氏之说，盖尝师其人，尊其道，求之切至矣”。不仅如此，朱熹本人对佛教的修养亦多所取纳，例如他所说的“集中精神，不被物欲所引诱”、“持敬当以静为主，须于不做功夫时频频体察，久则自熟。……若觉言语多，便须简默；意志疏阔，则加细密；轻浮浅易，便须深沉重厚”，这与天台宗智𫖮所说的——“如果念念不住，如汗马奔驰，即应用‘止’以治驰荡；如果昏昏欲睡，静默无记，则应修‘观’以破昏塞。修‘止’既久，不能开发，易之以‘观’，修‘观’既久，暗障不除，换之以‘止’”——简直毫无二致。对于禅定、静坐，朱熹更身体力行，且教学生半日静坐，半日读书，故颜元曾说：“朱子教人半日静坐，半日读书，无异于半日当和尚，半日当汉儒。”

在思想方面，朱熹更在许多方面吸取佛教的有关内容，因而造成朱子之学在很多方面都带有浓厚的佛教色彩。例如，朱熹所说的“天理”、“天命之性”，就与佛教特别是禅宗所说的“佛性”颇相近。如果说禅宗所说的“佛性”多是披上一层佛性外衣的人心、人性，那么，朱子所说的“天理”、“天命之性”则是一种佛性化了的道德本体。外表有异，内涵无大殊，此为其一。其二，朱熹所说的人物、天地同一本性的天人一体思想，与佛教所说的天地万物乃至众生与佛都是“真如”、“佛性”体现的本体理论也是遥相契合的。朱熹注《中庸》“博厚配地，高明配天，悠久无疆”文曰：“此言圣人与天地同体”、“此谓宇宙大化之道体，与圣人之性体乃同一本体”；注《中庸》“唯天下至诚为能尽其性”文曰：“人物之性，亦我之性”，视天地与人、人物与我同一本性。这些说法与禅宗所说之自性是佛，莫向性外四处寻觅的思想是相通的。其三，朱熹注“致中和，天地位焉，万物育焉”文曰：“盖天地万物同吾一体，吾之心正，则天地之心正焉；吾之气顺，则天地之气顺矣。故其效验至于此。此学问之极功，圣人之能事，初非有待于外，而修道之教，亦在其中矣。是其一体一用，虽有动静之殊，然必体立而后用有以行，则其实亦非有两事也。”因此，朱子之学“皆反诸身心性情”，这与禅宗之反悟自心、见性成佛实没有多少区别。至于他所说的“于静中体认大体未发时气象分明”，更类禅家返照心源、直指本心。其四，朱熹所谓圣人只是教人“存天理，灭人欲”等，更是佛教“去妄证真”之翻版。明清之际的思想家王夫之曾一针见血地指出：朱子“合下连根拔去”之说，“释氏所谓折服现行烦恼，断尽根本烦恼之别尔”（《读四书大全说》）。

以上所说的几点，是朱熹人伦学说的一个侧面，它虽不能反映朱子学说的全貌，但一斑窥全豹，借此亦可窥见朱子之学如何深受佛教佛性理论的影响，而逐渐走上注重心性本体、注重反观心源的道路。当然，如果仅就朱子学说，似还不能完全归结为佛教的心性之学，因为朱子之言心性，与禅宗是有区别的。禅宗之谈心性，完全视二者为一物，认为三世诸佛，密密相传，都在悟此心之本来面目；但朱熹对心性却另有说法，他认为，在未生之前，可谓之性，却非有心。心属气，性属理，心性非为一物。此一分别显示出了朱学与佛学，特别是与禅宗的佛性学说的差别；但是，这一分别并没有使理学与禅学分道扬镳，因为陆王心学很快就出来弥补了这一裂痕。

第七章
心学与禅学

与程朱理学相比，陆王心学就更加佛教化、禅学化了。如果说周、张、程、朱等理学家与佛教之间常还隔着一层纸，那么，到了陆九渊与王阳明，这层纸在相当程度上已不存在了，以至于连朱熹都指责心学“全是禅学”（《答吕子约》，见《朱文公文集》，卷四十七）。

第一节　陆学与禅学

陆九渊对于朱子之学有“叠床架屋”之嫌，这主要指朱熹视“心”与“理”为二物。在朱熹那里，“理”是一种“无人身的理性”，它在人身上体现为“性”，因此，朱熹常常把“性”与“理”等同看待。但是，对于“心”与“理”的关系，朱熹则严加区别，认为作为人身主宰的“心”，是一种具有灵明知觉作用的认识主体，不具有万物和道德本体的意义。“心”虽包万理，是“理之所会之地”，但“心”不等于“理”，即使作为“理”之人化的“性”，与“心”也不尽相同。朱熹把“心”分成“道心”与“人心”。“道心”“原于性命之正”，得之于“理”，或曰“性”；而“人心”则是“生于形气之私”，根源于形体、气质，故又称为“气质之性”。可见，在朱子学说中，“心”与“性”、“理”是既有联系，又有区别的。如果仅仅就“理”而言，陆学与朱学没有多大区别，二者都把“理”视为世界万物的本体，陆九渊也认为“塞宇宙一理耳”（《与赵咏道》，见《象山全集》，卷十二），此理“遍满天下，无些小空阙”（《语录》，见《象山全集》，卷三十五）；但是，一进入“心”的领域，二者就出现了歧异。

一、“心即理”与“心即佛”

朱熹的“心”只是一种人身主宰和认识主体，陆九渊的“心”则是一种范围天地、包揽古今的绝对主体。从空间上说，“心”灵明无体，广大无际，天地包罗于其中，四时运行于其中，风雷雨露散发于其中，万事万物成立于其中，所谓“万物森然于方寸之间”（《语录》，见《象山全集》，卷三十五）；从时间上说，“心”千古不磨、历劫常存。在鹅湖会上，陆九渊之兄陆九龄曾作诗道：“孩提知爱长知钦，古圣相传只此心。”（同上）陆九渊对第二句甚为不满，认为人皆有是“心”，非唯古圣有之，故和诗云：“墟墓兴衰宗庙钦，斯人千古不磨心。”（《鹅湖和教授兄韵》，见《象山全集》，卷二十五）此“心”千古不磨，即历劫常存之谓。对于“千古不磨心”的思想，朱熹曾和诗讥讽之：“却愁说到无言处，不信人间有古今。”（《鹅湖寺和陆子静》，见《朱文公文集》，卷四）对于“心贯古今”的思想，陆九渊是直言不讳的：“心只是一个心，某之心，吾友之心，上而千百载圣贤之心，下而千百载复有一圣贤，其心亦只如此。”（《语录》，见《象山全集》，卷三十五）陆九渊之后，其弟子杨简等对此亦多有阐发，曰：“时有古今，道无古今；形有古今，心无古今。”（《吴学讲义》，见《慈湖遗书》，卷五）总之，陆学之心，是一个与天地万物并存、历古今而常住的绝对本体，用陆九渊的话说，即“四方上下曰宇，往古来今曰宙。宇宙便是吾心，吾心便是宇宙”（《杂说》，见《象山全集》，卷二十二）。

陆九渊的“心”除了具有宇宙本体的意义外，还是人伦道德的本原，这是朱、陆之“心”的另一个重要区别。

朱子谈“心”，多强调其灵明知觉作用，陆九渊之“心”，则多指道德实体。陆九渊有“本心”一说。何谓“本心”？“恻隐仁之端也，羞恶义之端也，辞让礼之端也，是非智之端也。此即是本心。”（《年谱·乾道八年》，见《象山全集》，卷三十六）也就是说，所谓“本心”，亦即仁、义、礼、智四端。但是，以仁、义、礼、智四端言“心”，孟子早已有之，因此，杨敬仲又问：“简儿时已晓得，毕竟如何是本心？”据说如是凡数问，陆九渊终不易其说，杨简反复思想不得其意。偶有一日，有一卖扇者诉讼至杨简处，杨简升堂断案之后，又问陆：“如何是本心？”陆九渊说：你刚才判扇子案时，是者知其是，非者知其非，此即是敬仲本心。据说“敬仲忽大觉”。可见，所谓“本心”，乃是一种先天道德本能的自然流露：“当恻隐时自然恻隐，当羞恶时自然羞恶，当宽裕温柔时自然宽裕温柔，当发强刚毅时自然发强刚毅。”（《语录》，见《象山全集》，卷三十五）此犹人们见父自然知孝，见兄自然知敬，见孺子之将入井，自然有怵惕恻隐之心，是一种不假造作、不加雕琢的先天道德本性。

以往人们常常把陆九渊所说的“本心”与“心”混为一谈，视二者为一物，实际上，这是一种误解。深入考察陆九渊的著述，二者是有所区别的。如果说“本心”是一种先天的道德本能，那么，“心”则是这些道德的本原和根据。也就是说，“本心”多指天然的道德品性，“心”则是一种道德本体。

例如，在陆子的著作中，“本心”多与仁、义、礼、智四善端并提：“四端者，人之本心”；“人之本心，万善咸具”（《跋八箴》）。而且都是先天具有的：“四端万善，皆天之所予，不劳人妆点”（《语录》，见《象山全集》，卷三十五）、“四端皆我固有，全无增添”（同上）。而这种先天的道德本性又是“根乎人心”的（《杂说》，见《象山全集》，卷二十二），是“心”这个天地万物乃至人伦道德之本体的自然显露。也就是说，“本心”是一种先天道德本性，而“心”则是宇宙万物以及人伦道德之本原、本体。

陆九渊把“心”作为人伦道德的本体，不可避免地要碰到一个问题，即如何看待“心”与“理”的关系？陆九渊认为，作为宇宙本体的“理”，充塞于天地万物之中，无一物而能逃遁其间。此“理”之在“人”者，则“未外乎其心”，亦即“理”在人身上，集中地体现为“心”；或者反过来说，作为道德本体的“心”，是作为宇宙本体的“理”的人性化。

在陆九渊的思想体系中，作为道德本体的“心”与作为宇宙本体的“理”是一个事物的两个方面：“理”者“心”之“理”，“心”者“理”之“心”；人皆有是“心”，“心”皆具此“理”。因此，“千万世之前有圣人出焉，同此心同此理也；千万世后有圣人出焉，同此心同此理也；东南西北海有圣人出焉，同此心同此理也”（《杂说》，见《象山全集》，卷二十二）。而此“心”此“理”亦即宇宙万物的本体，人类道德的本原。因此，陆九渊说：“至当归一，精义无二，此心此理，实不容有二。”（《与曾宅之》，见《象山全集》，卷一）最后，陆九渊得出结论，曰：“心即理也。”（《与李宰》，见《象山全集》，卷十一）

总之，是析“心”、“理”为二，还是倡“心”、“理”合一，这是朱子之学与象山之学的根本分野之所在。象山后学也深深懂得这一点，因此，在坚持“心即理”思想方面都不遗余力。陆九渊的大弟子杨简不止一次指出：“百圣之切谕明告，诚无以易斯‘人心即道’。”（《家记九·泛论学》，见《慈湖遗书》，卷十二）袁燮等也喋喋不休于“性即心，心即理”，并把它作为立学的根本。可见，“心即理”乃是整个南宋陆学的理论基石。

那么，陆九渊“心即理”的理论，对于考察陆学与禅学的相互关系，究竟给了我们一些什么启发呢？若一言以蔽之，陆九渊的“心”与禅宗所说的“心”，不论在术语上，还是在具体内涵方面，几乎都毫无二致。陆九渊把“心”既视为范围天地、包揽古今的宇宙的本体，又看成一切道德的本原，这与禅宗将一切诸法乃至一切众生、诸佛都归结于一“心”——此“心”既是一切诸法的本原，也是众生成佛的根据，既是抽象的本体，又是众生当前现实之“人心”——不论在思维方法上，还是在思想内容方面，都没有什么根本性的区别。如果说朱熹的析“心”、“理”为二物，把“心”局限于人，仅仅把“心”看成一种人身主宰和认识的主体，终于使朱学与禅学存在较大的区别；那么，陆九渊把“心”与“理”融为一物，把宇宙万物乃至人伦道德的本体直接诉之于“心”，就彻底消除了朱熹与禅学在思维方法与思想内容方面的差别，而更加禅学化了。

二、“切己自反”与“道莫外求”

陆九渊把万端诸善归诸“本心”后，进一步认为学道者最紧要的莫过于切己自反，发明本心。

从思维方法说，陆九渊非常注重根本，讲究整体，因此，在道德修养方面，他主张“先立乎其大”，强调“就本上理会”。因为，凡事都有本末之分，如果不从本上理会，而拘拘于细枝末节，则非惟无益，而且有害。因此，他说：

> 某平时未尝立学规，但常就本上理会。……今既于本上有所知，可略略地顺风吹火，随时建立，但莫去起炉作灶。（《语录》，见《象山全集》，卷三十五）

陆九渊之注重“根本”，也许做得太过分了，因此曾有人批评他：“除了‘先立乎其大者’一句，全无伎俩。”陆九渊听后，非但不恼不辩，而且欣然答说：“诚然。”（同上）可见其对“立大”之重视。

那么，陆九渊所说的“大”与“本”究竟是什么呢？他认为，茫茫宇宙，上是天，下是地，人居中间，做人最紧要的是“当尽人道”，“须是做得人，方不枉了”，“学者所以为学，学为人而已”（《语录》，见《象山全集》，卷三十五）。如何才能“做得人”、“尽人道”呢？他认为，最重要的是在“心”上用力。

“本心”的一个最重要的特点，就是“四端皆我固有，全无增添”，因此，涵养德性，自无须向外四处求觅，此即所谓“道不外索”。他说：

> 我学问与诸处异者，只是在我全无杜撰，虽千言万语，只是觉得他底在我不曾添得一些。（同上）
>
> 古圣先贤未尝艰难其途径，支离其门户……人孰无心，道不外索，患在戕贼之耳，放失之耳。（《与舒西美》，见《象山全集》，卷五）

也就是说，为道、做人，千万不要杜撰、造作，特别不可向自身、自心之外去四处寻求，若然，非但无益于涵养德性，而且是对于自心、自性的戕贼。

陆九渊认为，义理之在于人心，实天之所以予我而不可泯灭者，人们所以有时会受物欲的蒙蔽而悖理违义，在于不能反而思之。如果人们能切己自反，反观心性，则道在我矣。因此，当有人问他：“先生之学，当自何处入？”他答道：“不过切己自反，改过迁善。”（《语录》，见《象山全集》，卷三十五）在《邓文苑求书往中都》一文中，他进一步指出：

> 义理所在人心同然，纵有蒙蔽移夺，岂能终泯，患人之不能反求深思耳。此心苟存，则修身齐家治国平天下一也，处贫贱富贵生死祸福亦一也。（《象山全集》，卷二十）

对于这种“切己自反”的修行方法，陆九渊把它称为“易简功夫”，且自视很高，他有一首诗云：“易简功夫终久大，支离事业竟浮沉。”（《鹅湖和教授兄韵》，见《象山全集》，卷二十五）所谓“支离事业”，即那种不注重“切己自反”而劳力费神于格物穷理等学问的修行方法。此种“易简功夫”与“支离事业”的区别，在朱、陆之间，又常常体现为“尊德性”与“道问学”之争。

朱子提倡“道问学”，强调讲学、穷理。讲学不能无议论，穷

理即要思索，思索即不能无意见，因此，朱学注重解经注传，议论古今。陆九渊对于朱熹的这种做法很不以为然，认为这是“蠹食蛆于经传文字之间”（《与侄孙睿》，见《象山全集》，卷一），“藻绘以矜世取誉”（《与孙睿之三》，见《象山全集》，卷十四），“以学术杀天下”（《与曾宅之》，见《象山全集》，卷一）；而对于朱熹的所谓“意见”、“议论”，则斥之为“邪意见”、“闲议论”，是为学者之病，“本心”之蔽。陆九渊提倡“尊德性”、“说人品”，他说：“诸处方哓哓然谈学问时，吾在此处与后生说人品。”（《语录》，见《象山全集》，卷三十五）对于朱陆的这一场争论，黄宗羲评论道：

> 先生（指陆九渊）之学，以尊德性为宗，谓“先立乎其大，而后天之所以与我者，不为小者所夺。夫苟本体不明，而徒致功于外索，是无源之水也”。同时紫阳（朱熹）之学，则以道问学为主，谓“格物穷理，乃吾人入圣人之阶梯。夫苟信心自是，而惟从事于覃思，是师心之用也”。（《宋元学案·象山学案案语》）

从黄宗羲的这一评述看，朱陆在修行方法上的分歧，实源于道德本体的区别。朱熹以“理”为道德本体，所以注重讲学、议论，格物穷理以尽性知天；陆九渊以“心”为道德本体，所以强调“切己自反”，在自己身心上用力。而由于“本心”万端诸善俱足，因此，所谓在自己身心上用力，主要就在于“发明本心”。

当然，陆九渊也认为“本心”经常会遭到各种气禀物欲、意见邪说的蒙蔽，但弃除这些气禀物欲、意见邪说以恢复清明之“本心”的方法，并不像朱熹所说的那样，靠“议论”、“学问”，而应该靠“去欲”、“剥落”。

如果说“发明本心”主要是发明“本心”先天固有之“善端”，那么，“去欲”、“剥落”则是为了弃除后天的蔽障、物欲。陆九渊认为，人都有这样一种通病：“居茅茨则慕栋宇，衣敝衣则慕华好，食糠粝则慕甘肥。”（《语录》，见《象山全集》，卷三十五）这就是物欲。他认为，“所以害吾心者”，就是这种物欲。这种物欲如不弃除，人则“如在陷阱，如在荆棘，如在泥涂，如在囹圄械系之中”（同上），因为，“欲之多，则心之存者必寡；欲之寡，则心之存者必多。……欲去，则心自存矣”（《与李宰》之二，见《象山全集》，卷十一）。至于如何弃除物欲，陆九渊的方法则不同于程朱而接近于佛教，尤其是禅宗。他反对朱熹所说的“存天理，灭人欲”，认为“天理人欲之言，亦自不是至论。若天是理，人是欲，则是天人不同矣”（《语录》，见《象山全集》，卷三十五）。此谓不可把天人分为二截，把性德归诸“天理”，把物欲归诸“人心”。所谓“去欲”，陆九渊认为主要是把蒙蔽人心的各种私欲、杂染去掉，恢复人心澄明的本来面目。这种方法显然与朱熹把一切罪恶归诸人心大相径庭，而同《坛经》中所说的人性本净，只是由于各种物欲遮蔽，才使人心、人性不得澄明，只要把这些物欲、染垢弃除，则自心、自性即得明朗的说法十分接近。

弃除各种蔽障、物欲的方法，陆九渊又经常称为“剥落”。在《贵溪重修县学记》中，陆九渊说：

> 人心有病须是剥落，剥落得一番即一番清明，后来起来又剥落又清明，须是剥落得净尽方是。（《象山全集》，卷十九）

另外，对于那些喜欢注解经传，爱好发表“闲议论”、“邪意见”者，陆九渊提出一种更为独特的方法，即“减担”。他指出，世之治学，多喜欢解经注传，结果经传愈注愈繁，论说越来越多，担子越来越重，如此，则“无能发挥而祇以为蔽”。他的方法则反是：“自家只是减他底”（《语录》，见《象山全集》，卷三十五），“到某这里，只是与他减担”（同上）。当把一切意见、邪说都减削弃除了，把一切气禀物欲之蒙蔽都剥落净尽了，“本心”自然澄清明朗。“本心”一明，万善自然显现，能如此，人复何求哉！

对于陆九渊以上所言及的一系列修养方法，人们很容易联系到慧能的《坛经》。不论是“切己自反”、“道不外索”，还是“剥落”、“减担”，人们都可以从《坛经》中找到几乎完全相同的表述。《坛经》的一个基本思想就是提倡“道由心悟”。慧能谆谆教诫学人“于自心顿现真如本性”，切切不可“向身外求”，认为“菩提只向心觅，何劳向外求玄”。陆九渊的“切己自反”、“道不外索”与慧能所说的不但思想相近，具体表述也相类。至于“剥落”、“减担”说，则与《坛经》所提倡的“离相”、“无念”说，表述有异，实质无殊。当然，正像《坛经》所说的若有钝根愚者，不能自悟，可找善知识解最上乘法，指示正路一样，陆九渊“发明本心”的“剥落”说，也不反对明师的开导，良友的琢磨。他认为，“人之精爽附于血气，其发露于五官者安得皆正？不得明师良友剖剥，如何得去其浮伪而归于真实？又如何得能自省、自觉、自剥落？”（《语录》，见《象山全

集》，卷三十五）

对于陆九渊“尊德性”的“易简功夫”，朱熹曾给予十分尖锐的批评，斥之为“师心自用”、“空腹高心，妄自尊大，俯视圣贤，蔑弃礼法”（《答赵几道》之一，见《朱文公文集》，卷五十四），认为“其病却在尽废讲学而专务践履中要人提撕省察，悟得本心，此为病之大者”（《答张敬夫》之十八，见《朱文公文集》，卷三十一）。陆九渊死后，他的有些弟子转学于朱熹，朱熹便借题发挥说：“公们都为陆子静误教莫要读书，误公一生，使公至今已老，此心怅怅然，如村愚聋盲之人。……吁！误人误人，可悲可痛。”（《朱子语类》，卷一百二十四）朱熹对陆九渊的这些指责，客观地说，有点夸大其词而有欠公允，实际上，陆九渊并没有尽废讲学，反对读书，他在许多书信文章中也屡屡言及读书、学习。例如，他说：“人不可以不学，犹鱼之不可以无水”（《语录》，见《象山全集》，卷三十五），“束书不观，游谈无根”（同上），“若事役有暇，便可亲书册……无不有益也”（《与曹挺之》，见《象山全集》，卷三）。对于朱熹的批评，陆九渊答辩道：“某何尝不读书来，只是比他人读得别些子。”（《语录》，见《象山全集》，卷三十五）所谓“读得别些子”，亦即读法不同。陆九渊读书的方法究竟有什么特别之处呢？他说：“书亦正不必遽而多读，读书最以精熟为贵。”（《与胥必先》，见《象山全集》，卷十四）“读书之法，须是平平淡淡去看，仔细玩味，不可草草。”“读书固不可不晓文义，然只晓文义为是，只是儿童之学，须看意旨所在。”（《语录》，见《象山全集》，卷三十五）也就是说，读书宜精，最求得旨领意。陆九渊的这种读书方法，与他注重“先立乎其大”，强调“就本上理会”的思维方法是一致的，与禅宗所提倡“贵在得意”的思想也遥相契合。“经是佛语，禅是佛意”，而“意”之为物，乃是只可意会而难以语表言诠的，因此，禅宗强调“得意者越于浮言，悟理者超于文字”，主张“莫向言语纸墨上讨意度”，提倡“直指默契”，甚至反对经教文字。

陆九渊的修行方法除了注重“就本上理会”外，还主张用“存心”、“养心”的方法来涵养德性。他认为，此心之良，人所固有，人们的过失在于不知道如何去保养之、灌溉之，反而造作施为，戕贼之，放失之。如果人们能对此心固有之善端好好保养、灌溉，那么成贤做圣指日可待。他说：“古人教人，不过存心、养心、求放心。……保养灌溉，此乃为学之门，进德之地。”（《象山全集》，卷五）“此心之良，人所固有，人惟不知保养灌溉，使之畅茂条达，如手足之捍头面，则岂艰难支离事。”（《象山全集》，卷五）此谓用“存心、养心、求放心”的方法以涵养德性，有如以手足卫护头面，是轻而易举的。也正因为如此，陆九渊把他的修养方法称为“易简功夫”，而视朱子的方法为“支离事业”。

如果说陆九渊的“发明本心”、“切己自反”等方法，在相当程度上是吸收禅宗的修行理论，那么，此“存心、养心、求放心”说，则更接近于孟子的修养学说。王阳明曾经指出：“陆氏之学，孟氏之学也”（《象山文集序》，见《阳明全书》，卷七）；陆九渊自己也说：“因读《孟子》而自得于心也”（《年谱》，见《象山全集》，卷三十六），并常常以复兴孔孟道统之贤者自居，曰：“孟子没，吾道不得其传，而老氏之学始于周末，盛于汉，迨晋而衰矣。老氏衰而佛氏之学出焉，佛氏始于梁达磨，盛于唐，至今而衰矣。有大贤者出，吾道其兴矣夫。”（《语录》，见《象山全集》，卷三十五）。孔孟之学是否到陆氏而大放光明，这里可暂存而不论；但有一点是毋庸置疑的，即陆氏之学既受到佛学的深刻影响，同时又源于孔孟，特别是源于孟氏的心性学说。因此，准确地说，陆氏之学是儒学（特别是孟氏之学）与佛学（特别是禅学）相互融合的产物。

三、“发明本心”与“明心见性”

陆九渊的修养方法虽然既有儒家的，也有佛家的，但就其主要修养方法言，即在“切己自反”、“发明本心”；禅宗的修行方法细说也有很多，但最根本的，则都是要“明心见性”。这里有必要从总体上进一步探讨一下陆九渊的修养方法与禅宗修行理论的相互关系。

首先，由于陆九渊的“心”与禅宗的“心”内涵意蕴几无差别，都是一种宇宙万物和人伦道德的本体，这就使得二者在发明此“心”的方法上多有相通、相同之处。例如，禅宗思想的最大特点，是把一切归诸自心、自性，主张一切诸法，皆从心生，皆从心出。一心“而万法尽通、万法皆备”，“心生种种法生，心灭种种法灭”，诸佛亦不例外，非离心而别有佛，而是自心即佛，若能洞明此一心具万法，自心即佛的“真理”，则与诸佛境界无异。所谓“明心见性”，实际上是一个事情的两个方面，唯有“明心”，方能洞见佛性本来具足，同时，也唯有“见性”，才能明了自心自性本来是佛。陆九渊的“心”也是一个范围天地、包揽古今的宇宙和道德本体，一心而四端具足，万善咸备。因此，为人治学无他，唯在“发明本心”而已，本心既明，即可成贤做圣。

其次，具体而论，陆学在如何“发明本心”问题上与禅学之“明心见性”的方法也多有相近、相通之处。陆九渊之“发明本心”，最强调“道不外索”，提倡“切己自反”，认为本心乃我所固有，因此，欲发明本心，无须向外四处求索，于自家身上用力即可。禅宗在强调自性做佛、不假外求方面表现得更为突出。禅宗认为，所谓佛者，本心本体本来是佛，并非于自心自性外别有他佛。自性若迷，即是凡夫，自性一悟，众生即佛。因此，不可于自性外去寻找弥陀，于自心外去寻找净土。如果不懂得这个道理而向东向西四处寻觅，则非但成不了佛，而且会成为一个“寻声逐响人，虚生浪死汉”，千生万劫备受轮回之苦。

再次，禅宗修养方法的一个重要特点，是倡“直指人心”、“不立文字”。这种方法自达磨始唱，之后各位禅师代代相传，至慧能更把它作为一条根本原则而大加弘扬。慧能说：“诸佛妙理，非关文字”（《景德传灯录》，卷五），“若取文字，非佛意”（《高僧传》，三集，卷八）。慧能之后，后期禅宗的禅师们更把“十二部经”视为“拭疣纸”，走向骂佛烧经的极端道路。他们认为，“经是佛语，禅是佛意”，“得意者越于浮言，悟理者超于文字”（《大珠禅师语录》，卷下），“佛本是自心作，那得向文字中求”（《筠州黄蘗山断际禅师传心法要》），因此，主张“莫向言语纸墨上讨意度”（《大珠禅师语录》，卷下）。陆九渊的修养方法也不拘于语言文字，而认为不识字、存本心，亦可成贤做圣。他说：“若某则不识一字，亦须还我堂堂做个人”，经常劝人“莫将言语坏天常”（《语录》，见《象山全集》，卷三十五）。《年谱》在评述陆子之学时曾经指出：“陆之治学教人，‘不复以言语文字为意’。”

复次，禅宗在修行方法上以“顿悟”著称于中国佛教史。被禅宗奉为经典的《坛经》，就其根本思想而言，则在“即心即佛”、“顿悟见性”。在《坛经》中，慧能屡屡言及“于自心中顿现真如本性”，要人们从当下之每一念心顿悟“无生法忍”。后期禅宗在“顿悟”上走得更远，甚至认为，“唯有顿悟一门，即得解脱”（《顿悟入道要门论》），把“顿悟”视为成佛得解脱的唯一法门。陆九渊在这个问题上也深受禅宗的影响。例如他虽然认为心必须一番一番“剥落”，但更主张“悟则可以立改”，指出“铢铢而称，至石必缪；寸寸而度，至丈必差”；而“石称丈量”，则“径而寡失”（《与詹子南》之一，见《象山全集》，卷十），“一是即皆是，一明即皆明”（《语录》，见《象山全集》，卷三十五）。这些说法显然视直观顿悟比层层“剥落”更能“发明本心”。这与禅宗把“顿悟”看成比渐修更为根本的方法，其思想是一样的。

最后，禅宗之后期，祖师禅一变而为分灯禅。分灯禅倡“平常心是道”，在教学传道及修行方法上盛行“棒喝”、“机锋”。陆九渊在讲学活动中也经常采用这种方法，如以“断扇讼”使杨简悟“本心”，以“起立”启发詹阜民体会“本心”等等。张南轩曾评陆子之学“多类扬眉瞬目之机”（《答朱元晦》之十三，见《南轩文集》，卷二十四）。

对于陆学与禅学的关系，朱熹及后儒多有评述，他们称象山之学“大抵用禅家宗旨，而外面却又假托圣人之言，牵就释意”（《与刘子澄》，见《朱文公文集》，卷三十五），“象山阳儒阴释”（《学蔀通辨》自序）。这些评述基本上是符合陆九渊之思想实际的，因为，陆学虽然以继承孟子之学为标榜，以光复儒学道统为己任，但其思维方法与思想内容，确实大量采自佛家特别是禅学。

第二节　王学与禅学

王阳明的思想，基本上遵循陆九渊的路线，即从“心即理”推出“心”是天地万物的本原。有人问王阳明其学说宗旨是什么，王阳明回答说：“诸君要识得我立言宗旨，我如今说个心即理。”（《传习录》中）当然，王阳明并非简单地照搬陆九渊的学说，而是经过了自己一番艰苦的摸索。黄宗羲在《明儒学案》中曾语及王阳明思想发展的曲折过程，称“其学凡三变而始得其门”，曰：

> 始泛滥于词章，继而遍读考亭之书，循序格物，顾物理吾心，终判为二，无所得入，于是出入佛老者久之，及至居夷处困，动心忍性，因念圣人处此，更有何道，忽悟格物致知之旨，圣人之道，吾性自足，不假外求。（《姚江学案》，见《明儒学案》，卷十）

此谓王阳明一开始为了应付科场，曾以词章记诵为事，继而笃信朱子，致力于“格物穷理”；因不满于朱子的析心、理为二，转而出入佛、老；又以佛、老之弃人伦物理不足道，而转向自身心性，创立心学。此“三变”是指其学说的形成。学说形成后又经历了三个发展阶段：一是“尽去枝叶，一意本原，以默坐澄心为学”；二是“专提‘致良知’三字，默不假坐，心不待澄，不习不虑，出之自有天则”；三是“所操益熟，所得益化，时时知是知非，时时无是无非，开口即得本心”（《姚江学案》，见《明儒学案》，卷十）。从这一思想历程看，王学是以“致良知”、“得本心”为归趣的。

“发明本心”的思想本为陆九渊所提倡，但自元代后，随着朱子之学被“定为国是，学者尊信，无敢疑贰”（《跋济宁李璋所刻九经四书》，见《道园学古录》，卷三十九），陆学就失去了与朱学相抗衡的地位而逐渐“泯然无闻”了。到了明代，统治者为了加强对人民的思想控制，在思想领域里“一宗朱子之学，令学者非五经、孔孟之书不读，非濂、洛、关、闽之学不讲”（《高攀龙传》，见《东林列传》，卷二），遂使“是朱非陆”说更成定论。朱子之学虽号称“致广大，尽精微，综罗百代”，但正如陆九渊所指出的，其格物诸说有支离破碎之偏弊。此偏弊到后来愈益泛滥，至黄榦门下之董梦程与黄鼎、胡方平等，便全抛注重义理之朱学家法，而把朱熹的读书博览“流为训诂之学”（《介轩学案》，见《宋元学案》，卷八十九）。朱学更支离破碎得使其后学深感仅仅依靠朱学已难以为继，因此，元明二代的许多学者，常常在公开推崇朱学的同时，暗中偷运陆学“先立乎其大”的“易简功夫”，孕育着一个“和会朱陆”的思想潮流，此潮流为王学的出现铺平了道路。

王阳明学说的产生，一方面是陆九渊“心学”的继续，另一方面是朱陆合流的产物。首先，王阳明在“是朱非陆，天下之论定久矣”的情况下，冒“天下之讥”的风险，为陆九渊一洗“无实之诬”，恢复了“心学”之“圣贤之学”的地位；其次，王阳明为“是朱非陆”说翻案，既没有完全否定朱学，也没有照搬陆学，而是在“是陆非朱”的大前提下“兼综陆朱”。王阳明不但没有公开反对朱熹，而且申明“吾之心与晦庵未尝异也”。王阳明在继承陆子“心学”的同时，对陆学也进行了许多改造和发展。总之，王阳明在朱陆之间进行了精细的取舍和熔铸，形成了“博大、精细”的王学体系。例如，王阳明以所谓“灵明”、“感应”说，使朱陆关于心物的分歧得以统一，以所谓“致良知”解决朱陆关于知行方面的争论。因此，刘宗周说：朱陆二学“辩说日起，于是阳明救之以良知”

(《辨学杂解》,见《明儒学案》,卷六十二);而王学本身则是“范围朱陆而进退之”(《明儒学案·师说》),“似陆而高于陆”(莫晋:《明儒学案序》)。

正如我们在本章开头所指出的,王阳明先是崇信朱学,“遍读考亭之书”。实际上,王阳明不但遍读朱子之书,而且曾经照着朱熹“格物”说所讲,实际地去“格竹子”,结果,非但没有格出竹子的“理”,反而格出病来。这使得王阳明对朱熹的学说产生了怀疑,并进而批判求理于事事物物的格物说,认为这是“世儒之支离,外索于刑名器数之末”(《象山先生全集序》)。犹如求孝之理于其亲,如果这样,那么亲人去世之后,岂不就没有孝之理了吗?因此,他认为,孝之理不在亲,而在于“心”。“以是例之,万事万物之理莫不然”(《传习录》中),“物理不外于吾心,外吾心求物理,无物理矣”(同上)。求理于事事物物之格物说的错误就在于析心、理为二,不知“吾心即物理”。

顺着“吾心即物理”的基本思路,王阳明进一步阐述了“心外无物”、“心外无事”、“万化根源总在心”的思想。按照一般人的看法,事物之是否存在,并不关乎我之“心”,此诚如王阳明的朋友所指出的:“花树在深山中自开自落,于我心亦何相关?”但王阳明认为,花树等万物只有通过心之“灵明”的“感应”才会“明白”,才会“显现”出来。若无我心,则花树俱“寂”,因此,山中之花与树,都是我心之“灵明”、“感应”的结果。不仅花树如此,世间的万事万物都是心中“灵明”的体现:“天没有我的灵明,谁去仰他高?地没有我的灵明,谁去俯他深?鬼神没有我的灵明,谁去辩他吉凶灾祥?天地、鬼神、万物离却我的灵明,便没有天地、鬼神、万物了。”“我的灵明,便是天地鬼神的主宰。”如此谈论“灵明”与万物的相互关系,不可避免会碰到理论上的某些困难,例如,有人就诘问王阳明:“天地、鬼神、万物,千古见在,何没了我的灵明,便俱无了?”王阳明回答道:“今看死的人,他这些精灵游散了,他的天地万物尚在何处?”此谓人死后,精灵游散了,失去了感应的能力,因此,“他的天地万物”便不复存在了。此中所凭借的,是其“感应”理论。

此外,王阳明还借助“感应之几”,来说明“灵明”、“人”乃至“天地万物”“同体”。有人问王阳明:“人心与物同体,如吾身原是血气流通的,所以谓之同体;若于人便异了,禽兽草木益远矣,而何谓之同体?”(《传习录》下)王阳明答道:“你只在感应之几上看,岂但禽兽草木,虽天地也与我同体的,鬼神也与我同体的。”(同上)所谓“感应之几”,亦即“灵明”去感知万物的一刹那。正是通过“灵明”与万物相感应之一刹那,人们体悟到“心”与万物一体,“我”与天地同体。此中之“灵明”,在某种程度上相当于陆九渊所说的“心”,只是王阳明的“灵明”比陆九渊的“心”更加神秘化罢了。王阳明所以要用“灵明”去取代陆九渊的“心”,也许是因为“心”常会被理解为“肉团心”的缘故。当然,由于表述的关系,王阳明的“灵明”之蕴涵不是很确定的,王阳明哲学思想中更为确定和成熟的概念是“良知”。

一、“良知”与“佛性”

“良知”在王阳明的学说中是一个最基本、最普遍、最核心的概念,它有点类似陆九渊的“本心”,但具有更广泛的意义。既指一种先天的道德观念,又是一种辨别是非之心;既是一种先天地生、造化万物的宇宙本体,又是主宰身心、衍生五常的道德本体;既无恶无善,又至纯至善。它带有儒家的心性成分,更富有禅宗佛性的色彩。王阳明对“良知”十分重视,曾说:“吾将以斯道为网,以良知为纲。”(《心渔为钱翁希明别号题》)

“良知”本是孟子用语,指先天禀赋的先验知识和道德观念。王阳明借用“良知”概念并扩大其蕴涵。

在王阳明学说中,“良知”首先是一种先天的道德观念。他说:

> 良知之学,不明于天下几百年矣。世之学者,蔽于见闻习染,莫知天理之在吾心,而无假于外也,皆舍近求远,舍易求难。……呜呼!可衰也已。(《祭国子助教薛尚哲文》)
>
> 良知是天理之昭明灵觉处,故良知即天理。(《答欧阳崇一》)
>
> 道心者,良知之谓也。(《答陆原静书》)
>
> 见父自然知孝,见兄自然知弟,见孺子入井自然知恻隐,此便是良知。(《传习录》上)

以上诸说,表述有异,思想无殊,都在指明“良知”即“天理”,即“道心”,即天所赋予我之“四端”。可见。王阳明之所谓“良知”,首先是指一种先天的道德观念、道德意识。

其次,“良知”还是一种辨别是非的标准。王阳明说:

良知只是个是非之心，是非只是个好恶。只好恶，就尽了是非。(《传习录》下)

尔那一点良知，是尔自家的准则，尔意念着处，他是便知是，非便知非，更瞒他一些不得。(同上)

在王阳明看来，“良知”“如佛家说心印相似，真是个试金石，指南针”，合得的便是，合不得的便非。这种是非标准既是哲学的，又是伦理的；既是认识论的是非标准，又带有宗教道德准则的色彩。

最后，“良知”又是一种生天生地、造化万物的宇宙本体。王阳明说：

良知是造化的精灵。这些精灵，生天生地，成鬼成帝，皆从此出，真是与物无对。(同上)

天地万物，俱在我良知的发用流行中，何尝又有一物超于良知之外。(同上)

如果单从王阳明这两段论述看，“良知”与天地万物的关系，似是前者产生后者的关系，实际上，王阳明的整个哲学思想早已超出“本源论”的范围，而是一种“本体论”。因此，此中之所谓“生天生地”，准确地说，其实际含义是“体现”、“显现”，也就是说，天地万物都是“良知”这一“本体”的“体现”、“显现”。“良知”之为“本体”，在王阳明的著作中有明确的论述，例如他说：

良知者，心之本体，即前所谓恒照者也。(《答陆原静书》)

良知只是一个天理自然明觉发见处，只是一个真诚恻怛便是他本体。(《答聂文蔚书》)

这说明，在王阳明的学说中，“良知”是一个比“心”更纯粹的绝对本体，它的特点是比“心”精神化，更不受气禀、物欲之牵蔽，因此，王阳明有时又把“良知”比诸朱熹所说的“天理”、“道心”。他说：“这心之本体，原只是个天理”(《传习录》上)，“天理即是良知”(《传习录》下)，“道心者，良知之谓也”(同上)。但是，王阳明的“良知”与朱熹所说的“天理”、“道心”又不尽相同，朱熹把“性”分为“天命之性”、“气质之性”，把“心”分为“人心”、“道心”。王阳明反对这种划分，认为性即一也，心即一也，心之本体即性也。“性，一而已，自其形体也谓之天，主宰也谓之帝，流行也谓之命，赋于人也谓之性，主宰身也谓之心”(《传习录》上)，“心之体，性也。性即理也”(同上)。因此，所谓“性”、“天命之性”、

"天理"、"道心"、"良知"等等，在王阳明那里，是同一东西的不同说法，都是指宇宙万物乃至人伦道德的本体。

这里，人们不妨对照一下王阳明的"良知"与禅宗的"心"或者"佛性"，二者除了称谓上的不同，此外还有什么区别呢？实际上，王阳明本人对此直认不讳，而不像以往的理学家"犹抱琵琶半遮面"，既偷运佛家理论，又显得羞羞答答。王阳明说：

> 良知之体，皦如明镜，略无纤翳，妍媸之来，随物见形。……佛氏曾有是言，未为非也。(《答陆原静书》)
>
> 不思善不思恶时，认本来面目，此佛氏为未识本来面目者设此方便。本来面目，即吾圣门所谓良知。(同上)

这里所谓"本来面目"者，即禅宗所谓"佛性"。禅宗自"借教悟宗"的如来禅发展到"教外别传"的祖师禅，再到超佛越祖的分灯禅之后，便强调寻找"自我"，注重发现"本来面目"。此"本来面目"从一定意义上说，也就是众生之本体、本原。学佛修行的终极目的，就是为了发现此本体，体证此本体，返归此本体，与此本体合一，能如此，则可以成圣做佛。王阳明的"良知"说与此很相近，他先把天地万物、人伦道德之本体付诸"良知"，然后指出"良知"人人皆有，愚夫愚妇亦不例外，愚者与圣人的区别仅仅在于能不能致此"良知"：能致者则是圣人，不能致者则是凡夫俗子。可见，王阳明的"良知"说与禅宗的佛性理论，不论思想路数，还是具体蕴涵，都没有什么根本性的区别，因此，王阳明也承认自家的"良知"就是佛家的"本来面目"。

另外，所谓"不思善不思恶时"，是指不加任何作为之本然状态，而不是指"良知"本身的善与恶。对于"良知"本身的善恶问题，王阳明另有论述。

在读王阳明著作时，细心的人都可以发现，王阳明对于"良知"善恶问题的说法存在着矛盾。一方面，王阳明的学说曾被他的弟子概括为四句话，曰："无善无恶心之体，有善有恶意之动；知善知恶是良知，为善去恶是格物。"(《传习录》下)王阳明自己也说："良知即是未发之中，即是廓然大公，寂然不动之本体。"(《传习录》中)既然是未发之中，寂然不动，自然无善恶可言。但是，王阳明又多次指出："至善者，心之本体，哪有不善？"(《传习录》下)这就出现了矛盾：良知既是无善无恶的，又是至纯至善的。这个矛盾曾引起学生王畿与钱宽的争论。"汝中(即王畿)曰：'此恐未是究竟话头。若说心体是无善无恶，意亦是无善无恶的意，知亦是无善无恶的知，物亦是无善无恶的物矣。若说意有善恶，毕竟心体还有善恶在。’德洪（即钱宽）曰：‘心体是天命之性，原是无善无恶的，但在人有习心，意念上见有善恶在，格、致、诚、正、修，此正是复那体性的功夫。若原无善恶，功夫亦不消说矣。’”（《传习录》下）

单从理论上说，王畿的推论较合乎逻辑。因为“意”与“物”等都是由“心之体”派生的，“心之体”既是无善无恶的，“意”与“物”等自然也是无善无恶的；钱宽却以“人有习心”来说明意念上有善恶在，并以此说明修习功夫之必要。据说二人纷争不已，最后到天泉桥畔请王阳明裁决。王阳明说：

> 二君之见，正好相资为用，不可各执一边。我这里接人，原有二种。利根之人，直从本原上悟入。人心本体，原是明莹无滞的，原是未发之中。利根之人，一悟本体，即是功夫，人己内外，一齐俱透了。其次不免有习心在，本体受蔽，姑且在意念上实落去为善去恶，功夫熟后，渣滓去得尽时，本体亦明尽了。汝中之见，是我这里接利根人的；德洪之见，是我这里为其次立法的。二君本取为用，则中人上下，皆可引入于道。若各执一边，眼前便有失人，便与道体各有未尽。（同上）

这段话，也许有人觉得很是费解，实际上，学过佛教特别是禅学的人，对这段话可以说一目了然。王阳明这里所说的“一悟本体，即是功夫”，此是专就“悟”而言。“悟”者，认识、把握本体的最根本、最终极的方法也！因为“良知”属“本体”，因此，对此“良知”的把握，“悟”是最好的方法，也是最根本的功夫——当然，这只有利根之人才可以做得到。而所谓“其次”者，主要指“修”。这种“修”也就是除习弃蔽，为善去恶，此犹如神秀所说“时时勤拂拭，莫使惹尘埃”，待尘埃弃除净尽，本体自然明了。实际上，单靠这种渐修的方法，是不可能体证本体的，因此，王阳明强调二者应该相资为用。王阳明的本意也许是说对不同根基的人要用不同的方法，利根者用“悟”，钝根者用“修”，实际上，钝根之“修”，如果最后没有“悟”的跳跃，是不可能达到本体的。这是王阳明这段话的一层意思。

此外，对于这段话中所提出的“良知”本身是善是恶的问题，王阳明还有更具体的论述。他以“发用”、“流弊”来说明何以“心本体”无善无恶，而“意”却有善有恶。他说：

性无定体……性之本体原是无善无恶的，发用上也原是可以为善，可以为不善的；其流弊也原是一定善一定恶的。……孟子说性，直从原头上说来，亦是这个大概如此。荀子性恶之说，是从流弊上说来，也未可尽说他不是，只是见得未精耳。（《传习录》中）

此谓从本体上说，“良知”是未发之中，是不受善恶影响的；但是从“发用”上说，心动而产生意念，意念一动，便有了善恶之分。从“源头”与“流弊”方面看，“源头”是晶莹无瑕、完满至善的，“流弊”则有善有恶。为了让学生更好地理解心体、意用及源头、流弊的相互关系，王阳明还以花草为喻：“天地生意，花草一般，何曾有善恶之分？予欲观花，则以花为善，以草为恶；如欲用草，复以草为善矣。此等善恶，皆由汝心好恶所生。”（《传习录》上）也就是说，心体本来无善恶，善恶纯由意念所生，由于意动而为习气所染蔽，才产生了善恶。

对于王阳明以上的“良知无善无恶”、“意念有善有恶”说，“不思善不思恶时认本来面目”说等，如果人们对照一下《坛经》的有关说法，无疑有助于认识王学与禅学的相互关系。在《坛经》中载有这样一件事，当慧明为向慧能求法而赶到大庾岭时，慧能对慧明说了一句话，“慧明于言下大悟”，这句话就是“不思善，不思恶，正与么时，哪个是明上座本来面目”。另外，《坛经》还载有一个曾奉命刺杀慧能未遂后出家的僧，他向慧能请《涅槃经》之“常”、“无常”义时，慧能对他说道：“无常者，佛性也；有常者，即一切善恶诸法也分别心也。”王阳明关于“良知”、“意念”善恶说等，不但思想与禅学相通，而且许多措词、表述亦与佛教特别是禅学相类。

二、“致良知”与“悟自心”

按照王阳明的“良知”说，“良知”虽是“未发之中，即是廓然大公，寂然不动之整体，人人所同具者也”；但是，圣人与愚夫愚妇却常常有着天渊之别，原因何在呢？他认为，圣人所以为圣人者，只在其心纯乎天理而无人欲之杂，此犹精金之所以为精，以其色足而无铜铅之杂，又如青天之日而无阴霾之覆，明镜之晶莹而无斑垢驳杂；但是常人却不是这样，而是经常为私利物欲等尘垢所染污障蔽，因此，必须经常为学刮磨，以去其蔽。“圣人之心，纤翳自无所容，自不消磨刮；若常人之心，如斑垢驳杂之镜，须痛加刮磨一

番。”(《答黄宗贤应原忠》)

常人愚者之心，为什么会为尘垢所染呢？王阳明认为，主要是常人都有七情六欲之故，而七情六欲一旦沾染上，“则俱为良知之蔽”。因此，为学最紧要者，是“存天理，灭人欲”。

“存天理，灭人欲”为理学家所共同提倡，但“天理”如何存，人欲如何灭，方法却各不相同。程朱强调“居敬”、“穷理”，陆九渊主张“剥落”、“减担”、“存心去欲”，王阳明则提倡“明心反本”、“致良知”。

王阳明提出“明心反本”修养方法的根据，一是因为“心”乃天地万物之主宰，言“心”即天地万物皆举而又亲切简易，故言学莫若尽乎心；二是因为人心本性具足，毫无欠缺，因此，君子之学，尽心即可，无须向外四处寻觅；三是因为人心本自晶莹，只是为物欲所蔽，才不得明澈，只要除习去蔽，心即可复明，因此，“君子之学，以明其心”(《别黄宗贤归天台序》)，“君子之学，惟求得其心”(《传习录》下)。

至于如何“反本”，如何“明心”，王阳明提出一种“省察克治”的方法，曰：

> 省察克治之功，则无时而可间，如去盗贼，须有个扫除廓清之意。无事时将好色、好货、好名等私逐一追究，搜寻出来，定要拔去病根，永不复起，方始为快。常如猫之捕鼠，一眼看着，一耳听着，才有一念萌动，即与克去，斩钉截铁，不可姑容与他方便，不可窝藏，不可放他出路，方是真实用功，方能扫除廓清，到得无私可克，自有端拱时在。虽曰何思何虑，非初学时事，初学必须思省察克治，即是思诚，只思一个天理。(《传习录》上)

在这段话中，王阳明借助那么多的比喻，并不厌其烦地、反反复复地强调的，就是人们对于各种物欲、私念必须经常反省思考，一旦觉察到有好色、好利、好名等念头出现，就应该斩钉截铁地加以克治，只要把各种私心杂念都克除净尽了，天理就自然显现了，所谓“去得人欲，便识天理”(同上)。

如果说，王阳明所说的“克治”主要指“去欲”，那么，所谓“省察”，则带有“反身而诚”的意思。王阳明的思维方法，基本是内向型的，即注重于向心体上用功，认为如果心体明净了，则一明俱明，一通俱通，这才是“为学头脑处”。

王阳明的这种思想后来被他的学生进一步明确化为“制欲莫如反本”。据《近溪子集》记载，罗近溪曾对颜山农说自己如何遇病时生死不关心，科举失意不动心，颜山农对此非但不称许，而且说这是“制欲”，非是“体仁”，并告之应该如何扩充天赋四端，罗听后如梦初醒。泰州学派的林春也有类似的悟道经历。据说，他开始进行道德修养时，每天用朱墨两种笔点记，善念点红，杂念点黑，后来，始觉“此治病之标者也，盍其反本乎?!”（《泰州学案》，见《明儒学案》，卷三十二）这些都是说，从具体事情上去制欲、去欲，不如反身而诚、体悟自心。

在心体上用功，王阳明又称为“致良知”。王阳明对“致良知”十分重视，曾说：“吾平生讲学，只是致良知三字。”（《寄正宪男手墨二卷》）“致良知三字真圣门正法眼藏。”（《年谱》）“致良知是学问大头脑，是圣人教人第一义。”（《传习录》中）

王阳明把“致良知”摆到至高无上的地位，是因为在他看来，能否“致良知”乃是圣人贤者与愚夫愚妇的分野之所在。他说：

> 良知良能愚夫愚妇与圣人同，但惟圣人能致良知，而愚夫愚妇不能致。此圣愚之所由分也。（《答顾东桥书》）

“致良知”所以会成为区分圣愚的关键，王阳明认为，是因为“良知这诀窍，随他多少邪思枉念，这里一觉都自消融，真是灵丹一粒，点铁成金”（《传习录》下）。人们只要时时于良知上体会，久之便会“豁然有见”。那么，“豁然有见”些什么呢？一言以蔽之，则是见那“本来面目”，见那“清净本性”。因为，在王阳明的学说中，“良知”是一个无所不能的清净本体，只因为私欲蔽障，故本体不得明朗。如今若能念念于“致良知”，把这些蔽障弃除净尽，本体则复得明朗。本体明朗了，见得了清净本性，自然与圣人无异。王阳明这种“致良知”的修养方法，与禅宗“明心见性”的修行方法十分相似。禅宗的基本思想之一，是认为佛性本自清净，只因客尘烦恼盖覆，故不能自见，若能离相无念，明心见性，便可识得自家本来面目，成佛做菩萨。慧能还以天常清，日月常明，只因乌云蔽障不得明朗来比喻清净佛性与客尘烦恼的相互关系；王阳明亦有“圣人之知如青天日，贤人如浮云天日，愚人如阴霾天日”（同上）的说法，二者不但思想相通，措词用语亦雷同。

王阳明“致良知”注重悟自心、见自性，还体现在他对于“格物”说的解释上，这既体现了王阳明的“心学”与程朱理学的分歧所在，更体现了王学接近于禅学以“心”为一切修行的出发点和归趣的思想。

朱熹认为，认识事物必须通过“格物”、“穷理”，今日格一物，明日格一物，格到一定程度，便会豁然贯通。王阳明反对这种做法，他认为，解“格物”为格天下的事物，天下的事物那么多，“如何格得？且谓一草一木亦皆有理，今如何去格？纵格得草木来，如何反来诚得自家意?”(《传习录》下）从这段话看，王阳明把落点又放到“诚得自家意”上。实际上，王阳明非但把落点放到“自家意”上，其出发点也是自家的“良知”。他认为，所谓“致知格物”者，乃是“致吾心之良知于事事物物。……致吾心之良知者，致知也；事事物物皆得其理者，格物也”(《答顾东桥书》)。这显然是把朱熹的于事事物物上求其“理”，变为在自家身心上做功夫。

三、“本体功夫”与“顿悟见性”

王阳明的修养方法几乎在各个方面都深受禅宗修行方法的影响，此中的根本原因，是两种修行方法都建立在本体论的基础之上。而“本体功夫”，正如王阳明所说的：“一悟尽透。”这句话，可视为两种修行方法的点睛之笔。当然，由于禅宗毕竟是佛教，而王学毕竟属儒学，因此，所悟之对象称谓便不尽相同。在禅宗者，为“心”，为“佛性”，为“祖师西来意”；而在王阳明，则称之为“良知”，所谓“悟”，亦即“明心反本”、“致良知”。王学与禅学的这种差别，由于王阳明“良知”的内涵与禅宗的“心”、“佛性”已经基本相同，因此，除了称谓有异外，实际上很难再找出二者的区别。

与本体理论及顿悟方法相联系，王阳明在对待经典方面的态度也颇受禅宗的影响。禅宗对于经教典籍的一个基本态度是倡“教外别传”，主张不依经教、直指心源，后期禅宗更把十二部经视为拭疣纸，强调寻找“主人翁”。这种思想对于王学也产生了深刻的影响，王阳明对于经典也持“六经注我”的态度。他说：“六经是吾心之记籍”，“不要揣摩依仿典籍”，强调要自信，主张“致良知成德业，漫从故纸费精神”，等等。

就王阳明自身的思想说，影响他的主要是慧能南宗“即心即佛”的佛性理论和“明心见性”的修行方法。但是，到了王阳明后学，这种情况就发生了一些变化。由于后期禅宗逐渐由“直指心源”、

"顿悟见性"发展为提倡"随缘任运"、"无证无修"，王门后学自王龙溪、王心斋以降，也盛行自然无为之风。他们认为，万紫千红，鸢飞鱼跃，无非天机之动荡，花落鸟啼，山峙川流，都是良知之流露，因此主张"率性功夫本自然，自然之外更无传"，"七情不动天君泰，一念才萌意马狂"，"此心收敛即为贤，敛到无心识性天"。教人功夫应做到如无识小童，嬉游笑舞，皆是鱼跃鸢飞景象，并说："吾人心体活泼，原来如此。"

从以上各个方面看，王阳明的学说乃至王门后学之受禅的影响，应该说是毋庸置疑的。这一点，不仅时人有此看法，前儒先贤亦多有所评述。明代的刘宗周早就指出："良知之说，鲜有不流于禅者。"（《明史·刘宗周传》）清康熙年间的学者陆陇其也曾明言："自阳明王氏倡为良知之说，以禅之实，而托儒之名。"（《渔堂文集·学术辨》）后一个说法颇能反映王学特点，即阳明之学，实多以儒家术语、范畴，去阐发禅宗的佛性、心性理论，是儒学其表，禅学其里，若用以往学者的说法，即"阳儒阴释"，是佛教与儒学长期相互渗透、相互交融的产物。

第三节　宋元禅学

"陆王心学"的禅学化，虽然有其个人际遇、学术师承等主观方面的原因，但是，从更深一个层次说，则是由时代造成的。

考诸佛教史，中国佛教自唐武宗灭佛，特别经五代战乱之后，曾经盛行于隋唐二代的佛教诸宗派，由于寺院经济遭到毁灭性的破坏，加上经典、文物散失殆尽，因此，各宗均呈颓势。其时，只有无须多少经典、仪轨，修行方法又十分简便的禅宗法脉尚存，而且自五代末之后，又"一花开五叶"，出现了"五祖分灯"。因此，到了宋元时期，禅宗成为当时中国佛教的主流或代表。这样，从陆九渊到王阳明，他们所能直接接触到的佛学多为禅学的，这也许是"陆王心学"的佛教化主要表现为禅学化的其中一个重要原因。

与隋唐二代佛学之成为"显学"比，宋明时期的佛教无疑相对消沉了，此时之儒学，又重新成为社会的主流和统治思想。但是，儒学盛、佛教衰，并不意味着佛教已经一蹶不振。虽然从总体上说，宋明时期的佛教已不能像以往那样，成为一股与儒、道二教鼎足而三的社会思潮；但是，此时期的佛教绝没有完全退出历史舞台，特别是作为当时中国佛教代表的禅宗，在一定范围内不但继续存在着，而且还对当时社会的各个方面产生过广泛、深刻的影响。因此，要了解此一时期的思想、文化，绝不能置禅宗于不顾。有鉴于此，对这一时期禅学的历史发展和思想特点做一番探讨，不仅对于了解当时的社会思潮，而且对于了解佛学与儒学甚至佛教与老庄的相互关系，都是十分必要的。

一、从“六祖革命”到“五祖分灯”

中国禅宗的历史发展，大而言之，可分为前后两个时期。前期禅宗以“六祖革命”为标志，“五祖分灯”后的禅宗，通常称为后期禅宗。

所谓“五祖分灯”，即禅宗至唐末五代后逐渐分化出的各具特点的五个宗派，它们是沩仰、曹洞、临济、法眼、云门五宗。其中，沩仰宗创立并繁兴于唐末五代，开宗最先，衰亡亦最早，前后仅四世，仰山慧寂后四世即法系不明；法眼在五宗中创立最迟，兴于五代末及宋初，至宋中叶即告衰亡；云门一宗勃兴于五代，大振于宋初，至雪窦重显时宗风尤盛；曹洞宗自云居道膺后即趋衰微，从芙蓉道楷后宗风再振，丹霞子淳下出宏智正觉，倡“默照禅”，是赵宋一代禅学之一大代表；临济在五宗中流传时间最长，影响也最大，一至于有“临天下”之说，该宗自石霜楚圆下分出黄龙、杨歧二系，大盛于宋中叶，至佛果克勤下出大慧宗杲，倡“看话禅”，风行一代，对后世影响至为深远。从传法世系上说，此五宗均出于慧能门下，属南宗禅；从禅宗自身的发展史说，此五宗均属“分灯禅”。为了能更好地把握宋代禅学的思想特质，有必要先看看此时的禅学较诸以往的禅学在哪些方面发生了变化。

（一）从“不立文字”到“不离文字”

宋元禅学有一个不同于前期禅宗的重要地方，即出现了许多“语录”、“灯录”，甚而“评唱”、“击节”。如果说前期禅宗曾以“教外别传”、“不立文字”为号召而在中国佛教界独树一帜，那么，此时期的禅宗则又由“不立文字”一变而成了“不离文字”。

宋元禅学的“不离文字”如溯其源头，盖来自各种“公案”的汇集及对“公案”的注解。

所谓“公案”，原指官府之案牍，禅宗用它指前辈师祖之言行范例，并以它作为判断当前是非的准则，或以此机缘语句去探讨“古德”的意蕴禅趣。正如中峰和尚在《山房夜话》中所说的：

> 或问：佛祖机缘，世称公案者何耶？幻曰：公案，乃喻乎公府之案牍也。法之所在，而王道之治乱系焉。公者，乃圣贤一其辙，天下同其途之至理也。案者，乃记圣贤为理之正文也。凡有天下者，未尝无公府；有公府者，未尝无案牍。盖欲取以为法，而断天下之不正者也。……夫佛祖机缘目之曰公案亦尔。（《山房夜话》，卷上）

克勤禅师在《碧岩录》第九十八则评唱中也说：“古人事不获已，对机垂示，后人唤作公案。”所谓“斗机锋”，实际上也就是对“公案”之疑参，禅师之间或者师徒之间通过各种隐语、比喻、暗示甚而拳打脚踢、棒喝交加来绕路说禅。中国禅宗史上的“公案”，据《碧岩录》的三教老人序说：“唱于唐而盛于宋，其来尚矣。”也就是说，“公案”非后期禅宗所发明，而是早已有之，只是到了赵宋才大为盛行而已。考诸中国禅宗史，此说是切合实际的。

据《五灯会元》卷一记载，二祖慧可曾因其“心未宁，乞师与安”，达磨曰：“将心来，与汝安”。过了许久，慧可说：“觅心了不可得”，达磨便说：“我与汝安心竟”。这也就是后来所谓的“公案”，即通过暗示，绕路说禅。此外，南岳怀让通过磨砖不能成镜启发马祖道一坐禅不能成佛，也属此类。马祖道一之后，此种绕路说禅的方法逐渐盛行，至黄蘗希运时，已蔚然成风，以致希运禅师竟说：“若是丈夫汉，须看个公案。”此类“公案”至宋时已有数千则之多，当时的禅师就把它们汇集成编，因之出现了多达数十万字的各种“语录”、“灯录”等。对于这种现象，《文献通考》卷二二七曾评之曰：禅宗“本初自谓直指人心，不立文字，今四灯总一百二十卷，数千万言，乃正不离文字耳”。也就是说，禅宗至宋，已由原来的“不立文字”发展成了“不离文字”。

宋代禅宗的“公案”虽有文字，但这种文字往往十分简略、晦涩，意义极是含混。因之，赵宋以后，就有许多禅师出来为这些“公案”作注。据有关资料记载，最早出来为“公案”作注的是兴化存奖一系的汾阳善昭禅师。他作《颂古百则》，绕路说禅。其后，天童正觉、投子义青、丹霞子淳、雪窦重显四禅师均有颂古之举，史称“禅宗颂古四家”（详见《茕绝老人颂古直注序》，见《续藏经》，第一辑，第二编，第十二套，第三册，253页）。此四家除雪窦重显出自云门外，天童正觉、投子义青、丹霞子淳皆属曹洞。

所谓“颂古”，一般至少包含两个部分：一是“拈古”，二是“颂古”。“拈古”者，也就是拈出“古则”（即“公案”）；“颂古”则是对所拈出之“公案”加以评颂。例如，汾阳善昭禅师在其《颂古百则》中先拈出慧可于达磨处立雪断臂、请求安心的“古则”后，再加以评唱曰：“九年面壁待当机，立雪齐腰未展眉，恭敬愿安心地决，觅心无得始无疑。”“拈古”在禅宗史上早已有之，如云门文偃禅师在拈出“世尊初生下，一手指天，一手指地，周行七步，目顾四方，云：‘天上天下，唯我独尊’”之古事后说：“我当时若见，一棒打杀给狗子吃，却图天下太平。”（《五灯会元》，卷十五）此中先列出释迦牟尼初生时“一手指天，一手指地”的古事则属“拈古”。因此，有的人（如太虚）认为，“颂古”之风，端肇云门文偃。禅师们按照自己的理解对“公案”加以评颂之后，“公案”自然较为明白、易懂一些。但是，这些禅师的评颂，往往语言简略，意蕴含蓄，许多评颂本身，就不太容易理解。为了使这些“公案”能更加明白、易懂一些，有些禅师又在前人“评颂”的基础上，进一步对原有之“公案”及“评颂”进行重新“评唱”和“击节”。这方面最有影响的当推赵宋之圜悟克勤和宋元之际的万松行秀。圜悟以其《碧岩录》闻名于禅宗史。此外，他还有《击节录》二卷。《碧岩录》是对云门雪窦重显的《颂古百则》加以评唱，《击节录》则是对雪窦的《拈古百则》加以“击节”，二者都是对雪窦“颂古”和“拈古”的注释，所谓“雪窦颂百则，圜悟重下注脚”是也。《碧岩录》对《颂古百则》的注释，采用篇前加“垂示”（即总纲），颂中加“着语”（即夹注），同时再加以“评唱”（即具体发挥）的方法，使“公案”更加明白、易懂。

万松行秀的“评唱”主要是注释天童正觉的《颂古百则》。他有《从容庵录》六卷，在正觉《颂古百则》的基础上增加“示众”、“著语”、“评唱”，也使正觉所拈、颂的“公案”更加易于理解。

“评唱”、“击节”之盛行，给当时禅宗至少带来了两个后果：一是使得禅师们注重文字技巧，走上舞文弄墨的道路，失却了禅宗“不立文字”的本色；二是“评唱”、“击节”的目的，是为了使人容易“理解”，但是，“禅”本身就是只可意会，不可言传，不可以义理加以解释的，正如大慧宗杲所说的，参禅“是一超直入如来地”，“须是直心、直行”，“拟议思量已曲了也”（《大慧普觉禅师宗门武库》)。可见，“评唱”、“击节”本身就与“经是佛语，禅是佛意”的思想相违背。因此，注重文字技巧、强调义理解释的“评唱”、“击节”十分自然地渐渐受到某些深得禅之底蕴的禅师们的抵制和反对。首先起来反对这种文字、义理禅的，就是《碧岩录》的作者——佛果克勤的高足大慧宗杲。

据宋净善重集的《禅林宝训》记载：“天禧间雪窦以辩博之才，美意变异，求新琢巧，笼络当时学者，学风由此一变矣。逮宣政间，圜悟又出己意，离之为《碧岩录》……绍兴初，佛日（宗杲）入闽，见学者牵之不返，日驰月骛，浸渍成弊，即碎其板，辟其说。”元布陵在《重刊圜悟禅师碧岩集后序》中也说：宗杲“因……虑其后不明根本，专尚语言以图口捷，由是火之，以救斯弊也”(《大正藏》，卷四十八，224 页)。宗杲毁板之举在某种程度上正是“物极则反”现象的体现，因为《碧岩录》确实把“评唱”、“颂古”推到极致，与禅之直指之旨相去太远。

反对把“公案”作为正面的文章去理解，大慧宗杲提出了一种新的参禅方法，也就是从“公案”中提取某一语句，作为话头，执著不舍地对它进行内省式的参究，这就是曾经对宋元往后禅学产生过深远影响的所谓“看话禅”。

（二）从“不离文字”到“但举话头”

对于“看话禅”，明代古音净琴有一段颇得要领的评述，先摘引于下：

> 凡作功夫，当离喧闹，截断众缘，屏息杂念，单提本参话，至于行住坐卧，苦乐逆顺，一切时中，不得忘失，念兹在兹，专心正意，切切思思，念念自究，返观自己，这个能追能问的，是个什么人？若能如是下疑，疑来疑去，疑到水穷山尽处，树倒藤枯处，拟议不到处，心忘绝缘处，忽然疑团迸散，心花朗发，大悟现前。

这段话大致包含这样几层意思：一是“看话禅”不像以往的“颂古”、“评唱”注重意解理会，注释“公案”，论量古今，而是单参一个“话头”；二是对此“话头”之参究，必须做到行住坐卧，时时提撕，专心致志，念念不忘；三是在参究过程中，应该返观自己，提起疑情；四是此疑必须一疑到底，疑到水穷山尽处，“大死一番”；五是要蓦然咬破疑团，疑团一破，则朗然大悟，生死心绝而诸佛现前。下面我们就沿着这一思路，对大慧宗杲的“看话禅”做一番较为深入的剖析。

1. “但举话头”

大慧宗杲“看话禅”的入手处是“只看个话头”。在《大慧普觉禅师语录》中，此话到处可见，或曰：“只教就未拔处看个话头”（《大慧普觉禅师语录》，卷二十一）；或曰：“只就这里看个话头”（同上）；或曰：“杂念起时，但举话头”（同上，卷二）。而他最经常举的“话头”就是赵州和尚的“狗子还有佛性也无”。据《大慧普觉禅师语录》卷十四记载，“和尚（宗杲）只教人看狗子无佛性话，竹篦子话，只是不得下话，不得思量，不得向举处会，不得去开口处承当。狗子还有佛性也无？无。只恁么教人看”。也就是说，参禅既不能像以往的“颂古”、“评唱”那样专在语言、文字上讨意度，曲指人心、说性成佛，也不能今日参一个话头，明日参一个话头，而应专就一个话头历久真实参究，只要还没达到“洞见父母生前面目”，“誓不放舍本参话头”。一时参不透，参一年，一年参不透，参一生。死死咬住本参话头，毫不放松，一参到底。当然，所参的话头不局限于“狗子佛性”话，也可参“父母未生之前，如何是本来面目”。像香严智闲禅师那样，被沩山禅师的“父母未生之前，如何是本来面目”一问，苦苦参究数年，后终于“偶抛瓦砾，击竹作声，忽然省悟”（《五灯会元》，卷九）。宗杲后之高峰原妙禅师则专参“万法归一，一归何处”，原妙禅师在《开堂普说》中曾这样描述他苦参此话头的情形：

> 山僧昔年在双径归堂，未及一月，忽于睡中，疑着万法归一，一归何处？自此疑情顿发，废寝忘食，东西不辨，昼夜不分，开单展钵，屙屎放尿，至于一动一静，一语一默，总只是个一归何处，更无丝毫异念。……如在稠人广众中，如无一人相似。从朝至暮，从暮至朝，澄澄湛湛，卓卓巍巍，绝清绝点，一念万年，境寂人忘，如痴如兀。不觉至第六日，随众在三塔讽经次，抬头忽睹五祖演和尚真，蓦然触发日前仰山老和尚问拖死尸句子，直得虚空粉碎，大地平沉，物我俱忘，如镜照镜。（《高峰和尚禅要》，见《续藏经》，第一辑，第二编，第二十七套，第四册）

高峰禅师这一参禅方法就是一种典型的“看话禅”。当然，像他那样仅用六日时间就得悟的，禅宗史上也许不多。

2. “时时提撕”

大慧“看话禅”的第二个特点就是要“时时提撕”。所谓“时时提撕”，也就是时时处处，行住坐卧，死死咬住这一话头，毫不放松。在《大慧普觉禅师语录》中，宗杲说：

> 常以生知来处，死不知去处，二事贴在鼻孔尖上，茶里饭里，静处闹处，念念孜孜，常似欠却人百万贯钱债，无所从出，心胸烦闷，回避无门，求生不得，求死不得，当恁么时，善恶路头，相次绝也。觉得如此时正好著力只就这里看个话头。僧问赵州：狗子还有佛性也无？州云：无。看时不用博量，不用注解，不用要得分晓，不用向开口处承当，不用向举起处作道理，不用堕在空寂处，不用将心等悟，不用向宗师处领略，不用掉在无事匣里。但行住坐卧，时时提撕：狗子还有佛性也无？无！提撕得熟，口议心思不及，方寸里七上八下，如咬生铁镢，没滋味时，切勿忘志，得如此时，却是个好消息。（《大慧普觉禅师语录》，卷二十一）

在这段文字中，宗杲一连用了九个“不用”，实际上他还可以列上九个甚至九十个“不用”。总之，不用思量分晓，不用求知求解，只要一心一意咬住那个没意味之话头，时刻都不要放松，越是觉得没滋味，越是不要放弃，长此以往，好消息就在后头。对于宗杲这种“时时提撕”，后来的禅师把它比作“如鸡抱卵”、“如猫捕鼠”、“如饥思食”、“如渴思水”、“如儿思母”，时刻也不能放松，否则将功亏一篑。同时，这种“时时提撕”，还必须专就一个话头，如看“无”字，要紧在“为什么狗子无佛性?”上用力；看“万法归一，一归何处”，要紧在“一归何处”；若参念佛，要紧在“念佛者是谁”。切切不可见异思迁，今日一话头，明日一话头，如此则永无得悟之期。尤其是在参到精疲力竭、心灰味穷之时，千万不要打退堂鼓，因为此时也许正是大悟之前夜。正如《大慧普觉禅师语录》中所说的：“行提撕，坐也提撕，提撕来，提撕去，没滋味，那时便是好处，不得放舍，忽然心花发明，照十方刹，便能于一毛端，现宝王刹，法微尘里，转大法轮。”

3. “提起疑情”

大慧宗杲“看话禅”的第三个特点，就是在死死参究某一话头的时候，必须不断地提起疑情。在“看话禅”看来，“疑以信为体，悟以疑为用。信有十分，疑有十分；疑有十分，悟得十分”（《示信洪居士》，见《续藏经》，第一辑，第十七套，第四册）“不疑言句，是为大病”（《五灯会元》，卷十九），“大疑之下，必有大悟”（《禅家龟镜》）。此谓疑是悟的前提条件，是悟的必经路径，所谓“不疑不悟，小疑小悟，大疑大悟”是也。当然，“看话禅”的“疑”又非全然不“信”，而是与“信”互为体用，“疑以信为体”。因此，高峰和尚说，参禅要具足三个条件：“第一要有大信根”，“第二要有大愤志”，“第三要有大疑情”。此中所谓“信”或“大信根”，实际上就是一要信自己，二要信死参某一话头，最后定能开悟。如果无此“大信根”，三天捕鱼，两天晒网，或者今日一话头，明日一话头，自然没有成功的希望。用高峰禅师的话说，“譬如折足之鼎，终成废器”。所谓“大愤志”，实则须有一往无前的精神和锲而不舍的意志，所谓“泰山崩于前而心不跳，刀剑加于颈而色不变”。能如此，则“管取克日成功，不怕瓮中走鳖”。所谓“大疑情”，就比较复杂了，至少有这样两层含义：一是疑什么，二是怎么疑，对此，我们先听听禅师们是怎么说的。

在《高峰和尚禅要》中，原妙禅师是这么说的：

> 先将六情六识，四大五蕴，山河大地，万象森罗，总溶作一个疑团，顿在眼前……行也只是个疑团，坐也只是个疑团，著衣吃饭也只是个疑团，屙屎放尿也只是个疑团，以至见闻觉知，总只是个疑团。疑来疑去，疑至省力处，便是得力处，不疑自疑，不举自举，从朝至暮，粘头缀尾，打成一片，无丝毫疑缝。撼也不动，趁也不去，昭昭灵灵，常现在前。

此段话的意思是说，先将内情外色，溶作一个疑团，然后死死咬住这个疑团，行住坐卧，屙屎放尿，甚至地动山摇，山崩地裂，都不放松。这种说法似乎比较空泛，不易把握。有些禅师的解释就比较具体，例如，明末无异元来禅师所作之《博山和尚参禅警语》中有这样一段话：“做功夫，贵在起疑情。何谓疑情？如生不知何来，不得不疑来处；死不知何去，不得不疑去处。”也就是说，所谓“提起疑情”，疑个什么呢？疑个生究竟是从何处来的，死又是到何处去了。然后紧紧抓住这个话头，历久真实参究。再如高峰禅师的“万法归一，一归何处”之疑，也是一例。万法归一，一又归于何处呢？“便就在一归何处上东击西敲，横拷竖逼，逼来逼去，逼到无栖泊、不奈何处，诚须重加猛利，翻身一掷，土块泥团，悉皆成佛”（《高峰和尚禅要》）。所谓“万法归一一归何，只贵惺惺著意疑，疑到情忘心绝处，金鸡夜半彻天飞”（同上）。上面这两段话，如果说“一归何处”是指疑个什么，那么，所谓“东击西敲，横拷竖逼”及“只贵惺惺著意疑，疑到情忘心绝处”则在说明“怎么疑”。当然，对于“怎么疑”的问题，“看话禅”的论述很多，思想也颇深刻丰富，因此，有必要做深入一步的探讨。

4. “大死一番”

“大死一番”是“看话禅”对怎么疑、疑到何种程度为好的一个十分形象的说法。所谓“大死一番”，语出宋元之际的中峰和尚《示云南福元通三讲主》。在那篇示文中，中峰和尚说：

> 近代宗师，为人涉猎见闻太多，况是不纯一痛为生死，所以把个无义味话头，抛在伊八识田中，如吞栗刺蓬，如中毒药相似。只贵拌舍形命，废忘寝食，大死一番，蓦忽咬破，方有少分相应。你若不知此方便，于看话头起疑情之际，将一切心识较量动静，妄认见闻，坐在驰求取舍窠臼中，或得暂时心念不起，执以为喜，或昏散增加，久远不退，承以为忧，皆不识做功夫之旨趣也。（《天目中峰和尚广录》，卷四之上）

中峰禅师这里所说的“大死一回”，主要是指参话头应该抛弃一切心识计量、见闻取舍，而应该忘餐废寝地死死咬住所参话头，几致于拼舍身命，如痴如愚。这种情形，高峰和尚有一段更为生动的论述。在《高峰和尚禅要·示众》中，他说：

> 直得胸次中，空劳劳地，虚豁豁地，荡荡然无丝毫许滞碍，更无一法可当情，与初生无异。吃茶不知茶，吃饭不知饭，行不知行，坐不知坐，情识顿净，计较都忘，恰如个有气底死人相似，又如泥塑底木雕相似。

这后句最是形象、逼真，所谓“大死一番”，即参话头必须参得如“有气底死人”、“泥塑底木雕”，一切情识、见闻、计较全无，如痴如愚，吃茶不知茶，吃饭不知饭。用佛果克勤等禅师的话说：“养得如婴儿相似，纯和冲淡”（《示成都雷公悦居士》），“终朝兀兀如痴，与昔婴孩无异”（《示众》）。又如达磨参禅，心如墙壁，夫子三月忘味，颜回终日如愚。倡“看话禅”的禅师们认为，只有经过这样“大死一番”之后，才有希望借助某一机缘，如灵云桃花，香严击竹，长庆卷帘，玄沙垩指，突然得悟，“绝后复苏”，而此中之关键是要“蓦然咬破”疑团。

5. “蓦然咬破”

“蓦然咬破”在参禅中是十分重要的一环。在“看话禅”看来，参禅者的提起疑情、大死一番本身并不是目的，目的是看破疑团、绝后复苏。这是因为，“疑情不破，生死交加；疑情若破，则生死心绝矣”（《大慧普觉禅师语录》，卷二十八）。而要看破疑团，最重要的是在话头上用力，这正如大慧宗杲所说的：“千疑万疑，只是一疑。话头上疑破，则千疑万疑一时破；话头不破，则且就上面与之克勤克厮崖。若弃了话头，却去别文字上起疑，经教上起疑，古人公案上起疑，日用尘劳中起疑，皆是邪魔眷属。”（同上）这也就是我们在上面语及的“但举话头”、“时时提撕”，不要随便更换话头，更不能半途而废；而应该专在此话头上与之“厮崖”，直到把此话头看破为止。

当然，更重要的在于如何看破。“看话禅”认为，要看破话头，不可以理论，不能以义解。如果“于言句上作路布，境物上生解会，则堕在骨董袋中，卒捞摸不着”（《示璨上人》）。因为“道贵无心，禅绝名理”，“唯忘怀泯绝，乃可趣向回光骨烛，脱体通透，更不容拟议，直下桶底子……一了一切了”（同上）。所谓“直下桶底子……一了一切了”，用通常的话说，就是“豁然贯通”；用禅宗的语言说，就是“顿悟”；用“看话禅”自己的话说，或如大慧宗杲所言，“蓦然打发，惊天动地，如夺得关将军大刀入手，逢佛杀佛，逢祖杀祖，于生死岸头得大自在，向六道四生中游戏三昧”（《大慧普觉禅师语录》，卷十六），或如高峰禅师所说，“跳来跳去，跳到人法俱忘，心识路绝，蓦然踏翻大地，撞破虚空，元来山即自己，自己即山”（《示众》），“蓦然打破疑团，如在罗网中跳出”（同上）。看话禅的禅师们用了许多诸如“蓦然”、“驀忽”、“爆地一声”、“喷地一发”、“忽然爆地断”、“忽然啐地破”等术语来表示疑团被打破的情形，旨在表明疑团被打破绝不是靠义理分析或理性的思维，而是思维的中断，或者说“飞跃”。只有通过这一“飞跃”，才能大彻大悟、超佛越祖。可见，看破疑团的关键，或者说“看话禅”的关键，乃在于“悟”，或者更准确一点说，在于“顿悟”。

6. “须是悟得”

“禅无文字，须是悟得。”(《大慧普觉禅师语录》，卷十六）这可说是宗杲对“看话禅”一个画龙点睛般的概括。我们在前面所说的一切，诸如“但举话头”、“时时提撕”、“提起疑情”、“大死一番”等等，都是为了达到“蓦然咬破”——豁然贯通而大彻大悟这一最终目标。当然，这一大彻大悟的到来，必须是顺其自然的，而不可去求、去等。也就是不可有丝毫“待悟之心”，“切忌作株解求觅，才求，即如捕影也”(《示璨上人》)，而是“必须自然入于无心三昧”。

按照“看话禅”的基本思想，“禅无你会底道理。若说会禅，是谤禅也。……若不妙悟，纵使解语如尘沙，说法如涌泉，皆是识量分别，非禅说也”(《天目中峰和尚广录》，卷五之下)。也就是说，禅法非思量、分别之所能解，参禅亦非一切有作思维之所能及，做功夫既不是一种学问，也不可以事说，尤不可以理论，更不容以义解，“当知禅不依一切经法所诠，不依一切修证所得，不依一切见闻所解，不依一切门路所入，所以云教外别传”(《天目中峰和尚广录》，卷十一之上)。

至此，我们看到这样一种现象，如果说五祖分灯后的禅宗有一种逐渐从“不立文字”转向“不离文字”的倾向，那么，大慧倡导的“看话禅”又出现一个转机，开始从“文字禅”中摆脱出来，提倡直指见性。如果说超佛越祖的分灯禅较之前期禅宗注重心悟言，更主张“纯任自然、无证无修”，那么，宗杲以后的“看话禅”则又开始强调“顿悟”。当然，这种“顿悟”是在专参某一公案话头、经过“大死一番”后“蓦然”而得的。

不过，说“看话禅”使中国禅宗的禅风发生了重大的变化，丝毫不等于说宋元时期的禅宗是“看话禅”的一统天下。实际上，在赵宋一代，除了大慧宗杲所倡导的“看话禅”之外，当时的禅宗，另有一股禅风也颇具影响，这就是由宏智正觉倡导的“默照禅”。

（三）从达磨之“面壁”到宏智之“默照”

“默照禅”的最大的特点，是以看心静坐为根本，认为无须多少文字语言，只要默默地静坐，便可萌生般若智慧，洞见诸法本源。这有如宏智正觉在《默照铭》和《语录》中所说的：“默默忘言，昭昭现前”，“廓尔而灵，本光自照，寂然而应，大用现前”(《宏智正觉禅师广录》，卷一）。

从某种角度说，“默照禅”带有向传统禅学复归的色彩。它与达磨的“面壁而坐，终日默默”很相似，所不同的是，“默照禅”也拈、颂公案，如宏智本人就有《颂古百则》留传于世，且颇有影响。当然，后来的“默照禅”禅师就不太注重公案之参究，而更注重于摄心静坐，潜神内观。也许正由于这一点，导致了后来“看话禅”对“默照禅”的批评和攻击。

就私交说，大慧宗杲与宏智正觉的关系不错，宏智在临终前曾把后事托与宗杲；但就禅学思想说，二者则颇多差异。因此，二禅之间终于出现了论争和相互指责。宗杲本人就曾直接批评“默照禅”，他说：“近年以来，有一种邪师说默照禅，教人十二时中事事莫管，休去歇去，不得做声。恐落今时，往往士大夫为聪明利根所使者，多是厌恶闹处，乍被邪师辈指令静坐却见省力，便以为是，更不求妙悟，只以默默为极则。”（《大慧普觉禅师语录》，卷二十六）《五灯会元》卷十九中也记载有宗杲对默照禅的攻击：

> 少林九年冷坐，刚被神光觑破；如今玉石难分，只得麻缠纸裹。……老胡九年话堕，可惜当时放过；致令默照之徒，鬼窟长年打坐。

宗杲的这段话把“默照禅”与“达磨禅”联系起来是不无道理的，正如我们在前面指出的，“默照禅”确实带有达磨“面壁而坐，终处默默”的特点。更有甚者，宗杲还斥责“默照禅”最后只能落得个二乘甚至外道的境界。在《答陈少卿书》中，宗杲指出：“邪师辈教士大夫摄心静坐，事事莫管，休去歇去，岂不是将心休心，将心歇心，将心用心。若如此修行，如何不落外道二乘禅寂断见境界，如何显得自心明妙受用、究竟安乐、如实清净、解脱变化之妙？”从这段话看，一个是注重“摄心静坐”，另一个则强调“自心明妙受用”，如果把它们放到禅宗史上去考察，则无疑前者较接近于传统的“禅定”，后者更接近于中国化了的禅宗的“道由心悟”。

至此，我们不妨对宋元时期禅学发展的基本路径做一个简要的回顾：如果说前期禅宗曾经以“以心传心”、“不立文字”在中国佛教界独树一帜，那么，宋元禅学由于出现了许多“公案”、“机锋”以及对这些“公案”、“机锋”进行注解的“评唱”、“击节”，从而使这一时期的禅学走向了前期禅学的反面，出现了注重义解、不离文字的“义理禅”、“文字禅”。但是，所谓“禅”者，原属“佛意”，是只可意会，不可言传，只可“悟得”，不可“理解”的，因此，“义理禅”、“文字禅”在相当程度上失却了禅宗“以心传心”的本色，故后来有大慧宗杲提倡“看话禅”。如果说出现于晚唐五代、盛行于赵宋的分灯禅在某种意义上是对前期慧能祖师禅的否定（如佛性理论和修行方法等），那么，大慧的“看话禅”则是对这种否定的再否定，是向前期祖师禅注重“道由心悟”、提倡“直指见性”修行方法的复归。当然，赵宋一代的禅学非只“看话禅”一家，宏智正觉所弘扬的“默照禅”就是一种与“看话禅”有着很大差别甚至在一定程度上对立的禅法——与“看话禅”是对祖师禅的复归不同，“默照禅”带有向“达磨禅”复归的色彩。就思想影响而论，不论是广度还是深度，“默照禅”均不及“看话禅”，真正对宋元以后之禅学产生较大影响的，当是“看话禅”。而“看话禅”的盛兴、流行，则使中国禅宗自宋元之后更加走向非理性主义的道路。

二、儒学化的“祖师禅”与老庄化的“分灯禅”

“看话禅”与“默照禅”虽然是后期禅宗的两个重要代表，但它们并不能概括整个后期禅宗。后期禅宗诸流派在教学、修行方法等方面是各具特点的，此正如惟则禅师在评五家宗风时所指出的：临济痛快，沩仰谨严，曹洞细密，云门高古，法眼详明（《宗乘要义》）；又，杨岐五祖法演也说：临济如“五逆闻雷”（显其警绝），云门如“红旗闪烁”（显其微露），沩仰如“断碑横古路”（显其深奥），曹洞如“驰书不到家”（显其回头），法眼如“巡人犯夜”（显其隐微）。但这又只是事情的一个方面，事情的另外一个方面是，由于这些流派均属分灯禅，因此，各宗之间又多有共同点，用元代中峰明本禅师的话说：“所谓五家宗派者，五家其人，非五其道。”（《天目中峰和尚广录》）明本还认为，禅门五宗，“亦非宗旨不同，特大同而小异”。同者，即同是“少室之一灯”；异者，即“语言机境之偶异”。天如惟则禅师也指出：“五家宗派，盛衰不齐，盖由师家机用死活之不等耳。”（《天如惟则禅师语录》，卷二）那么，从总体上说，后期禅宗在修行方法上究竟有些什么共同点？它与前期之祖师禅比，又有哪些殊异之处？禅宗思想的这种变化究竟是由什么原因造成的？凡此等等，都有待于人们去做进一步的思考和探讨。

（一）“顿悟见性”与“无证无修”

所谓“祖师禅”，语出《景德传灯录》。据《景德传灯录》卷十一“仰山慧寂禅师”章及《五灯会元》卷九“香严智闲禅师”章载：

> 仰山问香严智闲：“师弟近日见处如何?”香严曰：“某甲卒说不得，乃有偈曰：‘去年贫，未是贫，今年贫，始是贫。去年贫无卓锥之地，今年贫，锥也无。’”仰山曰：“汝只得如来禅，未得祖师禅。”后香严复作一偈，曰：“我有一机，瞬目似伊，若还不识，问取沙弥。”仰山听后，方首肯曰：“且喜闲师弟会祖师禅也。”

对于禅宗史上此一如来禅、祖师禅之谈，近代僧人太虚法师曾释之曰：

> 如来禅与祖师禅相差之点，究在何处？大家可以考究一下。……所谓“去年贫，未是贫，今年贫，始是贫”，这是道出修证的阶级；而所谓“若还不识，问取沙弥”，这指明了本来现成，当下即是。所以如来禅是落功勋渐次的，祖师禅是顿悟本然的。(《太虚大师全书·法藏》)

仰山与香严之问答和太虚法师的诠释，至少告诉我们一点，即所谓“祖师禅”，乃是一种不落阶渐之顿悟禅法。

从禅宗史上看，倡不落阶渐顿悟法门的，是六祖慧能及其所创立之南宗。南宗与北宗的一个重要分野，就是修行方法上的主顿或主渐。北宗的特点是“拂尘看净、方便通经”，即借助经教通过种种方便渐次修行；南宗的特点是“教外别传”、“直指见性”，主张以心传心、顿悟见性。南宗经过神会“不惜身命”的护持弘扬，后来成为中国禅宗之正统，其所提倡的顿悟法门也由慧能后学的进一步阐扬发挥，而成为禅宗的主要修行方法。

南宗在其发展过程中，逐步夸大顿悟的作用，进而把顿悟推到极致，认为唯有“顿悟一门，即得解脱”(慧海：《顿悟入道要门论》)。如同世界上的许多事物一到极端就要发生变化一样，南宗的修行方法至马祖道一之后，又为之一变，开始出现一种由直指心源、顿悟见性向随缘任运、无证无修方向发展的倾向。例如，马祖就说：

> 道不用修，但莫污染。……但有生死心，造作趋向，皆是污染。若欲直会其道，平常心是道。何谓平常心？无造作，无是非，无取舍，无断常，无凡无圣。经云：“非凡夫行，非圣贤行，是菩萨行。”只如今行住坐卧，应机接物，尽是道。(《景德

传灯录》，卷二十八）

马祖此一“平常心是道”的思想，为后学打开了方便之门，其弟子怀海便进一步说：“有修有证……是不了语；无修无证……是了义教语。”（《古尊宿语录》，卷一）把一切修证看成方便设施，把无修无证看成究竟、了义。怀海弟子希运更倡“众生本来是佛，不假修行”（《宛陵录》），“当体便是，运念即乖”（《钟陵录》），认为“语默动静，一切声色尽是佛事”（《宛陵录》）。至于从怀海门下分出的沩山灵佑、仰山慧寂和希运弟子临济义玄等，就越走越远，进入了以参公案、斗机锋为标志的“分灯禅”了。

慧能后学的另一系统青原行思、石头希迁，也在另一条路上把顿悟禅法不断推向前进。与洪州禅相类似，石头禅自天皇道悟、药山惟俨以后，也出现了提倡任性逍遥、不讲任何修证的倾向。药山曾以一句“云在青天水在瓶”闻名于禅宗史；天皇悟更提倡“任性逍遥，随像放旷”，“但尽凡心，别无圣解”；丹霞禅师主张“性自天然，不假雕琢”，以“天然”为号，以“烧佛”出名；潮州大颠则是“扬目瞬眉，一任风颠；语默动静，妙阐幽玄”。由这一系发展出来的洞山良价、曹山本寂和云门文偃、法眼文益等，更是要把佛“一棒打杀给狗子吃，却图天下太平”。

中国之禅，还有一系原来不甚为人重视，近几年来有些学者（如印顺）经过研究，认为此系禅法非同寻常，不可小视，它才是中国禅的根源所在——这就是牛头法融所创立的牛头禅。印顺在《中国禅宗史》中曾经指出：

> 印度禅蜕变为中国禅宗——中华禅，胡适以为是神会。其实，不但不是神会，也不是慧能。中华禅的根源，中华禅的建立者，是牛头。应该说，是“东夏之达磨”——法融。

这里不想对胡适和印顺的说法多加评论，而拟探讨一下牛头禅对后来“分灯禅”的影响。

牛头禅的根本思想是“虚空为道本”、“忘情以为修”，或曰：“无心合道”、“无心用功”。按宗密《中华传心地禅门师资承袭图》的诠释：

> 牛头宗意者，体诸法如梦，本来无事，心境本寂，非今始空。……既达本来无事，理宜丧己忘情。情忘则绝苦因，方度一切苦厄。此以忘情为修也。

此谓大道本虚空，诸法如梦幻，一切诸苦皆由情识所系，如能忘情丧己，本来无事，则个个原来是佛。按照这种思想，一切修证无疑都是多此一举枉费心机。《景德传灯录》道信传给法融的“法要”就是“任心自在，莫作观行，行住坐卧，触目遇缘，总是佛之妙用。快乐无忧，故名为佛”（《景德传灯录》，卷四）。这种思想与祖师禅的“道由心悟”颇多异趣，而与分灯禅之无证无修的思想更接近。实际上，从思想渊源说，超佛越祖之分灯禅，并非完全出自慧能的祖师禅，而是在相当程度上吸收了牛头禅的思想。

所谓分灯禅，主要指五祖分灯后的禅法。此种禅法的其中一个重要特点，就是在修行方法上主张无修无证，提倡随缘任运、纯任自然。禅宗分灯后之五家，虽然在宗风上略有差别，但是它们在主张性自天然，不加造作，提倡纯任自然、无证无修这一点上却是共同的。例如，临济义玄就主张“佛法无用功处，只是平常无事”，“屙屎送尿，著衣吃饭，困来即眠”。并说：“看经看教，皆是造业”，要人们“不看经”、“不学禅”，“总教伊成佛作祖去”（《古尊宿语录》，卷五）。沩山灵佑也主张不假修证，并说：“修与不修，是两头话。”百丈怀海评其禅风曰：“放出沩山水牯牛，无人坚执鼻绳头。绿杨芳草春风岸，高卧横眠得自由。”长庆大安禅师“在沩山三十来年，吃沩山饭，屙沩山屎，不学沩山禅，只看一头水牯牛”（《五灯会元》，卷四）。沩山弟子香严智闲也因掘地击竹，豁然得悟，他曾因此作一偈曰：“一击忘所知，更不假修治；动容扬古路，不堕悄然机。”（《景德传灯录》，卷十一）福州灵云志勤禅师也曾在沩山门下因见桃花而悟道，并作一偈曰：“三十年来寻剑客，几回落叶几抽枝；自从一见桃华后，直至如今更不疑。”（同上）至于洞山禅，更是“出入于洪州、石头，近于牛头而又进一步发展”①。洞山良价曾依牛头法融的“无心合道”作一偈曰：“道无心合人，人无心合道；欲识个中意，一老一不老！”此谓道体无所不在，亦遍身心，人无须用心，自然合于道。这实际上是牛头“无心合道”、“无心用功”思想的再版。云门宗文偃禅师更以欲一棒把佛打杀给狗子吃闻名，这种呵佛骂祖的作风与当时盛行的主张纯任自然，强调做本源自性天真佛的思想是一致的。既然佛是每个人本自天然的，因此任何读经修行、求佛求祖，都是自寻束缚、枉受辛苦。正是基于这一思想，

① 印顺：《中国禅宗史》，409页，南昌，江西人民出版社，1990。

五祖分灯后的禅宗，在提倡绝学无为的同时，也出现了许多呵佛骂祖，甚至“逢佛杀佛，逢祖杀祖”的现象。

至此，我们不妨把前后期禅宗的修行方法做一个简略的比较。前期以慧能为代表的祖师禅禅法，最注重的是“道由心悟”，强调“直指心源、顿悟见性”，此中最关键的是“心悟”。这正如慧能所说的：“于自心中顿现真如本性”，“迷即凡夫悟即佛”。这种修行方法与祖师禅把一切归结于自心自性是分不开的，因为自心一切具足，于自心上用力即可。而于自心用力的最好办法就是“悟”，因此，祖师禅的修行方法几可以“道由心悟”概括之。与此不同，分灯禅最注重的是“本自天然”。既然一切天然具足，人们又何必去修证求“悟”呢？凡事随缘任运可矣。因此主张纯任自然，不加造作，做一个本源自性天真佛；认为举足下足，施为动静，一切语默啼笑、行来出入皆是菩提道场，运水搬柴，无非妙道，穿衣吃饭，尽是佛事。

（二）“即心即佛”与“万类之中，个个是佛”

祖师禅注重心悟，分灯禅崇尚自然，二禅在修行方法上的此一歧异，若欲进一步寻找其根源，盖由二禅佛性论的不同所致。如果说祖师禅的佛性论乃以“即心即佛”、“一切众生悉有佛性”为基础，那么，分灯禅又在此基础上进一步发展为“无情有性”、“万类之中，个个是佛”。

祖师禅主张“即心即佛”，把一切诸法归结于自心自性，这一点已为学界所熟知。但是，如果笼统地谈“心即佛”，实际上并不能概括祖师禅的特点，因为不管是印度佛教经典，还是中国佛教的华严、天台二宗，都有把佛归结于心的许多说法，诸如“心佛与众生，是三无差别”，“心生则种种法生，心灭则种种法灭”，“佛名为觉，性名为心”（《大乘止观法门》，卷二），“心心作佛，无一心而非佛心”（《华严经探玄记》，卷一），等等。这里所要着重指出的是祖师禅所说的“心”与印度佛教经典乃至中国佛教天台、华严二宗所说的“心”的区别所在，因为在一定意义上说，正是这一歧异，导致了祖师禅的佛性理论及修行方法既不同于传统的佛教，又不同于后来的分灯禅。

学术界一般都认为，“六祖革命”的其中一个重要内容是把一切诸法乃至众生诸佛归结于自心，提倡“即心即佛”。实际上，在一定意义上说，这种说法只对了一半，因为，“六祖革命”的核心或者说根本点，并不在于倡“即心即佛”，而是慧能对于“心”本身所做的根本性变革，亦即把传统佛教所说的“真心”变成众生当前现实之人心。

有一种传统的看法，认为禅宗所说的“心”，与印度佛教经典所说的“心”一样，都是指“真心”、“如来藏自性清净心”。笔者以为这种看法虽有一定的道理在，但对于禅宗所说的“心”，不宜笼而统之，一概而论，而应该具体分析、具体对待。这里的所谓具体分析、具体对待，主要是指不要把禅宗前后期的“心”混为一谈，更进一步说，不要把禅门各宗的“心”都视为一物，不要把不同时期、不同典籍中所说的“心”等同看待。如果说后期禅宗所说的“心”确实在相当程度上指一种恒常遍在的“真心”，那么，前期的祖师禅所说的“心”则主要是指当前现实之人心。对此，拙著《中国佛性论》第六章曾从五个方面进行了具体的论述，此处不赘。

慧能以当下现实之心说佛性，必然导致一个结果，即前期禅宗之佛性，多对有情众生而言，而不遍及无情物，这一点在作为祖师禅嫡传的神会身上表现得尤其突出。据《荷泽神会禅师语录》记载，牛头山袁禅师与神会曾有这样一番问答：

> 问：佛性遍一切处？
>
> 答：佛性遍一切有情，不遍一切无情。
>
> 问：先辈大德皆言道：“青青翠竹，尽是法身，郁郁黄花，无非般若。”今禅师何故言道，佛性独通一切有情，不遍一切无情？
>
> 答：岂将青青翠竹同于功德法身？岂将郁郁黄花等于般若之智？若青竹黄花同于法身般若，如来于何经中说与青竹黄花授菩提记？若是将青竹黄花同于法身般若，此即外道说也。何以故？《涅槃经》具有明文，无佛性者，所谓无情物也。

神会此说是对祖师禅即心即佛说的一个绝妙注解。如果慧能所说的“心”是指恒常遍在的“真心”，神会无论如何不会如此作答；正因为慧能所说的“心”主要指有情众生之“心”，因此，神会极力反对“翠竹法身”、“黄花般若”说。可见，祖师禅所说的“心”，系指具有觉性、悟性的有情众生之“心”，并以此为佛性。

与祖师禅不尽相同，分灯禅对于佛性的理解则是另一番景象。

据有关资料记载，慧能后学南岳一系从马祖道一起，就开始出现“一切法皆是佛法”的倾向。宗密在《中华传心地禅门师资承袭图》中评马祖道一的禅法曰：“洪州禅意，起心动念，弹指动目，所作所为，皆是佛性全体之用，更无别用！”在《圆觉经大疏钞》卷二中，宗密也指出洪州禅强调“性在作用”：“起心动念，弹指謦咳，扬眉瞬目，所作所为，皆是佛性全体之用，更无第二主宰。”这种“性在作用”的思想虽还不是“无情有性”，但已开始把佛性泛化、日常化、世俗化。慧能后学的另一系自石头希迁起，也开始谈论“无情有性”。据《五灯会元》卷五记载，当道悟问“如何是佛法大意”时，迁曰：“不得不知。”悟曰：“向上更有转处也无?”迁曰：“长空不碍白云飞。”问：“如何是禅?”迁曰：“砖砾。”问：“如何是道?”迁曰：“木头!”与此同时，禅宗另一系统的牛头禅自中唐之后也开始谈论“无情有性”。牛头山威禅师弟子慧忠就明确主张“无情有性”。据《指月录》卷六记载，有僧问慧忠：“哪个是佛心?”慧忠曰：“墙壁瓦砾是。”僧曰：“与经大相违也。《涅槃》云：‘离墙壁无情之物，故名佛性’，今云是佛心，未审心之与性，为别为不别?”慧忠曰：“迷即别，悟即不别。”僧曰：“经云：佛性是常，心是无常，今云不别何也?”慧忠曰：“汝但依语不依义。譬如寒月水结为冰，及至暖时，冰释为水。众生迷时，结性成心；众生悟时，释心成性。若执无情无佛性者，经不应言三界唯心。宛是汝自迷经，吾不违也。”慧忠此说虽依义说“无情有性”，但还借助于“迷”、“悟”，五祖分灯后之禅宗，谈“无情有性”时就更直截了当了。

分灯禅盛行“话头”、“公案”，而谈得最热闹的是“如何是祖师西来意”、“什么是佛法大意”。对它的回答五花八门，有曰：“庭前柏子树”；有曰：“春来草自青”；有曰：“山河大地”；有曰：“墙壁瓦砾”；更有每下愈况者，曰：“厕孔”是佛，“干屎橛”是佛。总之，在这一时期的禅师眼里，不但一花一叶无不从佛性中自然流出，一色一香皆能指示心要、妙悟禅机，而且连最污秽、肮脏的“厕孔”、“干屎橛”等，也都是真如佛性的体现。这与祖师禅之反对青竹法身、黄花般若的思想实在颇异其趣。

指出祖师禅与分灯禅佛性思想之歧异在某种意义上说是比较容易的，但更重要的还在于应该进一步弄清楚为什么会造成这种歧异，其根本原因是什么?

考诸中国禅宗史，分灯禅所以在佛性思想上会发生这种变化，主要是由于分灯禅所说的“佛性”与前期禅宗所说的“佛性”已不尽相同。前期禅宗之言“佛性”，主要指有情众生当前现实之人心；而后期禅宗所说之“佛性”，则主要指恒常遍在之“真心”。此一歧异实是造成两种禅法在修行理论和佛性学说上诸多差异的根本原因。前期禅宗以“人心”为“佛性”，此心是有觉性、悟性的，因此强调“欲求佛道，须悟此心”，注重“道由心悟”、“明心见性”，主张只有有情，才有佛性，反对“青竹法身”、“黄花般若”说。与此不同，作为后期禅宗佛性的“真心”是遍及一切万物的，因此合乎逻辑地得出“万类之中，个个是佛”和“性自天然，不假雕琢”的结论。

当然，更重要的也许还在于，为什么祖师禅会以“人心”为佛性？而分灯禅却以“真心”为佛性？

（三）祖师禅的儒学化和分灯禅的老庄化

大家知道，我国是一个文明古国，传统文化源远流长、绚烂多彩。早在先秦时期，就曾出现过诸子蜂起、百家争鸣的局面。虽然先秦诸子的学说后来大多被淹没，但有两家学说不但没有被淹没，而且日益发展，成为左右中国古代学术文化的两大思想潮流，这就是以孔孟为代表的儒学和以老庄为代表的道家文化。

儒学的最大特点是重“人”，其出发点和落足点都是“人”，是一种以“人”为中心的人本主义思潮。就思想内容说，儒学的主旨是探讨人与人之间的相互关系，是一种研究人伦道德的伦理哲学。这种伦理哲学自子思、孟子开始，就出现了一种倾向，即把人伦道德及其修养归结于心性。《孟子》已有“尽其心者，知其性也。知其性，则知天矣”之说，《中庸》则强调“天命之谓性，率性之谓道”，《荀子》主张“心也者，道之工宰”，《大学》则大讲“正心”、“诚意”，这一切无不提倡由尽心见性以上达天道，由修心养性而转凡入圣。儒家的这种思想对后来的中国佛教产生了深刻的影响，南北朝后一些中国化色彩较浓的佛教宗派，就开始注重心性。天台宗的学说虽以中道实相为标志，以性具善恶为特点，但最后却把实相归结于一念心，认为“心是诸法之本，心即总也”（智颉：《法华玄义》，卷一上），主张佛性即“觉心”，修行的关键在于能“反观心源”、“反观心性”。华严宗虽以《华严经》为宗本，主张佛性缘起，但在具体阐述其缘起理论时，却日益突出“心”的地位和作用，以“各唯心现故”、“随心回转”等说法去论述生佛诸法的相融互即。禅宗不但中国化色彩浓厚而且本身就是一种中国化的佛教，它受儒家心性学说的影响亦最深、最烈。禅宗祖师提倡“即心即佛”、“明心见性”，其所说的“心”就接近于儒家所说的作为道德主体的“人心”，而与传统佛教所说的作为抽象本体的“真心”不尽相同。其所说的

"性"，也带有浓厚的人伦道德的色彩，是有情众生之人性，而不同于传统佛教所说的作为一切诸法抽象本体的"真如佛性"。实际上，祖师禅的强调心性及其对心性内涵的改变，即把原来作为抽象本体的"心"、"性""人心化"、"人性化"，已经在相当程度上决定了其佛性学说和修行理论只能主张"众生有性"和注重"道由心悟"。到了唐末五代之后，这种情况开始有所变化。由于儒家的复兴，特别到了宋代新儒学出现，隋唐佛教从儒家那里吸收来的思想，又被新儒学摄取去，佛教的地盘大大缩小，新儒学则上升为"显学"。而就"心性"理论说，它原就是儒家的"道传"，此时之佛教如果继续在"心性"问题上与儒家纠缠，就很难显出自家之特色。因此，宋元之后的禅宗，在思维方式上掉头一转，向道家靠拢，由注重"人心"一变而崇尚"自然"，倡"性自天然"、"不假造作"。

考诸道家思想，其最大的特点，就是强调"自然"。老子已有"人法地，地法天，天法道，道法自然"（《老子》，二十五章）和"以辅万物之自然，而不敢为"（《老子》，六十四章）的说法；庄子进一步发挥老子"道法自然"的思想，把"道"进一步泛化、物化、自然化，认为"道"无知无为、无所不在，主张逍遥放任、坐忘成真。老庄哲学在其往后的发展过程中对如下几股社会思潮产生了深刻的影响：一是道教，二是玄学，三是中国佛教，而对中国佛教的影响又主要表现在对魏晋般若学和后期禅宗（包括后来成为分灯禅主要思想来源的牛头禅）的影响上。

老庄、玄学对牛头禅的影响，印顺法师的《中国禅宗史》和褚柏思的《中国禅宗史话》都有较详细的论述。他们称牛头禅为"玄学化的牛头禅"，这种评判是恰切合理的。考牛头法融及其弟子的禅法，不但基本思想与老庄、玄学相近，而且许多字眼也相类似。例如法融的"忘情为修"、"无心合道"，与庄子的"逍遥放任"、"坐忘成真"就很接近。法融后学遗则的思想更加老庄化，如《宋高僧传》叙述遗则的自悟曰："则即传忠之道，精观久之，以为天地无物也，我无物也，虽无物而未尝无物也。此则圣人如影，百姓如梦，孰为死生哉？至人以是能独照，能为万物主，吾知之矣。"此中之"天地"、"至人"、"如梦"、"独照"均为老庄语，其受老庄思想的影响可见一斑。

分灯禅受老庄思想影响更深，其佛性遍在"个个是佛"的思想不但与庄子"道无所不在"的思想相通，而且说法上也颇类似。例如，分灯禅不仅以“墙壁瓦砾”说佛性，而且每下愈况，或曰“厕孔”，或曰“干屎橛”。《庄子·知北游》有一段记述：

> 东廓子问于庄子曰：所谓道恶乎在？庄子曰：无所不在。东廓子曰：期而后可？庄子曰：在蝼蚁。曰：何其下邪？曰：在稊稗。曰：何其愈下耶？曰：在瓦甓。曰：何其愈甚邪？曰：在屎溺。

分灯禅谈佛性之每下愈况，与庄子论道之无所不在，何其相似！

分灯禅的另一个重要思想是主张纯任自然、不假造作，这与老庄之强调“自然无为”更是如出一辙。老子主张“辅万物之自然而不敢为”，庄子提倡“虚静恬淡、寂寞无为”[①]，二人都反对雕琢斧凿、造智造巧，而主张逍遥放任、返朴归真。

分灯禅还有一个特点就是盛行“棒喝”、“机锋”、拳打脚踢甚至斩蛇杀猫、烧佛烧经，这与庄子的“鼓盆而歌”和玄学家的放浪形骸也多有相类相通之处。

总之，分灯禅之深受老庄、玄学的影响正如祖师禅之深受儒家学说的影响一样，都是无可置疑的。如果说祖师禅因受到儒家心性学说的影响而提倡“即心即佛”、“道由心悟”，那么，分灯禅则在老庄自然学说的影响下，走上了佛性遍在、纯任自然的道路。

---

① ［日］铃木大拙：《禅与日本文化》，145页，北京，三联书店，1989。

第八章
佛儒交融与人间佛教

从一定意义上说，自程朱至陆王的宋明理学，与其说是受佛教的影响，毋宁说是佛儒交融的产物更准确一些。因为从宋明时期学术思潮的发展大势看，不仅儒学受佛教的影响，佛教也深受儒家学说的影响。再扩大一点说，此时期的儒释道三教，都站在自家的立场上，极力吸取、融摄其他二教的思想，力求使自己成为一种包含更广泛的思想体系，以求得在新形势下的生存和发展。此种三教合流的结果，在儒家方面，出现了熔三教于一炉的宋明新儒学；在佛家，则出现了佛教的儒学化。佛教的儒学化除了表现为以上所语及的心性化外，还表现为佛教的逐步人间化，最终则出现了以禅宗为代表的“人间佛教”。

第一节　禅宗的人间化

中国佛教的人间化，在相当程度上可以说始自“六祖革命”。《坛经》的基本思想之一，就是提倡“即世间求解脱”。此“即世间求解脱”思想的提出，标志着传统佛教开始走向“人间佛教”。

在《坛经》中，慧能对于把佛教从出世推向世间有许多论述，例如他说：

> 若欲修行，在家亦得，不由在寺。在家修清净，即是西方。佛法在世间，不离世间觉，离世觅菩提，恰如求兔角。

这种作风与五祖以前各位禅师注重遁世潜修已迥异其趣。对于慧能禅法的这一转变，有“一宿觉”之称的玄觉看得真切，他在《永嘉证道歌》中唱道：

> 游江海，涉山川，寻师访道为参禅。自从认得曹溪路，了知生死不相关。

此谓慧能之后，生死与涅槃、出世与世间，已逐渐融为一片。玄觉的这一说法与历史实际是相吻合的。考中国禅宗思想史，自慧能之后，禅师们的修行风格已逐渐从原来的注重穴处岩居、山林是托，发展到提倡先识道，后居山，进而更发展为既在红尘浪里，又在孤峰顶的既出世又入世的“人间佛教”。

玄觉在一封答友人书中曾说过这样一段话：

> 夫欲采妙探玄，实非容易。……其或心径未通，嘱物成壅，而欲避喧求静者，尽世未有其方。况乎郁郁长林，峨岭耸峭，鸟兽呜咽，松竹森梢，水石峥嵘，风枝萧索。……岂非喧杂耶！故知见惑尚纡，触途成滞耳。是以先须识道，后乃居山。尚未识道而先居山，但见其山，必忘其道。……忘道则山形眩目。是以见道忘山者，人间亦寂也；见山忘道者，山中乃喧也。必能了阴无我，无我谁在人间。(《答友人书第九》)

玄觉此一“先识道后居山”说，一定程度上反映了当时佛教界对于隐世潜修与入世修行相互关系的态度，亦即修行之关键不在于孤栖远遁，而在于开悟识道；不识道，山中亦喧，识道开悟，人间亦寂。因此，学佛修行，大可不必远离人间，能做到“门前扰扰，我且安眠；巷里云云，余无警色”(《广弘明集》，卷二十四)，才算是一等功夫，上乘法门。

同玄觉约略同时，作为曹溪禅法嫡传的神会禅师在佛教人间化方面也是循着慧能规定的路线走的，他不止一次地指出：“若在世间即有佛，若无世间即无佛。”“不动意念而超彼岸，不舍生死而证泥洹。”(《荷泽神会禅师语录》) 禅门后学亦大多沿着慧能所开拓的人间佛教的路线走，大珠慧海一再强调解脱不离世间：“非离世间而求解脱”(《大珠禅师语录》)；黄蘗希运禅师则更视世间与出世、众生与诸佛“元同一体”，进一步把世间与出世间打成一片。

到了后期禅宗，佛教的人间化、世俗化进一步发展为佛性的物化、泛化，所谓一花一叶无不从佛性中自然流出，一色一香，皆能指示心要、妙悟禅机。此时之禅宗，不但淡薄了世间与出世间的界限，而且混淆了有情物与无情物的差别，不但不提倡隐遁深山、出世潜修，而且大力宣扬法法是心，尘尘是道，直指便是，运念即乖。

所谓“无明空性即佛性，幻化空身即法身，法身觉了无一物，本源自性天真佛”；“土面灰头不染尘，华街柳巷乐天真，金鸡唱晓琼楼梦，一树花开浩劫春”。所有这些都说明，此时期的禅宗，不但提倡学佛不离世间，即世间求解脱，而且主张混俗和光，做一个本源自性天真佛，宣扬处污泥而不染，做一个三恶道中的解脱人。

第二节　近、现代的人间佛教

自禅宗于唐、宋入主中国佛教界之后，元、明、清各代出现了禅、净结合领导佛教潮流的局面。净土信仰带有较强烈的出世色彩，因此随着净土信仰的流行，至晚清时期，佛教界出现了一种佛教与世间相隔日远的倾向。其时之佛教徒，或隐遁静修，或赖佛求活，佛教非但不关心人生，介入社会，而且与世日隔，佛教自佛教，社会自社会。佛教在相当程度上变成了一种“超亡送死”之教。这种情况引起了当时佛教界一些有识之士的强烈不满，改革佛教的呼声渐起。或曰：“在今日这个科学昌明的时代，佛教不改变方式不能生存于今之中国。”（《太虚大师纪念集》，103 页）或曰：“旧时佛教之僧伽制度，非渐变为农林工作以自食其力，势难存立。”（太虚：《建设人间净土》）或曰：“专就我中华佛教观之，固非有大加整顿，不足应时势之所趋，而适机缘之所宜也。”（《海潮音文库》，第 21 卷，7 页）率先起来对佛教进行大刀阔斧改革的，是太虚大师。

太虚改革佛教的一个基本指导思想，就是以大乘佛教利生、济世的精神，引导现代社会的人心、正思。

所谓“大乘精神”，按照太虚的说法，就是“小乘之究竟，惟在取得无余涅槃，所谓灭尽是；大乘之究竟，则在随顺世间，利乐众生，尽于未来”（《佛乘宗要论》）。此谓大乘佛法非离世的，而是入世的；不是只顾隐遁潜修，而是应该随顺世间、利乐有情。

所谓“引导人心、正思”，太虚更有一系列的诠释。如在《佛陀学纲》中，他说：“现在讲佛法，应当观察民族心理特点在何处，世界人类的心理如何，把这两种看清，才能够把人心所流行的活的佛教显扬出来。现在世界人心注重人生问题……应当在这个基础上昌明佛学，建设佛学，引人到佛学光明之路，由人生发达到佛。小乘佛法，离开世间，否定人生，是不相宜的。”在《救僧运动》一文中，太虚还明确指出：近代思想，以人为本，不同古代之或以天神为本，或以圣人之道为本。基于对近代思想、现世人心的考察，太虚看清并指出了佛教改革，必须走“人间佛教”的道路——“末法时期佛教之主流，必在密切人间生活，而导善信男女向上增进，即人成佛的人生佛教”（《即人成佛的真现实论》）。

就思想内容说，太虚佛教改革主要特点有二：一是注重人生，强调以人为本；二是提倡入世，强调既出世又入世。

一般人多认为，佛教是非人生的；太虚认为，这是一种误解，大乘佛法就其“本义”说，是“发达人生的”、“发达生命的完满生活的”，是一种“究竟的人生观”。太虚十分反对把佛教变成一种故弄玄虚的工具，而主张佛教应是为化导人世的实际生活而设的。任何一个学佛的人，如果不了解人生，不了解现实生活，即使他读尽千经万论，也无异于“买椟还珠”。基于这种思想，太虚认为，学佛应该先从做人开始。

所谓学佛先从做人开始，亦即学佛的第一步，在于完善人格，好生做个人，做个有人格的人。只有先成为一个完善的好人，然后才谈得上学佛，若人都做不好，怎么还能去学超凡入圣的佛陀呢?!（详见《佛陀学纲》、《我怎样判摄一切佛法》）这些说法语言平实，但意蕴深刻，它把传统那种远离人间、可望而不可即的佛教，直接植根于人生、直接植根于人的现实生活，改变了过去佛教与人生脱节，佛教自佛教、人生自人生的形象，使人认识到只要在现实生活中做一个完善的、有人格的人，然后再逐步向上，便可以“增进成佛”、“进化成佛”。

但是，在太虚的佛教学说中，佛教被判为五乘，即人乘、天乘、声闻乘、独觉乘、佛乘。就此五乘言，人乘与佛乘之间尚隔着天、声闻、独觉三个阶段，人何以能超越此三个阶段而直达佛乘呢？太虚认为，天、声闻、独觉三乘乃人不走正路而得出的三种果，并不是人至佛一定非经过此三个阶段不可。就人与佛的关系说，人好比一个小宇宙，佛则是“全宇宙的真相”，是“人的本性的实现”，是“最高人格的实现”。“人类得到最高觉悟的就是佛”，“把人的本性实现出来”的就是佛。因此，人完全可以超越天、声闻、独觉三乘而直接成佛。而人之成佛关键又在于完善人格，所以他说：“仰止唯佛陀，完成在人格；人圆佛即圆，是名真现实。”（《即人成佛的真现实论》）

太虚“人间佛教”的另一个重要特点，就是主张亦出世亦入世。大乘佛教区别于小乘佛教的一个重要地方，就是小乘佛教讲超尘离俗，注重出家修清净、求解脱；大乘佛教特别是禅宗，则提倡“佛法在世间，不离世间觉”，主张世法即佛法，世间与佛法不一不二，世间与出世间融通无碍。正如当时有些拥护太虚佛教改革的法师所说的：“入世度生不离人间……若离人间而谈大乘佛教者，直魔事耳，或仍不出外道二乘也。”（法舫：《人间佛教史观》）太虚本人则说得更为直截了当，曰：“世法皆是佛法，佛法不是佛法，善识此意，任何经论皆可读也。”（转引自胡朴安：《太虚大师不可及》）太虚还谆谆教诫学人、信众：佛法并非隐遁清闲的享受，也不是教人不做事的，而是应该对国家、对社会知恩报恩，故每个人都应当做正当的事业。例如，在自由社会里，可从事农矿、农工、医药、教育、艺术等，在和平时期，则可为警察、律师、官吏、议员、商贾等等，以这些作为成佛之因行。在《复兴中国应实践今菩萨行》一文中，他还号召举凡欲实行菩萨行者，都应参加社会各部门的工作：出家者可以参加诸如文化界、教育界、慈善界等工作；在家者则可以服务于政治界、军事界、实业界、金融界、劳动界等，使国家、社会、民众都能得到利益。

在太虚大师看来，所谓菩萨，虽是出凡入圣的超人，但绝非远离尘俗、不食人间烟火的，而应该同时是“社会道德家”、“社会改良家”。不论菩萨之入俗，抑或佛陀之应世，其所本者，“能舍己利他耳”。因此，“人间佛教”把“慈、悲、喜、舍”“四无量心”释为“爱他”、“悯他”、“赞他”、“助他”，一言以蔽之：“利他”！并把它作为整个佛法的基础。

把“利他”精神贯彻于当时的社会实践中，“人间佛教”提倡学佛应当去做救国救民的事业。在《怎样建设人间佛教》等文章中，太虚反复告诫门徒：现在国家正处在危难之中，凡是国民都应该出来为救国救民尽一份责任。当有人问他：“你领导的新佛教运动，为什么有些学生不住在庙里，而从事其他工作呢?”太虚回答说：“我教育了他们，只要他们能真正为国家、为人民谋幸福，比住在庙里好得多。”（转引自杨同芳：《万方有难哭虚公》）抗战期间，太虚号召佛门弟子积极投身抗战洪流，自己则率领佛教团体访问缅甸、印度、泰国等，联络同教感情，表示抗战决心。

总之，主张既出世，又入世，提倡不违现实生活而行现实佛事，强调随顺世间、利乐有情，把“利他”、“济世”作为学佛的根本，这是近、现代“人间佛教”的一大特色。太虚所倡导的这种“人间佛教”，后来得到中国佛教的一致推赞。中华人民共和国成立之后，大陆佛教界提出的口号是：“庄严国土，利乐有情”，把实现四化、建设祖国作为佛教徒们的一个重要任务；台湾佛教界也沿着太虚佛教改革的方向发展，大力提倡“人间佛教”，使世俗化、人间化的“人间佛教”成为近、现代中国佛教的主流。

第三节　人间佛教与佛儒交融

这里人们碰到一个问题，即中国佛教为什么自唐、宋之后，会朝着“人间佛教”的方向发展？要科学地回答这个问题，自然得联系历史上及近、现代以来中国特定的社会历史条件，包括经济、政治、思想文化传统等等。对于这样一个重大问题，限于所讨论的范围，本书不拟做全面、系统的阐述，而只准备从思想文化背景的角度，对此做一些力所能及的探讨。

对于历史上的佛教何以会逐步人间化、世俗化的问题，特别是对于禅宗世俗化、人间化的问题，本书在论述“佛性与人性”、“出世与入世”等问题时已做了一些说明，这里所要进一步加以探讨的，是近、现代“人间佛教”的文化背景问题。

要回答这个问题，首先得从近、现代“人间佛教”倡导者太虚其人、其学谈起。

据有关资料记载，太虚其人，对于“四书”、“五经”、《老子》、《庄子》、《荀子》、《墨子》乃至康（有为）、梁（启超）、严（复）、章（太炎）之书无所不读，深谙中国传统文化之底蕴，对于儒家的伦理学说，尤为精通并深表赞赏，认为中国二千多年来文化之主流在儒，“屡言中国文化之特点，在于本人情为调剂之人伦道德”（《附书仇张二君谈话后》）。且一再指出，儒家这种伦理学说与佛教的思想不但毫无“间隙诋排之端”，而且遥相契合，甚至是“水乳交融”的，因此，“孔学与佛学，宜相嘉尚，不宜相排毁”（《整理僧伽制度论》）。

太虚的许多著述反复强调这样一个基本思想，即孔子是人乘之至圣，儒学可以作为佛学，特别是“人间佛教”的基础，并且认为，儒学是中国二千多年文化的主流所在，所以在中国“不得不行此人生佛教”。同时，这种以儒家伦理学说为基础的“人间佛教”，“亦最适宜为各国倡”，谆谆告诫西行学人，应该把中国文化之人伦道德“披四海”、“垂天下”。可见太虚对于儒家道德之学的赞赏和推崇。

太虚倡导的“人间佛教”还十分重视把“国民性的道德精神”贯彻到实业、教育、军警、政法之间，并把它作为“纲格”、“维制”，认为这是中国人民实行自救的唯一办法。而所谓“国民性的道德精神”，太虚认为就是“佛、道、儒三元素之融合精神”，而此“佛、道、儒三元素之融合精神”，太虚指出就是熔三教于一炉的“宋明化之国民性德”，即宋明“新儒学”。

“新儒学”尽管“新”，毕竟仍是儒家之学。当然，准确地说，是吸收、融合了佛、道思想的儒家学说。可见，不管就宋明“新儒学”言，或者就“人间佛教”说，二者都是佛教与儒学长期以来相互浸透、相互影响、相互吸收、相互融合的产物。相当一个时期来，从事中国哲学史研究的学者，从历史事实中逐渐认识到不懂得佛学，对于中国哲学的研究就很难深入。这里想补充一句，举凡欲研究佛学者，如果不懂得中国古代哲学，特别是儒学，其所认识的中国佛教也将是片面的！其所进行的佛学研究同样很难深入！

附录一　试论佛教对中国传统思维模式的影响*

昔日释氏振法鼓于天竺，夫子扬德音于华夏，两个思想巨匠，在东方两个文明古国的宗教、文化史上，都开创了一个新纪元。两汉之际，佛法东渐，东方两大文化系统之间开始了一场历时久远、影响宏阔的文化大交融。

佛教对于中国古代文化影响之巨大和深刻，以至于人们在研究中国古代哲学、科学、文学艺术、书法绘画等时，不能置佛教于不顾；当然，佛教自传入中国之日起，就深受中国传统文化的影响，作为结果，东传之佛教逐步走上了中国化的道路。

佛教与中国传统文化的相互关系问题，是一个大题目，非一篇文章所能胜任。这里拟从一个侧面，即从思维模式的角度，探讨一下佛教对中国传统文化的影响。

一、“天人合一”论与“真如本体”论

中国先秦思想文化自孔子起出现一重大转折。如果说孔子之前的思想界所强调的是对于“天”、“帝”的信仰，那么，自孔子起，就开始把视野转向现实世界，把眼光转向人。从现存的文献资料看，夏、商、周三代，是“天神”之世纪。其时之“天”，不仅是自然界众神之首，而且是社会政治道德的立法者，它虽“无声无臭”（《诗经·大雅·文王》），并不一定被人格化，但宇宙之秩序，万物之生长，乃至世间王朝之更替，军国之大事，一听于“天命”。当时之所谓“圣人”者，唯“顺天命”而已，“天命不佑，行矣哉?”（《易经·无妄》）孔子在中国文化史上的最大贡献是“人”的发现，他罕言“性与天道”而注重人事，对鬼神敬而远之而把眼光转向现实人生的

* 原载《中国社会科学》，1992（1）。

思想倾向，在当时确实具有振聋发聩之作用。之后，思想界的视角为之一变，对人事的探求代替了对天道的信仰。

当然，人类思想的发展，并非一蹴而就的，新旧思想的交替，也不像“利剑斩束丝”那样一刀两断。说孔子发现了“人”，在中国思想史上实现了从“天”向“人”的转变，是否意味着孔子已经抛弃了“天”，或者说已经打倒了“天”呢？——这是一个关系到整个中国古代传统哲学之思想内容和思维模式的重大的理论问题，值得人们认真对待。

要弄清楚这个问题，还是先从孔子谈起。

作为中国古代思想发展史上的一个环节，孔子思想从天道向人事的转变是一个客观事实；但是，如果过分夸大这种转变，甚至认为孔子已经抛弃或打倒了“天”，孔学已经完全没有天命观念和宗教色彩，而是一种纯粹的人生哲学，那显然是违背历史实际的，也不符合思想发展的一般规律。

人们知道，与世界上的许多民族一样，中国的远古文化在相当程度上是一种宗教文化。作为夏、商、周三代统治思想的“天神”观念，就是远古农业文明和游牧民族原始宗教的继续和发展。这种“天神”观念虽经春秋时期“怨天”、“骂天”等思想的冲击而逐渐有所动摇，但人类历史上几千年乃至几万年的思想积淀，并非一朝一夕或个别思想家所能轻易冲刷得掉的。实际上，不但孔子没有完全抛弃或打倒“天”，整个古代思想史，都没有完全抛弃“天”这个外壳，都是在这个既“无声无臭”又至高无上的“天”之下去谈论和探讨各种问题，特别是人事问题的。尽管因时代的不同，或称之为“天命”，或名之曰“天道”，或冠之以“天理”，但核心都是在“究天人之际”，探讨如何“顺乎天而应乎人”。换句话说，整个中国古代的传统哲学，在相当程度上都是在探讨“天”、“人”关系问题，都是在“天人合一”这个基本框架内谈道德、做文章。一言以蔽之，这就是中国传统哲学最大、最基本的思维模式。请看事实：

孔子的学生子贡说：“夫子之文章，可得而闻也；夫子之言性与天道，不可得而闻也。”（《论语·公冶长》）但翻开《论语》，孔子之语及“天”者，为数不少，诸如：“大哉！尧之为君也。巍巍乎！唯天为大，唯尧则之”（《论语·泰伯》），“君子有三畏：畏天命，畏大人，畏圣人之言。小人不知天命而不畏也”（《论语·季氏》），“获罪于天，无所祷也”（《论语·八佾》）。从这些话看，说孔子已经完全抛弃了“天”，显然是不合适的。如果换一个角度看问题，孔子所以对“天道”谈得比较少，而更注重于人事，是因为天道太玄远深奥，不敢妄加揣测，还是人事更为实际一些，故孔子宁可谈生，不去谈死，宁可事人，不去事鬼。这样去看待孔子的思想，也许比较切合实际一些。

孔子之后，中国古代学术思想，特别是儒家哲学，基本上是沿着孔子开辟的道路前进的。稍有不同的是，孔子因“天道”玄远而罕言之，而孔子后学则往往以“天道”制约“人道”，以“人道”上达“天道”为终的。这一点，作为孔学嫡传之思孟学派表现得尤为明显。《中庸》就明言：“天命之谓性，率性之谓道”，“诚者天之道也，诚之者，人之道也”，把“道”之本原归诸“天”，认为只要体认、扩充“天”之德性，便可以“赞天地之化育”、“与天地参矣”。孟子则直接把“天道”与人的“心性”联结起来，倡“天道”、“心性”一贯之说。春秋战国时期号称诸子百家，但对后世之学术思想影响最大者，当推思孟学派，特别是该学派之天人一贯思想。

汉代大儒，首推董仲舒。董仲舒学说的基本思维模式，是“天人感应”，而“天人感应”的思想基础则是“道之大原出于天”、“天人之际，合而为一”（《春秋繁露·深察名号》）。李唐一代，儒、佛、道三教并行，作为传统学术的儒家哲学，素以柳、刘为代表。柳宗元、刘禹锡的哲学思想虽与思孟一系的思想稍有歧异，而更接近于荀子，倡“天与人交相胜”（《天论》），主张天人各有其职分、功能；但从总体上说，仍不出“天人关系”之大框架，仍不否认天人有其相类、相通之处。至宋代“新儒学”，“天人合一”论重新成为该时代占统治地位的思维模式。宋儒千言万语，无非教人“存天理，灭人欲”。其所谓“天理”，亦即传统儒学之“天道”。就思维特点说，宋儒走的是一条把天道伦理化和把伦理天道化的道路。他们“句句言天之道，却句句指圣人身上家当。‘继善成性’，即是‘元亨利贞’，本非天人之别”（《宋元学案·濂溪学案》）。宋明理学虽有程朱理学与陆王心学之分，但对张子《西铭》之“乾坤父母”、“民胞物与”思想却众口一词，倍加称赞。究其缘由，即因为此说最能体现“天人一体”的思想。当然，由于受佛学的影响，理学之“天道”已经与传统之“天道”不尽相同，这一点详论于后，此不赘。

总之，中国传统哲学自孔孟而宋明理学，就其思想内容说，都是一种政治、伦理哲学——以往的学者也都如是说。实际上，这种说法从某种意义上说只对了一半，因为它没有说明这种政治、伦理哲学特定的思维模式，把构筑这种哲学的理论框架给忽略了，或者说，把这种哲学之源头给抛弃了。其实，儒家所重之伦理，所谈之心性，其源头一直在“天”，在“天道”，是“天道”演化之产物。这里，人们碰到一个中国古代思想史研究中经常遇到的问题，即中国传统哲学是否具有宗教的性质，或者说是否带有宗教色彩。有人说：中国传统哲学较诸西方或印度古代思想言，其特点之一是不具宗教的性质，不带宗教色彩。私下以为这种说法只在特定意义上才是对的，也就是说，就相对于西方的中世纪哲学与神学完全融为一体言，相对于古代印度哲学还未从宗教中分化出来言，中国古代哲学与它们是有所区别的。但是，就具有宗教性质言，就带有浓厚的宗教色彩言，中国传统哲学在与宗教关系问题上与西方或印度古代没有什么原则的区别，所以使人产生中国古代哲学非宗教倾向的错觉，主要是由这样两个原因造成的：第一，作为中国古代至上神的“天”，不像古代印度或西方的“大梵”或“上帝”那样被本体化或人格化了，而是被伦理化了。但是，如果说作为人格化至上神的“上帝”是宗教，而作为伦理化至上神的“天”则非宗教，那么，如何看待近现代以来西方“上帝”的伦理化倾向呢？难道以伦理化了的“上帝”为最高道德原则的基督教也变成非宗教了吗？在古代中国，“天”一直是世间政治、伦理的最高立法者，“天道”一直是“人道”、“人性”之本原——除非有人能够对此提出较有说服力的否定性论据。第二，是研究方法问题，即人们对古代哲学思维模式的把握往往只顾及作为“后半截”的“人事”、“伦理”或者政治，而抛弃了作为本源的“天”或“天道”，而中国古代之圣贤名哲实际上一直是在“天”或“天道”的框架里谈道德、做文章，一直是在“天人合一”的思维模式下阐发他们的学术思想的。这里丝毫没有把中国传统哲学往宗教推的意思，只是以史实为根据，对以往拦腰砍去“天道”的研究方法提出一点异议。至于目的，则在于说明中国传统的学术思想，特别是作为中国传统学术主流的儒家哲学，始终都围绕着“天人关系”问题。尽管儒学自创始人孔子起已开始把着眼点转向“人”、“人道”；但作为“人道”、“人性”本原或出发点的“天”、“天道”，直到宋明理学也没有被完全抛弃，甚至可以这样说，整个中国古代思想史，都没有也不可能完成打倒“天”的任务。因为从更深刻的意义上说，以小农经济为依托的古代社会，是永远离不了“天”的，当然不可能去打倒“天”——只有这样看待中国古代的哲学思想，才是历史的、辩证的态度。

谈过中国哲学传统的思维模式之后，我们回过头再来看看佛教采取了怎样一种思维形式。从历史的观点看，佛教的思想有一个不断变化的过程：原始佛教与部派佛教的思想不同，大乘佛教与小乘佛教又有差别。原始佛教最基本的思维方式是从“缘起”的角度去反对传统婆罗门教的“大梵”本体思想；部派佛教从原始佛教反对一切本体、实体，逐渐产生出一个带有一定实体性质、类似中国古代灵魂的“补特伽罗”；到了大乘佛教，由“般若实相”孕育出来的“如来藏”、“佛性我”、“法界”等，则完全是一种本体。这时，被原始佛教从前门赶出去的“大梵本体”论的思维模式，又被佛教从后门自觉不自觉地采用了。当然，按作为整个佛教理论基石的“缘起”思想说，佛教是反对一切本体或实体的。但是，在大乘佛教中，那个作为一切诸法本原的“真如”、“实相”、“如来藏自性清净心”、“佛性”、“一真法界”，如果不是本体，又是什么呢？尽管佛经里用了许多诸如“即有即无”、“非有非无”、“超相绝言”、“忘言绝虑”等字眼来形容它，但这丝毫不能排除它是一个本体。当然，人们也可以用类似于现代哲学的所谓“统一性”来比附它，但统一于什么呢？没有统一对象的统一性就等于什么也不是！这正如恩格斯在批判杜林时所指出的：“这种存在没有任何内在的差别、任何运动和变化，所以事实上只是思想虚无的对应物，所以是真正的虚无。”[①] 如果把“实相”、“真如”、“佛性”等理解成“真正的虚无”，则又将坠入“恶趣空”，这恐怕首先要遭到有见识的佛教徒的反对。因此，大乘佛教中的“真如”、“实相”、“佛性”等，只能是一种本体，既是宇宙的本体，又是一切诸法包括众生的本体。实际上，佛教特别是大乘佛教是一种本体论的思维模式，这一点在学术界已几无异议，因为在大乘佛教的经论注疏中，本体论的思想俯拾皆是，尽管它们称谓不同，或称之为实相，或名之曰真如，或目之为法性，或冠之以佛性，但都是本体之异名。如所谓“真如”者，《往生论注》曰：“真如是诸法正体”；《唯识论》曰：“真谓真实，显非虚妄；如谓如常，表无变易。谓此真实于一切法，常如其性，故曰真如。”此谓诸法之体性离虚妄而真实故谓之真，常如其性不变不改故谓之如，说

---

① 《马克思恩格斯选集》，2版，第3卷，383页，北京，人民出版社，1995。

得明白点，乃是本体真实不变之谓。中国佛教诸宗派所经常说的“真如有不变随缘二义”，也是指真如作为诸法之本体具有常住不变易和随缘变万法两重含义。所谓“法性”，《唯识述记》曰：“性者体义，一切法体故名法性。”《大乘义章》也说：“法之体性，故名法性。”至于“佛性”，在大乘佛教中，更是明显地指一切诸法包括一切众生之本体，中国佛教正是从佛性本体的意义上去谈“一切众生悉有佛性”的，所谓“体法为佛”、“体法为众”（《注维摩诘经·入不二法门品》）。如果说本体论是大乘佛教最基本的思维模式几乎毋庸置疑，那么，这种思维模式如何对中国传统思维模式产生了影响则是一个值得人们认真探讨的问题。

在此问题深入展开之前，有必要梗概地浏览一下佛教传入中国之后与中国传统文化交互影响的有关情况。

佛教自两汉传入中国之后，先是与黄老方技相通，至魏晋转而依附玄学，与玉柄尘尾之玄风相激扬，般若学至两晋遂蔚为大宗且取代了玄学。南北朝时，义僧辈出，论师称雄，佛学界出现了一股以佛性论为主流的思想潮流。此股佛性论思潮受儒家心性理论的影响，至隋唐逐渐出现一种心性化、人性化的倾向。当时作为佛教思想主流的心性化、人性化佛性理论的最大特点，是把佛教之本体论的思维模式与儒家心性理论的思想内容紧密结合在一起，作为结果，则是把传统儒家的心性、人性本体化。其时佛教所说之心性、人性，已不纯指人伦道德，而是具有诸法本体的意义，所谓“心是诸法之本”、“心统万有”、“本心本体本来是佛”，都是指“心”是一切诸法乃至众生与佛的本体。此种心性本体理论对隋唐及以后的儒学产生了极其深刻的影响。在李唐一代，受此心性本体论影响最甚者，当推一代大儒李翱及其《复性书》。《复性书》虽以恢复孔门“道统”为号召，所据多属儒典，所语亦多属儒言，然其所欲复之“天命之性”，已与隋唐佛教所说的佛性很相近，具有相当程度的本体倾向。这种倾向愈演愈烈，至宋明之“新儒学”，则完全被本体化。

宋明“新儒学”思维方式的本体特征，体现在各理学家的哲学、伦理学说之中：从张载的“太虚无形，气之本体”（《正蒙·太和》），至二程的“体用一源，显微无间”（《易传序》）；从朱子的“圣人与天地同体”（《中庸章句》），到陆九渊的“宇宙便是吾心，吾心便是宇宙”，都是一种本体论的思维模式或以本体论为依托的政治、伦理哲学。尽管理学家们在阐发他们的政治、伦理思想时运用了许多传统的范畴，如“天道”、“人道”，“天理”、“心性”等等，但此时之“天道”、“天理”，已不同于传统儒学之作为社会政治、道德立法者的“天”，而在相当程度上是一个带有本体色彩的哲学、伦理范畴。如果说传统儒学在“天”、“天道”与“人性”、“心性”的关系上，主要是在“天人合一”的大框架中谈“天”如何为“人”立法，“人性”如何根源于“天道”；那么，“新儒学”的思维方式则更倾向于“天人本无二，更不必言合”，亦即“天道”、“心性”本是一体，都是“理”（或“心”）的体现，在天曰“天理”，在人为“心性”。二者在思维方式上的区别，一是“天人合一”论，一是本体论。“天人合一”论的立足点，是“道之大原出于天”，“人道”是由“天道”派生的；本体论的基本思想，是“天”、“人”本是一体，不论是“天道”还是“心性”，都是作为本体的“理”（程朱一系）或“心”（陆王一系）的体现，不存在谁产生谁、谁派生谁的问题。虽然从总体上说，宋明理学还没有完全抛弃“天”，但其时之“天理”，已与传统儒学作为世间万物之主宰和人伦道德之立法者的“天道”不尽相同，它同“理”、“心性”名异而实同，是世间万物乃至人伦道德的本体。如果从人类理论思维发展史的角度说，前者较接近于“本源论”或“宇宙生成论”，后者则属现代哲学所说的本体论范畴。

宋明理学思维模式之属于本体论，这在今日学术界几成共识，自无须赘述。以上的论述旨在说明，如果说佛教传入中国之后的最大变化，是自隋唐之后逐渐走上心性化、人性化的道路，那么，中国传统儒学自唐宋之后发生的最大变化，则是在思维模式方面逐渐由“天人合一论”变为本体论。此中之缘由，前者盖在于受到了中国传统儒学心性、人性理论的影响，而后者则是由于受到了佛学之本体论思维模式的影响。换句话说，儒学给中国佛学的，主要是心性、人性的思想内容，而佛学影响于儒学的，则主要是本体论的思维方式。

二、反本归极与尽心、知性则知天

大乘佛教本体论的思维模式决定了其修行方法及最终目标（或最高境界）不仅与中国传统儒学有着重大区别，而且与原始佛教也不尽相同。印度原始佛教基于“缘起”理论，反对一切实体的存在，它视身为五蕴和合之假象或幻影，认为人生的一切痛苦都根源于“五取蕴苦”。要摆脱这种种痛苦，就要历劫苦修。作为最高境界的“涅槃”则是“灰身灭智，捐形绝虑”，亦即死亡之代称。到了大乘佛教，这种情况开始发生变化。由于受到婆罗门教大梵本体、梵我一如思维模式的影响，大乘佛教的般若实相说逐渐孕育出一个抽象的本体。例如，与原始佛教视释迦牟尼为“亦在僧数”，差别只是他比一般僧侣更有修养、更有学问不同，大乘佛教释“如来佛”为“乘如实道，来成正觉，来化群生”，即佛是“真如”本体之体现；又如，大乘佛教的“一实相印”，就是把实相作为一切诸法之本体；再如，大乘佛教的佛性理论，也把“佛性我”作为一切众生、诸佛的本体。本体论的思维模式使得大乘佛教在修行方法上，逐渐把小乘佛教之历劫苦修变为证悟本体；至于最高境界，大乘佛教则以“反本归极”、“与本体合一”为终的。

事实上，当大乘佛教发展到以本体论的思维模式为依托之后，其修行方法一定要随之发生变化，因为“本体”之为物，是“无声无臭”、“无形无象”的，它不同于某种有形有象的“实体”。如果说实体可以由“部分”相加而成，那么，再多的“部分”相加也不能构成“本体”，因此，对于本体的把握不可能通过积累“部分”的认识来实现。用佛教的术语说，要“得本称性”、“反本归极”，唯有“顿悟”，不能“渐修”。诚然，大乘佛教并没有完全否定“渐修”，但是这种“渐修”只能为“顿悟”创造条件，奠定基础。用竺道生的话说，只是“资彼之知”。虽不无“日进之功”，然最终目标之实现，则非“顿悟”不可。因此，大乘佛教多以“顿悟”为极致，中国禅宗更直言“唯有顿悟一门，即得解脱”（惠海：《顿悟入道要门论》）。大乘佛教对于达到最高境界何以要“顿悟”而不能“渐修”曾有过许多颇为深刻的论述，例如，相传为僧肇所著的《涅槃无名论》就有这样一句话：“心不体则已，体应穷微。而曰体而未尽，是所未悟也。”（《涅槃无名论·诘渐》）这是对“渐悟”说的驳斥，意谓对于本体之体悟，不悟则已，既悟则属全体，不可能这次悟此部分，下次悟另一部分，因为本体是不可分的，或者说，“理”是不可分的。对此，竺道生及后来的禅宗有更详尽的论述。

在竺道生看来，所谓佛者，即“反本称性”、“得本自然”之谓，而此“本”乃无形无相、超绝言表的，故不可以形得，不可以言传，而贵在得意。因此，道生倡“象外之谈”、“得意之说”；又，此本体乃一纯全之理体，是一而不二的，故体悟此本体的智慧也不容有阶级次第之分，而应以“不二之悟，符不分之理”。可见，竺道生的“顿悟”学说，完全是以本体之理不可分的思想为基础的。

至于禅宗，更提倡“经是佛语，禅是佛意”，禅只可意会，而不可言传。此中之理论根据，也是把“本来是佛”之“本心本体”视为一包罗万象之整体，对此“本心本体”之证悟，只能“默契意会”、“直下顿了”。故禅宗倡“以心传心”、“直指便是”，反对在语言文字上讨意度。

总之，不管是竺道生还是禅宗，甚至于天台、华严各宗，尽管它们具体的思想内容不尽相同，但在一点上是共同的，即由于它们都以本体论的思维模式为依托，因此都以“反本归极”、“体证佛性”为终的，都把“回归本体”、“与本体合一”作为最高境界，而此一最高境界的实现，又都借助于“悟”，特别是“顿悟”。

我们再回过头来看看儒家的修养理论和最高境界的实现是建立在一种什么样的思维模式基础上的。

儒家最高的理想境界是成贤做圣，或者进一步说，是“内圣外王”。而此一理想境界的实现，主要依靠修养心性。基于“天人合一”的思维模式，儒家把道之大原归诸“天”，因此，作为儒家理想人格的圣贤，一个最基本的要求就是“知天”，体认“天道”。而要做到“知天”，儒家提出的最基本的方法就是“尽心、知性则知天”。所谓“尽心”，按《孟子》的说法，也就是“存心、养心、求放心”。“存心”者，即保存“天命”之心性的完美无缺，使“不失其赤子之心”（《孟子·离娄下》）；“养心”、“求放心”者，都是指清心寡欲、克除不正当之欲念。此三者说法虽略有差异，实际都是通过一种内省功夫去体认“天道”。

通过内省功夫去体认“天道”的修行方法，儒家“诚”的理论有更详尽的论述。《孟子·离娄上》曰：“是故诚者，天之道也；思诚者，人之道也。”《中庸》曰：“自诚明，谓之性；自明诚，谓之教。”此中之“诚”，实是一种作为圣人本性之原的道德规范，亦即“天道”；而所谓“思诚”、“诚之”、“明诚”，则是一种主观内省功夫，儒家认为，通过这种主观内省功夫，人们就可以由“心”、“性”上达于“天道”，从而达到“天人合一”的境界。这有如《中庸》所说的：“唯天下至诚，为能尽其性；能尽其性，则能尽人之性；能尽人之性，则能尽物之性；能尽物之性，则可以赞天地之化育；可以赞天地之化育，则可以与天地参矣。”可以说，这就是传统儒家在修行方法上所遵循的最基本的思想路数及其所要达到的最高境界，亦即通过对当下心性的内省功夫，使之一达于“天道”，进而实现“天人合一”之最高境界。

这里有一个问题需要指出，即传统儒学的所谓“诚”，并不像某些人和某些著作所说的那样，本身就是圣人的一种“境界”。如果此说成立，那么，也就等于说，天之道，即圣人之道，圣人之性。这就意味着，传统儒学的“诚”已具有本体的意义。实际上，这是后儒的思想，特别是宋明理学家们的思想，而不是传统儒学的思想。因为，在传统儒学那里，虽然是以“天人合一”的思维模式为依托，但这种“合一”，多少带有二物合而为一的味道，亦即“天道”是源，“人道”是流，“天道”是本，“人道”是末，尽管圣贤可以通过“尽心”、“思诚”达到与天道合一的境界，但“天”、“人”并非原本一体，只是到了宋儒，才提出了所谓“天人本无二，更不必言合”的思想。此中之关键，乃是佛教本体思维模式及其“反本归极”修行方法的影响。

确实，在宋明理学家那里，“诚”成了一种至高无上的宇宙和道德本体。理学开山祖周敦颐在《通书》中说：“诚者，圣人之本。大哉乾元，万物资始，诚之源也。”此后，不管是理学还是心学，都既把“诚”作为“天之道”，又把“诚”作为一种人伦道德之本体。认为要成贤做圣，最根本的修养功夫，就是要“明诚”。朱熹说：“诚则无不明矣，明则可以至于诚矣。”（《四书章句集注》）张载也说：“儒者则因明致诚，因诚致明，故天人合一，致学可以成圣，因得天而未始遗人。”（《正蒙·乾称》）王守仁则说：“良知无所伪而诚，诚则明矣。自信，则良知无所惑而明，明则诚矣。”（《传习录》中）虽然理学家与心学家在强调“自明诚”与“自诚明”上有分歧——理学家讲“自明诚”，注重“道问学”，心学家讲“自诚明”，强调“尊德性”——但二者都把发明、洞见此道德本体作为最根本的修行方法，把“至于诚”、与本体合一作为最高的道德境界，这一点，陆王心学表现得尤为明显。他们所谓的“发明本心”和“致良知”，实际上就是发明此道德本体并进而与此本体合一。这自然使人想起禅宗的“明心见性”。禅宗“明心见性”之旨趣无非要人悟得此“本心本体本来是佛”；而宋儒之“自诚明”也罢，“自明诚”也罢，乃至“发明本心”、“致良知”等，也同样是要洞明此作为“天道”、“人道”之本体的“诚”或者“本心”、“良知”。字眼虽有小异，思想路数则毫无二致，都是强调“明本”、“反本”、“与本体合一”。由于宋明理学也把“明本”、“反本”作为一家思想之归趣，这就使得理学家在修行方法上也逐渐走上了注重证悟的道路——因为对于本体的体会只能采取意会或证悟的方法。对此，朱子有“豁然贯通”之说，陆子更提倡“悟则可以立改”（《象山全集》，卷十八），以致张南轩曾评陆学多类禅“扬眉瞬目”之机（《南轩文集》，卷二十四），王阳明说得更直接和明白：“本体功夫，一悟尽透。”实际上，当理学采用了佛教的本体论思维模式和把“明本”、“反本”作为一家思想之归趣时，其在修行方法上一定要走上注重证悟的道路。

三、佛教之“顿悟”与中国古代诗、书、画的“意境”、“气韵”

佛教不仅影响了中国古代学术思想的思维模式，而且对于中国古代的其他文化形式如诗、书、画等也产生过深刻的影响，这一点，现在已逐渐为文化界同仁所认识并引起重视。至于佛教对中国古代诗、书、画等文化形式的影响最主要的是哪些方面，这则是一个值得进一步深入探讨的问题。

笔者以为，佛教之影响于中国古代文化，最重要的仍然是其思维模式，或者说得具体一点，佛教影响中国古代文化最大者，是其注重“顿悟”的思维方式。

人们知道，作为中国古代文化冠冕的诗、书、画，最注重的是“意境”和“气韵”。所谓“意境”，乃一种内在情、感与外在景、物交融合一的艺术境界。这种意境，往往是一种整体的感受，只能意会而不可言传，只能体悟而不可分析。它所强调的是“言外之意”、“韵外之味”、“超以象外”、“得其环中”、“不着一字，尽得风流”，如明胡应麟所说的“兴象风神，无方可执”（胡应麟：《诗薮·内编》，卷五）；又如清叶燮所言：“妙在含蓄无垠，思致微渺。其寄托在可言不可言之间，其指归在可解不可解之会……引人于冥漠恍惚之境，所以为至也。”（叶燮：《原诗·内篇》）中国诗歌这种注重“意境”的现象，若远溯其渊源，则可追到古代的“比兴”等手法；但真正把“意境”推到诗之极致的，首先当推佛教，特别是禅宗。

众所周知，佛教在把握任何对象时所惯用的手法是，或双遮，或双照，或者更准确点说，是既双遮又双照，亦即任何对象都是既有既无、非有非无。虽然它也常常借助于形象比喻或经教典籍，但往往又采用“象以尽意，得意则忘象”、“言以诠理，入理则言息”的方法，此种方法至禅宗尤甚。由于禅宗以“禅是佛意”相标榜，因此更加强调“以心传心”、“不立文字”，极力主张“得意者越于浮言，悟理者超于文字”。禅的这种思维方式与中国古代诗歌注重“言外之意”、“韵外之味”的表现手法多有相类、相通之处，此正如汤显祖所言：“诗乎，机与禅言通，趣与游道合。禅在根尘之外，游在伶党之中。要皆以若有若无为美。”（汤显祖：《如兰一集序》）因此，中国古代许多诗人都自觉不自觉地运用这种方法去写景、抒情或言志，金元之际的元好问曾用“禅为诗家切玉刀”去形容禅对于诗的影响和作用，此中之所谓“切玉刀”，实际上也就是思维或写作的方法。

另外，禅还在注重“妙悟”方面对中国古代诗歌产生了极其深刻的影响，这种影响之巨大，以至于唐宋时期的诗论家常把能否“妙悟”作为评判一篇诗作境界的一个重要标准。例如，著名诗论家严羽就把“悟”作为诗歌的第一要素。他曾以孟浩然与韩退之的诗为例指出：就学力而言，孟浩然比韩愈差得很远；但就诗作论，孟浩然却远在韩愈之上，原因何在呢？“一味妙悟而已。”“妙悟”对于诗所以重要，是因为诗往往是多义的，常常通过有限的字句给人以无尽的遐想，这唯有妙悟可以胜任，因此，对于诗歌，“唯悟乃为当行，乃为本色”。其次，诗的“意境”所注重的是整体把握，而对于整体的把握，最好的方法就是“悟”——也许这就是禅所以能对诗歌产生影响的内在根据。

在佛教对中国古代书、画的影响方面，从各方面的资料看，最甚者仍是思维方式。

中国古代绘画向来注重“气韵”、“传神”，此种倾向至唐宋而愈烈。王维开创的文人画，进一步以佛理禅趣入画，把画意与禅心结合起来，成为一种禅意画。这种禅意画至宋而蔚为大宗，成为中国古代画苑中的一枝奇葩。

禅意画的特点是不仅知写实，尤其重传神，重妙悟，重心物合一的境界。方豪先生在《宋代佛教对绘画的贡献》一文中说：“宋代佛教对绘画之另一贡献，则为禅的心物合一境界与禅的空灵境界，使画家不但知写实、传神，且知妙悟，即所谓‘超以象外’。……论画者，喜言唐画尚法，宋画尚理。所谓理者，应为禅家之理，亦即画家所谓气韵。”“宋代绘画，仍有佛教题材，唯不在寺塔，而在气势高远，景色荒寒，以表现明心见性的修养。”这里所说的“气韵”、“传神”和“心物合一境界”，当然不是对外境外物的机械摹写，而是注入画家主体精神和主观感受的作品，因而更能反映画家的精神世界，更能反映画家自身。清初著名画家石涛和尚所说的“不可雕凿，不可板腐，不可沉泥，不可牵连，不可脱节，不可无理，在墨海中立定精神，笔锋下决出生活，尺幅上换去毛骨，混沌里放出光明。纵使笔不笔，墨不墨，画不画，自有我在”（石涛：《画语录·絪缊章第七》）也是这个意思。

唐宋绘画中这种注重反映主观精神，注重反映自我的画风，无疑受到慧能开创的禅学南宗的影响。南宗的基本思想路数是通过“明心见性”来“发现自我的本来面目”，而唐宋绘画中的高远气势，正是文人画家明心见性修养的体现。

禅学南宗的另一种思维方法，即当下顿了、直指便是，也对中国古代绘画产生了深刻的影响。中国古代画坛南宗诸家，都反对循格、画凿，而主张“一超直入如来地”。《宣和画谱》评南宗巨子关仝之画曰：“仝之所画，其脱落豪楮，笔愈简而气愈壮，景愈少而意愈长也。”南宗的另一位代表人物董其昌则进一步把画坛的南北二宗与禅学的南北二宗直接挂起钩来。在《画禅室随笔》一文中，他屡屡谈及画坛南北二宗的风格深受禅学南北二宗的影响，且明言：“行年五十，方知此一派画（北宗）殊不可学，譬之禅定，积劫方成菩萨，非如董、巨、米三家，可一超直入如来地也。”与董其昌并世齐名之李日华也说：“古人绘事，如佛说法，纵口极谈，总不越实际理地，所以人天悚听，无非议者。绘事不必求奇，不必循格，要在胸中实有吐出，便是矣。”（转引自无住：《禅宗对我国绘画之影响》）这种不循规格、直抒胸怀之画风，显然受到禅学南宗不拘形式、注重心性思想方法的影响；而董、巨、米三家之“一超直入如来地”，实乃禅宗之顿悟见性、直指便是；至于清初石涛所言的“至人无法，非无法也，无法而法，乃为至法”（石涛：《画语录·变化章第三》），更是一派后期禅宗之气象。

至于中国古代书法，也被深深打上了佛教之印痕。盖佛法之修为，尢出戒、定、慧三学。夫戒者，收束身心；定者，专志凝神；慧者，穷妙极巧，此三者均与书法之道相通。鉴于佛教对书法的影响前人论之甚多，限于篇幅，此不一一赘述。

通过以上的论述，我们可以得出这样一个结论：中国古代的学术、文化，在思维形式方面，确实深受佛教的影响。其一，中国古代传统学术思维模式的“天人合一”走向“心性本体论”，以佛教的“真如本体论”为契机；其二，中国古代政治伦理哲学在修行方法上由“尽心、知性则知天”而走上注重“发明本心”、“体悟本体”的道路，以佛教“反本归极”的思维模式为媒介；其三，作为中国古代文化冠冕的诗、书、画，之所以特别注重“意境”、“气韵”，其中一个重要原因，是深受佛教注重“顿悟”的思维方式的影响。就以上几点而论，要研究中国古代学术、文化，不能不研究佛教。

附录二 对“顿悟”、“体证”的哲学诠释*

“悟”，按佛教的说法，是“言语道断，心行处灭”的，即它只可意会，不可言传，与语言文字是格格不入的，所谓“以心传心，不落言诠”者是，禅宗之祖师更以“说似一物即不中”把人们的口给堵住了。

大乘佛教虽然从第一义谛的角度提倡“文殊绝言，净名杜口”，但是，佛法之弘传又离不开文传口宣，为此禅宗有了“第二峰头，略容话会”的方便说法。此一方便说法为后人对佛教义理（诸如“悟”的修行方法等）进行研讨打开了方便之门。这里也站在“第二峰头”，对“悟”做一些哲理上的思考——当然这也许只是“方便说”，而非“究竟义”。

“悟”是佛教特别是大乘佛教的一个基本思想，诸如“大彻大悟”、“顿悟见性”等等。中国佛教自晋宋之后就十分重视“顿悟”法门，例如，相传为僧肇所著的《涅槃无名论》就有这样一句话：“心不体则已，体应穷微。而曰体而未尽，是所未悟也。”这是站在“顿悟”的立场以驳斥“渐悟”，意为对于本体之悟，不悟则已，既悟则属全体，不可能这次悟此部分，下次悟另一部分。此外，晋宋之际的竺道生更注重“顿悟”在修行中的地位，他所提倡的“顿悟成佛”说，在中国佛教史上具有里程碑的意义。竺道生素以“反本称性”、“得本自然”为佛，并且认为此“本”乃是一纯全之理体，是一而不二的，故体悟此本体的智慧也不容有阶级次第之分，而应“以不二之悟，符不分之理”，亦即唯有顿悟，才能成佛。隋唐宗派佛教出现后，此种注重“顿悟”的倾向愈演愈烈，天台、华严二宗在其判教学说中都把“顿悟”摆在最高的地位；至于禅宗，更视

* 原载《学术月刊》，2007（9）。

“顿悟”为“唯一法门”，指出唯有“顿悟一门，即得解脱”（慧海：《顿悟入道要门论》）。更为可喜的是，不少佛教思想家还对大乘佛教之达到最高境界何以要采用“顿悟”的方法而不是“渐修”的方法，有过许多颇为深刻的论述，例如，竺道生的“以不二之悟，符不分之理”，在一定程度上可以说是从理论上说明了对于不可分的“理体”何以要采用“顿悟”的修行方法。

儒家思想的最大学问是天人之学，传统儒学一直是在“天人合一”的基本思维模式下思考人伦道德问题的，即认为人们通过修养心性、完善人格，最后达到与天道合一的境界。而心性究竟应该如何修养，人格应该如何完善，才能最后达到与天道合一的境界呢？自思孟以降，传统儒家所遵循的都是“尽心、知性则知天”的思想路数。由于“天命之谓性”是儒家主流学派思孟一系的一个基本原则，因此上达天道一直是儒家思想的最高目标。“心”如何“尽”？“性”如何“知”？“天道”又如何上达？这里有一个最为关键的问题：如何理解和界定“天道”。如果说先秦儒家更多是从“道德本源”的角度去理解“天道”的话，那么，到宋明“新儒学”，“天道”、“天理”就在相当程度上被本体化了。对于这样一个无形无象而又是人伦道德之本源或本体的天道，儒家选择的一个最基本的方法是“体认”。何谓“体认”？如何“体认”？对此，先秦儒家似语焉不详，倒是宋明新儒家对此做了进一步的发挥。朱熹认为，性即心中之理，“尽心知性”即尽心知理，“极其心之全体而无不尽者，必其能穷夫理而无不知者也”（《四书章句集注·孟子集注》）。在朱熹的学说中，“理”与“天理”、“天道”是相通的，因而，能“极其心之全体”，也就能知“天理”而合于“天道”了。对于这种修行或者说思维方法，朱熹有段话可说是一个绝妙的注脚，他说：“一旦豁然贯通焉，则众物表里精粗无不到，而吾心之全体大用无不明矣。”（《补格物传》）亦即其所明者，乃“心之全体大用”，而非心之某个部分或方面。既是“全体”，其方法当然只能是那种突发式的“豁然贯通”和整体性的“体认”。至于陆王心学，由于其“心”与“天理”乃是一而二、二而一的，因此，“发明本心”、“致良知”更是其最基本的修行方法，所谓“本体功夫，一悟尽透”则是这种注重“顿悟”、“体证”修行方法的点睛之笔。

在中国古代思想史上注重这种突发性、整体性思维方法的另一个重要思想流派，就是道家。道家哲学的最高范畴是“道”，其认识论的最高境界就是对“道”的把握。道家的“道”的最大特点是“惟恍惟惚”、“窈兮冥兮”，“绵绵若存”而可为“天地根”。也就是说，此“道”虽无形无相，但却无所不在，是一个“惟恍惟惚”的“混沌”，一个无所不包的“大全”。对于这样一个“大全”的认识和把握，最好的方法，老子认为是“心斋”、“坐忘”、“静观玄览”。所谓“心斋”、“坐忘”，即摒弃感官，停止理性思想，以冥冥之心直接感知宇宙，体悟大道，与道合一；所谓“玄览”，河上公注曰：“心居玄冥之处，览知万物，故谓之玄览。”亦即摒弃一切感性经验，杜绝一切知识、学问，而纯靠神秘的直观、体会。从理论上说，老子这种认识方法与其所要认识的对象是相一致的——因为对于既“窈兮冥兮”又“可以为天下母”，既“窈兮冥兮”又可以为“天地根”之“道”的认识和把握，舍直观、体会并没有更好的方法。

纵观中国古代学术思想史上这些有关“顿悟”、“体证”、“玄览”的思想，人们可以看到这样一个现象，即当他们所要认识或把握的对象是那种无形无象又无所不包的“本体”、“大全”时，就不能不采用“悟”或“体证”的思维方式。至于这二者之间究竟有什么内在的、必然的联系，确实是一个很值得深入探讨的问题。

这里碰到两个问题：第一，为什么当人们把“本体”、“大全”作为自己的认识对象时，就会不约而同地选择“顿悟”的思维方式，或曰修行方法？第二，这种“顿悟”的思维方式（或曰修行方法）能否认识或把握对象？要回答这些问题，首先自然得搞清楚这种思维方式及其所认识之对象的各自特点。

所谓“顿悟”、“体证”的修行方法或曰思维方式，其最大的特点，第一是认识产生的突发性和思维过程的跳跃性，第二是对于对象把握的直接性和整体性，第三是认识过程的非逻辑性。

所谓认识产生的突发性和思维过程的跳跃性，如果用哲学语言说，有点类似于哲学书里所说的思想过程的“飞跃”，或曰渐进过程的“中断”。当事物（包括思想）发展到一定程度或阶段时，当其“量变”积累到一定程度时，就必然会迎来一次质的“飞跃”。这种质的“飞跃”，是事物（思想）发展过程的延续，但这种延续不能是渐进式的，而只能是“渐进”过程的“中断”，没有这一“中断”，就不可能导致事物（思想）发生质的变化。这里人们不妨对照佛教思想史上所说的“顿悟”与“渐修”的关系。以中国佛教史上首倡“顿悟成佛”说的竺道生之思想为例，竺道生虽然以顿悟说著称于中土佛教界，而在其学说中，常常把“渐修”作为“顿悟”的基础，如慧达在其《肇论疏》中引道生之论顿悟曰：“见解名悟，闻解名信。信解非真，悟发信谢。理数自然，如果熟自零。悟不自生，必借信渐。”此直言闻解之信修乃见解之顿悟的基础。基于这个思想，道生反对谢灵运以假知为不知的思想，指出：“此为苟若不知，焉能有信，然则由教而信，非不知也。但此谓闻教信修虽非真知，但借助于此，则可达到自悟、顿悟，故闻教信修非无日进之功。”

所谓对于对象把握的直接性，是指对于对象的认识与把握不分阶渐、不落次第，而是当下的直接确认；至于整体性，则是相对于部分而言，即不是通过对事物一个部分一个部分的累积相加，逐渐达到对其整体的认识和把握。对此，有人把“顿悟”的思维方式比喻成“思维图型”或“知识板块”，即借助于平时所形成的“思维图型”或“知识板块”对认识对象进行整体性的把握。这种思维的特点是虽然具有综合判断的性质，但只是一种没有经过论证的、非程序化的综合判断，这种综合判断虽有把握认识对象的可能性，但也仅仅停留在可能性阶段。换句话说，由于“顿悟”思维的缺乏论证和非程序化，使得它的认识或把握对象只具有推测性，也就是说，它只是一种或然性思维，而非必然性思维，或者说它有可能是对的，但不一定绝对正确或准确。

所谓认识过程的非逻辑性，是指这种认识没有经过严密的逻辑分析和推理过程，而是在“悟”的一刹那间，思维借助于意识的瞬间综合，对认识对象进行的某种直接的确认。这种思维方式确实省却了许多分析、推理过程和逻辑链条，但这不意味着它是非逻辑的或者反逻辑的，只是这些分析、推理过程和其中所存在的逻辑链条被隐藏起来，被简化、被省略而没有显现出来罢了。

现在的问题是，为什么历史上的思想家对“佛性”、“天理”、“道”的认识和把握会不约而同地采用“顿悟”、“体证”的思维方法呢？这里首先碰到一个他们的认识对象的特点或特性的问题。换句话说，这些思想家在这里之所以会不约而同地采用相类似的思维方式，归根结底是由他们的认识对象具有相类或相同的性质或特点决定的，因此，有必要进一步探讨一下他们所面对的认识对象的特点或内涵。

佛教的最终目标和最高境界是成佛，对于大乘佛教而言，成佛的一个重要途径或方法是体证佛性、反本归极或明心见性。就大乘佛教而言，佛性与真如、实相名异而实同，它既是众生成佛的根据，又是一切诸法的本原，既是恒常遍在的，又是无方所无质碍的，如果用西方哲学的话说，可称之为“绝对”、“大全”或“本体”。

儒家成贤做圣的一个重要途径是尽心知性以知天、修心养性以上达天道。儒家之“天道”、“天理”的最主要特点，是既无声无臭、无形无象，又是世间秩序的根据、人伦道德之本源（本原）。如果用西方哲学的话说，也可称之为“绝对”、“大全”或“本体”。

道家的最高境界是与道合一，而道之为物，用老子的话说，是“惟恍惟惚”、“窈兮冥兮”，“绵绵若存”而可为“天地根”，亦即既无形无象，又是世间万物的本源，同样与西方哲学之“绝对”、“大全”、“本体”相类。

以上的分析探讨至少给我们一个启示，中国古代儒、释、道三家之所以会不约而同地采用“顿悟”和“直观体证”的思维方法，绝不是一种偶然的巧合，而在相当程度上是一种必然的选择——只要他们所要认识或所要把握的对象是那种既无形无象，又无处不在的“大全”、“本体”，就必然会（或者说必须）采用这种突发、跳跃和整体的“顿悟”、“体证”的思维方法。

实际上，不唯中国古代思想家如此，不管哪个历史时期，哪个地域、民族、国家的思想家，只要他们所面对的是一种既无形无象又无所不在的“大全”、“绝对”，他们都会和都要采用这种“直观体证”的思维方法。例如古代印度思想家在面对大梵本体时，在追求最高境界的“与梵合一”时，所采用的也是这种直观体证的方法。西方著名思想家叔本华在面对那个作为世界本质的“绵延”（既川流不息，又独一无二的“绝对”）时，也不由自主地强调“直觉”的思维方法，他说：“绝对是只能在一种直觉里给予我们的，其余的一切则落入分析的范围。所谓直觉就是指那种理智的体验，它使我们置身于对象的内部，以便与对象中那个独一无二、不可言传的东西相契合。”①

至此，我们可以回过头来回答上面所提出的两个问题，即为什么当人们把“本体”、“大全”作为自己的认识对象时，就会不约而同地选择“直观体证”的思维方法，以及这种思维方法能够在多大程度上把握认识对象。

首先，由于“本体”、“大全”的第一个重要特点是非实体性，

① 洪谦：《西方现代资产阶级哲学论著选辑》，137页，北京，商务印书馆，1982。

无方所，无质碍，无形无象，因此，任何时候都不可能把“本体”分割成若干部分或方面，由此导致人们无法采用分析的方法，去一个部分一个部分地、一个方面一个方面地认识和把握它，分析在这里显得无能为力。

其次，人们无法把“本体”分析成若干部分的反面，再多部分的相加也构不成本体。如果说对于事物各个部分与方面认识的累积与综合是一种可称为归纳与综合的方法，那么这种方法在这里同样显得苍白无力，因为，归纳、综合的方法充其量只能无限地接近“本体”，但永远不能达到本体或完整地把握“本体”。

面对这种非实体性的“本体”，人们确实很难通过采用常规的认识方法（诸如分析、推理、归纳、综合等）完整、准确地认识它、把握它；但是，作为人类抽象思维发展产物的“本体”，它一经产生，就成为人们认识的一个对象，人们不能不认识它。长期的思维实践为人们认识“本体”提供了条件，这就是我们在前面所说的凝聚了许多分析、判断、推理、综合的“思维图形”和“知识板块”的产生，它为人们突发、跳跃和整体地认识和把握“本体”提供了可能。这种思维方式的正确性或准确性，也曾经为科学史上的许多事实所证明，例如阿基米德在洗澡时受水溢出的启发而发现了浮力原理，牛顿看见苹果落地而发现万有引力定律，凯库勒瞌睡时梦见六条火蛇而悟出苯的分子结构为六个碳原子和六个氢原子的环形结构，等等。当然正如我们在前面所指出的，由于这种思维方式缺乏严密的逻辑分析和科学论证，它对对象的认识或把握只具有推测性，只是一种或然性思维，而非必然性思维。

附录三　佛性与人性

——论儒佛之异同暨相互影响

佛教对于中国古代文化的深刻影响，已越来越为人们所认识。同时，中国传统文化对于佛教的巨大影响，也日益受到佛学界的重视。研究佛教与中国文化的相互关系，已成为当前文化研究中的一个重要组成部分。

由于佛教与中国传统文化都经籍浩繁、包罗广博，这里不想也不可能面面俱到地去谈论二者及二者之间的相互关系，只准备就作为佛教核心问题的佛性理论与作为传统儒学根本问题的人性理论的相互关系，做一些力所能及的探讨。

一、佛教的抽象本体与儒家的人本主义

关于佛教与儒家的区别，梁漱溟先生曾说过这样一段话："儒家从不离开人来说话，其立脚点是人的立脚点，说来说去总还归结到人身上，不在其外。佛家反之，他站在远高于人的立场，总是超开人来说话，更不复归到人身上——归结到成佛。前者属世间法，后者则属出世间法，其不同彰彰也。"① 梁先生此说很有见地，颇得儒佛分野之要领。盖儒家之学，自孔孟而理学家，虽千言万语，其主旨都是在谈人，谈人的本性，谈人的修养，目标是教人成贤做圣；佛教则不然，其学说虽包含广博，号称八万四千法门，然究其旨归，无非都是在论述何谓佛；佛的本质是什么；人有没有佛性，能不能成佛；若能成佛，根据是什么；怎样才能成佛；等等。儒家关于人的学问，通常称为人性理论；佛教关于佛的学说，则是作为整个佛教（特别是大乘佛教）核心问题的佛性理论。

佛性一语，是梵文 Buddha 的汉译，亦作佛界、佛藏、如来界、

① 深圳大学国学研究所：《中国文化与中国哲学》，429 页。

如来藏等。所谓佛性，即众生觉悟之因，众生成佛的可能性，这是中国佛教界对佛性的最一般理解。但佛性之“性”在印度佛教中原为“界”字，所谓佛性，即佛之体性。后来，随着佛教的不断发展，“界”义也不断发生变化，至大乘佛教时期，“界”字含有更深的意义，被作为形而上真理的别名。这样，佛性又具有本体的意义。

但是，如果从佛教最基本的理论——“缘起”说看，佛教是否认本体的，不但如此，释迦牟尼正是在反婆罗门教的“神我本体”论中创立“缘起”说的。但是，正如一切思想文化的发展不是对传统的简单否定一样，佛教在反对传统婆罗门教“神我本体”思想的同时，又不自觉地吸收了婆罗门教的思维方式。在原始佛教时期，这种吸收表现为潜在的形式，随着佛教的不断发展，便逐渐地流露、表现出来。例如，到小乘佛教后期，为了克服业报轮回与没有轮回主体的矛盾，出现了“补特伽罗”说。此“补特伽罗”作为轮回报应、前后相续的主体，实际上已是一种变相的实体。当然，此实体还不是严格意义上的“本体”。佛教“本体”说的出现，当在“般若实相说”之后。由于后期般若学在“扫一切相”的同时，大谈诸法“实相”，把“实相”作为一切诸法的本原，这就使得“实相”成了一个穿上佛教服装的“本体”。后来，佛性理论又在“般若实相说”的基础上，大谈“如来藏”、“佛性我”，把原始佛教从前门赶出去的“神我”，又从后门请了进来。这样，作为大乘佛教核心问题的佛性理论，就其思维方式说，完全建立在抽象本体的基础上。

具有本体意义的“实相说”、“佛性论”，晋宋之前的中国人很难理解，因为，中国古代传统的思维方法接近于“本源”论，如“精气说”、“五行说”、“元气自然论”等，因此，常常以“产生”代替“体现”，严重曲解了印度的佛教学说。特别是具有实体意义的“个体灵魂”思想，在中国古代更是根深蒂固。因此，以传统的“灵魂说”去理解佛教的佛性论，把“灵魂不灭”、“精神不死”作为佛法的根本义，是汉魏时期中国佛教的一大特点。实际上，中国古代的“灵魂说”与印度佛教的佛性论，在思维模式上有着很大的差别，一个是“个体灵魂”，一个是“宇宙本体”，绝不可混为一谈。但由于魏晋之前的思想界几乎没有“本体”的观念，因此，无法准确理解和把握佛教的有关思想。魏晋时期，玄学盛行，玄学家们善于谈“有”说“无”，喜欢做“本体”体会，“本体”观念逐渐为思想家所理解和接受，因之才有晋宋之际的竺道生首开中国佛性论之先河，比较正确地阐述了基于“本体”理论的佛性学说。

其实，在佛教中，不仅佛性论建立在“佛本体”的基础上，而且整个大乘佛教都立足于某一抽象本体。此本体或曰“真如”，或名“实相”，或叫“法界”，或称“佛性”，说法虽异，实质无殊，都是宇宙万法的本原。在佛教看来，世间万有，包括众生，都是一种假象、幻影，唯有“佛性”、“实相”是真实的。人们学佛的目的，就是要体证佛性，返归本体。因此，在佛教学说中，作为抽象本体的“佛性”、“实相”，既是出发点，又是落脚点。

再来看看作为中国传统文化的儒家学说。儒家学说的思想旨趣，从特定的意义上说，可以一言以蔽之——“人”。儒家创始人孔子的思想重心是“仁学”。所谓“仁”，从语源学的角度来说，是二人的组合。《说文》曰：“仁，亲也，从人二。”孔子赋“仁”以道德属性，用来论述人与人的相互关系。在《论语》中，孔子对“仁”有多种说法，或曰“爱人”，或曰“己欲立而立人，己欲达而达人”，或曰“己所不欲，勿施于人”，等等。这些说法虽不尽相同，但都是指“己”与“人”、“人”与“人”的一种关系。如果说“仁学”是孔子学说的重心所在，那么，“人”则是孔学的立足点。孔子学说在中国思想史上的地位也许至今还没有一个统一的看法，但是，孔子之注重“人”，极力抬高“人”的地位，则是无可置疑、一致公认的。近现代一些治思想史的专家一再指出：孔子的“仁”是一种“人”的发现，它把人们的视野从“天”转向“人”。这种说法是合乎历史实际的。盖孔子所处的东周，是一个“天”、“神”统治一切的时代，孔子虽没有公开排斥“天”、“神”，但一再强调“未知生，焉知死”、“未能事人，焉能事鬼”、“不语怪力乱神”。这种“重人事，远鬼神”的思想倾向，对春秋时期的思想界确具有振聋发聩之作用，它唤醒当时的圣贤名哲把眼光从“天文”转向“人文”。此后，以人为中心的人本主义思想，一直成为儒学的主流。

在儒门中，地位仅次于孔子的是孟子，有“亚圣”之称。孟子之学，重心在“仁政”学说和人性理论。“仁政”学说的核心是倡“有不忍人之心，斯有不忍人之政”；人性理论则致力于对人之本性的探讨，二者都以人为对象和归宿。后来的儒家，都循着孔、孟的思想路数走。凡所立论，多不离“人”，把“人”视为“天地之德”、“天地之心”、“五行之秀气”。至汉代董仲舒，思想路线有所偏移，倡“天人感应”，但所讲仍不离开“人”，仍把“人”视为“超然万物之上而最为天下贵”者。

儒学至宋又起一高潮。受佛教“佛性本体”、“心性本体”思想的影响，宋儒也开始谈“天道本体”、“心性本体”，曰：“道之大原出于天”，曰：“宇宙便是吾心，吾心便是宇宙”。但是，理学家“推明天地万物之原”的目的，是为了说明人，说明人性，说明人伦道德之常规。理学家千言万语，无非教人如何“修心养性”，如何“存天理，灭人欲”，如何成贤做圣。虽然这个时期的儒学由于受到佛教佛性理论的深刻影响，因而带有深厚的宗教色彩，但其立足点与思想归趣均在人。

总之，儒家学说在相当程度上是关于人的学说，是关于人与人相互关系的学说，是一种以人为本的伦理哲学，而不像佛教那样从抽象的本体出发，落脚点又回到抽象的本体。儒佛之间的具体区别也许很多，但这一区别应该说是最基本的。

这里有个问题要顺便提及，谈论儒家的人本主义，人们很容易联系到西方的人本主义。毫无疑问，因同是人本主义，二者肯定有共同点，这就是都注重人，都以人为中心，都极力抬高人的地位；但是，由于中西方社会历史条件（包括思想文化背景）的差异，两种人本主义在思想内容上是不尽相同的，特别在对“人”的理解上是很有差别的。西方人本主义者之看人，多从生物的、生理的角度着眼，把人视为具有情感、意志和理智的独立个体；儒家说“人”，则往往强调其社会性和群体性，从人与人、人与社会的相互关系的角度入手，视人为社会群体的一分子。如果说西方的人本主义的“人”往往较缺乏社会的性质，那么，儒家的人本主义的“人”——用韦伯的话说——则没有形成一种独立的人格。实际上，人之为人，应该既是生物的，又是社会的；既是独立的个体，又是群体的一分子。从这个意义上说，中西文化乃至中外文化的交流，是绝对必要和有益的。

二、佛教的佛性论与儒家的人性论

儒家重人，佛教重抽象本体，这个差别导致了儒佛二家在许多基本点上的歧异。

首先，虽然儒佛二家均重“性论”，但所说之“性”含义不同。佛教谈“性”，多指抽象本体的本性，儒家所说之“性”，则多指人的本性。

其次，由于佛教的本体是抽象的，非人格的，因此，佛教之论

"性"，多从"染"、"净"入手；儒家所说之"人"，是社会性的生物，是道德的主体，因此，儒家谈"性"，多从"善"、"恶"置论。以往有些佛教学者曾看到佛学与儒学的这一区别，但没有指出其所以然来，实际上，儒、佛的这一歧异，正是由于探讨对象的不同所致。

当然，儒、佛的这一分歧也不是绝对的，特别到了唐宋之后，由于佛教受到注重人性、心性的中国传统文化的影响，也逐渐走上注重人性、心性的道路，因此也多有以"善"、"恶"论"性"的；同时，儒学受到以佛性为本体的佛教学说的影响，也出现了以人性、心性为本体的倾向。例如，产生于隋代的第一个统一的佛教宗派——天台宗，就大谈心性。天台宗的学说，就其总体说，最重中道实相，他们常常以中道实相为佛性，以中道实相为一切诸法的本原。这种思想明显带有印度佛教注重抽象本体的痕迹。但是天台宗在论述诸法实相时，又经常把它归结于一念心，认为"心是诸法之本，心即总也"（《法华玄义》，卷一上）。也就是说，"心"才是一切诸法的本体，一切现象的总根源。这里，我们看到天台学说已开始从印度佛教的注重抽象本体，转向了注重"心"。天台宗对《华严经》所说的"心、佛与众生，是三无差别"做了大量的论说阐述，认为"己心"、"众生心"与"佛心"是平等互具的，这一说法一定程度地沟通了作为抽象本体的"佛心"和作为具体心性的"己心"、"众生心"。此外，天台宗还把作为抽象本体的佛性归结于"觉心"，曰："佛名为觉，性名为心"（《大乘止观法门》，卷二），"上定者谓佛性，能观心性名为上定"（《止观大意》），把佛性和成佛归结于"心性"和"反观心源"。

华严宗也有类似情形。本来，华严宗是以《华严经》为宗本的，《华严经》中的"如来藏自性清净心"是一个派生万物的抽象本体；但是，华严宗在阐述《华严经》的有关思想时，常常把"如来藏自性清净心"具体化为具有主体色彩的"灵知之心"，并且用迷、悟来说众生、诸佛，曰："特由迷悟不同，遂有众生及佛"（《大华严经略策》）。华严宗在阐发"无尽缘起"的理论时，更常以"随心回转"、"各唯心现"来说明万事万物的相入相即。

当然，天台、华严宗所说的"心"还不能说完全指人心、具体心，它在相当程度上仍带有抽象本体的性质，因此，天台、华严的重心性只表现为一种倾向，这种倾向至禅宗倡"即心即佛"，把一切归诸自性、自心，“心”的具体化就被发展到一个新的阶段。

在禅宗的经典著作《坛经》中，一个最基本的思想就是“心即佛”。慧能之后，“心即佛”的思想更被推到极端。到了后期禅宗，一个真常唯心，取代了三藏十二部经，对佛陀的崇拜在相当程度上变成了对“心”的崇拜。

值得指出的是，神宗的“心”已不像天台、华严二宗的“心”那样具有浓厚的抽象本体性质，而是更加人性化、具体化。实际上，禅宗对传统佛教的改革，正是建立在改变“心”的内涵的基础上的，而这一改变又是从慧能把着眼点由注重抽象本体变为注重现实的“人”开始的。慧能佛教学说的特点之一，是喜欢直接谈人，谈人心，谈人性，而不像以往的佛教思想家那样，喜欢做虚玄抽象的推演论证。例如，在《坛经》中，慧能屡以人性谈佛性：“世人性净，犹如清天，慧如日，智如月”，“人性本净，由妄念故盖覆真如，但无妄念，性自清净”，“世人性本清净，万法在自性”，等等。这种直接把佛性归结于现实人性的做法和思想，与传统佛教总是把佛性诉诸抽象本体的思想，是迥异其趣的。而把眼光从抽象本体转向人，又导致了中国佛教的另一个根本性变化，即由传统的注重出世，一改而成为注重入世，倡即世间求解脱。

这里，我们碰到这样一个问题，作为中国佛教代表的禅宗，为什么在思想内容上会发生这样一些根本性的变化？毫无疑问，中国古代的经济条件、政治制度都对这种变化产生了重要作用，但如果从思想文化背景角度说，儒家重人、重现实的思想风格，无疑是造成中国佛教思想发生转变的重要原因之一。

当然，儒家思想对佛教学说的影响，只是事情的一个方面，在儒学与佛学的相互关系中，影响往往不是单方面的，而是双向的。也就是说，佛教自传入中国后，既受到中国传统文化的影响，逐步走上中国化的道路，也经常反过来影响中国的传统文化，使中国古代的传统文化带上了佛教的深刻印痕，这一点，在隋唐以后的儒学中表现得特别明显。例如，儒家向来重人、重人性而不谈抽象本体，但自隋唐之后，儒学便一反不谈本体的传统，而倡天人合一的心性本体论。在修养方法上，儒学也受佛教“明心见性”、“反观心源”等修行方法的影响，而大谈“复性”、“善反”、“发明本心”等。

在研究唐宋佛学对儒学的影响时，唐代思想家李翱的《复性书》是一部特别值得注意的著作。《复性书》共三篇，全书以恢复孔孟道统为己任。从表面上看，该书所据多为儒典，所语也多属儒言，其目的在于恢复孔孟道统；但是，如果人们深入到其思想内部，就不难发现，该书的思想旨趣及表达方法，与中国佛教的佛性理论，多有相近、相通之处，以致从某种意义上说，《复性书》是以儒家的语言，讲佛教的佛性理论。

宋明时期，儒学受佛学的影响更甚。宋明理学家大多反佛，但又都在反佛的旗号下，偷运了大量佛教的佛性理论。这样，宋明理学成为一个以儒家的《论语》、《孟子》、《大学》、《中庸》为构架，以佛教的心性理论为纲骨，以“存天理，灭人欲”为标志的庞大的人生哲学体系。

宋儒自濂溪以降，就大大改变了儒家罕言性与天命，不讲本体的传统风格，而易之以心性为本体的人性理论。

周子之学，带有浓厚的天道本体或人性本体的特色。他一方面把天道伦理化，另一方面又把伦理天道化。他把天道伦理化的目的，是为了把伦理天道化。周子的《太极图说》，就其主旨说，是要“明天理之本源，究万物之始终”，但是，它的落点又常常回到人、人性、人伦道德之常规。他“推明天地万物之源”的目的，是为了说明道之大源出于天。这种理论的思想路线，与隋唐佛教的佛性理论把佛性人性化，从而使人性佛性化是同一条路。

宋初另一大儒张载也深受佛学的影响。张载在宋儒中排佛最烈，斥佛家之性空、幻化诸说，抨击“浮屠以山河大地为见病”；但是，从思维方法的角度说，张载受佛学的影响也最大。

张子之学，可以说是中国哲学史上第一个具有严格本体论意义的哲学体系，他的“天地之性”、“气质之性”说更是历史上第一个从“体”、“用”角度去阐述人性及其本质的理论。此说克服了以往各种人性学说在理论上所碰到的矛盾与困难，把历史上的人性学说在理论思维方面大大向前推进了一步，为宋明理学的人性论开了一条新路，成为“天命、气质之性”、“天理、人欲之辨”的嚆矢。张载人性理论对于宋明的人性理论确实“功不可没”，而从理论思维的角度说，系得之于佛教的本体论哲学。

二程对佛教亦持两面态度，既反对排斥，又吸收融合。他们一方面认为佛教是“无伦类”，要学者对于释氏之说“直须如淫声美色以远之”，另一方面对佛教的戒、定、慧三学大加赞扬，其治学、修养的三部曲——“静坐”、“用敬”、“致知”，在一定程度上是受佛教戒、定、慧三学的启迪而推演出来的。

作为理学集大成者的朱熹，对待佛教的态度，大体与周、程相类。一方面，朱熹反对、贬斥佛教，认为“禅学最害道”，“只是废三纲五常这一事，已是极大罪名”（《续近思录》）；另一方面，他又吸收了大量佛教的思想，特别是佛教的心性理论和修养方法。因此，朱子之学，在许多方面带有浓厚的佛教色彩。其一，朱熹所说的“天理”、“天命之性”，就与禅宗所说的佛性颇相近。如果说禅宗所说的佛性多是披上一层佛性外衣的人心、人性，那么，朱子所言之“天理”、“天命之性”，则是一种佛性化了的道德本体，外表有小异，内容无大殊。其二，朱熹学说中人物天地同一本性的思想，实是佛教“凡圣无二”、“众生即佛”、“万类之中，个个是佛”的异说。其三，朱熹所言“尽性知天”，与禅宗所说之见性成佛异曲同工。其四，朱熹所谓圣人只是教人“存天理，灭人欲”等说，更是佛家去妄证真之翻版。

理学家们如此，心学家受禅学影响更深。朱熹在心性问题上，看法与禅学有些分歧，主张严分心性，认为心属气，性属理，心性非为一物。陆九渊以禅宗的思想方法批评朱熹这是“叠床架屋”，主张把性、理归诸一心，认为“千万世之前有圣人出焉，同此心同此理也；千万世之后有圣人出焉，同此心同此理也；东南西北有圣人出焉，同此心同此理也”（《杂说》），“此心此理，实不容有二”。陆九渊这种“心即理”的思想，与禅宗所谓“心即佛”的思想实际上没有多少区别，因为陆九渊所说的“心”，与禅宗所说的“心”一样，是一个包揽宇宙、古今的本体。在修养方法上，陆更以“发明本心”与禅宗的“明心见性”相呼应。至于如何发明本心，陆也像禅宗主张的“自心是佛”、“无须向外四处寻觅”一样，强调“道不外索”、“切己自反”，认为“本心”为我所固有，于自家身上用力即可，不必向外四处求索。总之，陆学之类禅入禅，至甚至深，朱熹及后儒在评论陆九渊的言论风旨时，或称其“全是禅学，但变其名号耳”（《朱文公文集》，卷四十七），或说“金溪学问，真正是禅”（《朱子语类》，卷一百二十四），“大抵用禅家宗旨，而外面却又假托圣人之言，牵就释意”（《朱文公文集》，卷三十五）。

宋明心学的另一位代表人物王阳明在吸收融合禅学方面比陆九渊走得更远。王学在陆学的基础上，进一步倡鸟啼花落、山峙川流，皆吾心之变化，主张“良知”生天生地，成鬼成帝，是造化之精灵，万物之根据，把心学推到极端，与禅宗的绝对唯心论更相契合。

王学中影响最大的当推“良知”说。此“良知”实是佛教之本体，即禅宗所谓“本来面目”。王阳明说：“良知只是一个天理自然明觉发见处，只是一个真诚恻怛便是他本体”（《答聂文蔚书》），“本来面目，即吾圣门所谓良知”（《答陆原静书》）。此外，在修行方法上，王学也多模仿禅宗。禅宗谓佛性本自清净，只因客尘烦恼盖覆，不能自见，若能“离相”、“无念”，便可成佛做菩萨；王阳明则认为，人心体本自明净，只因私欲习气染污蔽障不能自见，若能为学去蔽，复得明净之心体——良知，则离圣贤无远。慧能曾以人性本净，犹如天常清，日月常明，只因乌云盖覆不得清净为喻，说明佛性与客尘烦恼的关系；王阳明也有圣人之知如青天日，贤人如浮云日，愚人如阴霾日一说。禅宗修行方法的一个重要特点是“不立文字、直指心源”、“不依经教、超佛越祖”，王阳明的修养方法也反对为经句文义所牵蔽，认为“六经皆吾心之记籍”，强调要自信，“不要揣摩仿依典籍”，主张“致良知成德性，漫从故纸费精神”。王门后学在修养方法上也与后期禅宗相类似。后期禅宗在修行方法上由直指心源、顿悟见性一变而为饥食困眠、纯任自然，王门后学自龙溪、心斋以降，也盛行自然无为之风。他们认为万紫千红、鸢飞鱼跃，无非天机之动荡；花落鸟啼，山峙川流，都是良知之流露，主张“率性功夫本自然，自然之外更无传”，“七情不动天君泰，一念才萌意马狂”，“此心收敛即为贤，敛到心无识性天”。教人功夫应做到如无识小童，嬉游笑舞，皆是鱼跃鸢飞景象，并说：“吾人心体活泼，原来如此。”王学及王门后学不论在思想内容还是思想风格上都与禅宗极其接近，有时甚至很难分清哪是禅学，哪是王学，因此后来的许多思想家径直称王学为禅学。

三、佛教伦理与儒家纲常

宋明理学在思维方式、思想内容等方面受到佛教特别是禅宗的深刻影响，但是，在纲常伦理方面，理学家乃至中国古代的儒者们对佛教却采取坚决抵制和排斥的态度，这一点是导致儒佛之间长期激烈斗争的一个重要原因。

儒家的伦理学说，是中国古代宗法制度的思想基础，特别是作为儒家伦理学说核心的“三纲五常”，更是中国古代宗法制度的根基所系。此“三纲五常”，从某种角度说，又可进一步归结为“忠”、

“孝”二字。所谓“忠”，即臣民对君王要忠，“孝”者，即子女对父母要孝敬。此忠、孝是伦理之纲、百行之首，在中国古代社会根深蒂固，影响深远，因此儒家常常借此攻击、排斥佛教。佛教为了在中国这块土地上求得生存和发展，长期以来进行了大量艰苦的解释与辩白，但由于佛教是一种出世的宗教，其伦理思想与儒家伦理思想有着许多根本性的区别，因此，一直到唐宋时期，其伦理思想仍是儒家攻击的一个重要目标。这种情况就向中国佛教提出了一个问题，如果它不在伦理观方面有所改变，就很难在中国长期存在下去并求得较大的发展。现实的需要，终于迫使唐宋时期的中国佛教在伦理观方面做出较大的调整。

佛教原自认为是方外之宾，故主张不受世俗礼仪之约束，反对跪拜君亲，在伦理思想方面，也以不存身顺化，而以反本求宗之“大孝”抵制世俗之事养孝敬；但是，受中国传统文化的影响，唐宋时期的佛教在这方面开始发生变化。例如，宋代名僧契嵩写了一篇全面论述佛教孝道的著作，名《孝论》，声称“夫孝，诸教皆尊之，而佛教殊尊也”，认为“夫孝，天之经也，地之义也，民之行也”，“圣人之善，以孝为端”，并且把父母作为“天下三大本”之一，主张“律制佛子，必减其衣盂之资，以养父母”，与以前佛教所说的“大孝”颇相径庭，而与儒家所说的孝道更为接近。明代僧人也著有《孝闻说》、《广孝序》等文，大谈孝道。更有甚者，宋明时期社会上还经常出现一些“孝僧”，提倡“三年必心丧”等。所有这些，充分说明唐宋之后的中国佛教已被相当程度地伦理化了，同时也说明，传统的儒家文化在改造外来文化方面，有时具有巨大的力量。

另外，传统的儒家伦理哲学不仅在孝道方面深刻影响了中国的佛教学说，而且在人伦五常方面也给中国佛教以很大的影响。中国古代的许多僧侣及佛教信徒经常以佛教的五戒比儒家之五常。南朝时的颜之推在《归心篇》中就曾指出：“内典初门，设五种之禁，与外书仁义五常符同。”宋契嵩的《孝论》也把佛之五戒比诸儒家的五常，并且说：“儒、佛者，圣人之教也。其所出虽不同，而同归乎治”，认为儒、佛二教殊途同归。实际上，唐宋之后，儒学与佛学确实日趋合流，盛行于宋明时期的理学，就是这种合流的产物。

最后，有一个问题必须强调指出，即隋唐之后的中国佛教为什么被人性化、伦理化？对此，似不宜单纯认为这是佛教为了适应中国的传统思想，避免遭攻击、受排斥所做的一种姿态、一种让步。

实际上，由于隋唐之后的中国佛教已不像传统佛教那样把着眼点放在抽象本体上，而是日益注重人，日益把抽象本体归结于现实的人性，变成一种世俗化、人性化的宗教，因此，注重人与人之间现实的伦理关系，已是隋唐之后中国佛教的一种内在需要，而不单纯是一种让步、一种策略。

附录四 《中国佛教百科全书》总序

佛法广大，号称八万四千法门；经典浩瀚，总有三藏十二部之众。这是一份极可宝贵的人类遗产和精神财富。随着人们对其宗教、文化乃至社会价值认识的不断深入，时下学佛者日多。然而，面对八万四千法门，究竟应该从何而入？浩如渊海的经典宝藏，又如何才能真正做到开卷有益？初学有得者，怎样才能循序渐进，更上一层楼？素有研究者，又如何广开思路，进一步发掘佛教的文化、社会价值，为净化人的心灵、创建时代的精神文明做贡献？凡此种种，《中国佛教百科全书》将试图做出力所能及的贡献。

佛教经典浩繁、义理精深。《经典卷》对所有重要佛教经典的结集、分类及各部经典的撰译者、基本思想与其在佛教史上的地位等进行了简明扼要的介绍与评释，让你一目了然、阅藏知津。《教义卷》则对整个佛教基本教义的形成、思想意蕴和哲学内涵等分门别类地进行了深入浅出的阐析与评述，使人们对佛教义理的思想内容和哲学意蕴有一个较为全面、清晰的了解。

佛教源远流长，宗派繁多。《历史卷》对佛教传入中国后的历史发展及这种发展的社会历史根据、思想文化背景等进行了线条清晰而又资料翔实的梳理与剖析，以有限的篇幅展现了中国佛教的历史演变和发展大势。《宗派卷》则对中国佛教史上从魏晋南北朝般若学的“六家七宗”到隋唐佛教四大宗派各自的思想渊源、学术传承、基本义理以及各派之间的相互联系与此消彼长等，进行了颇为深入的论述与辨析，一展隋唐佛学盛世之风采。

中国佛教，自汉魏至明清，高僧辈出，代有其人。《人物卷》对中国佛教史上较著名的大德高僧之生平活动、思想特质、译经弘法、道行德操等的报道，既客观公允，又深入具体，从一个侧面反映了中国佛教发展的历史风貌。中国佛教的制度仪轨，有些承续于印度佛教，有些则颇具中国特色，史称“马祖创丛林，百丈立清规”，说明中国佛教的寺院制度和礼仪清规多有本土僧人的创造。《仪轨制度卷》对中国佛教的寺院殿堂、教职教制、节日礼仪乃至罗汉诸天等都有较详尽具体的介绍与述评，借此可以一窥汉化佛教的制度仪轨和寺院生活。

中国佛教的另一个重要特点，就是受中国传统文化的影响逐渐走上中国化的道路。隋唐以降，中国化的佛教又反过来对中国传统文化产生巨大的影响，此中尤以禅与传统诗、书、画的结合进而演化为禅诗、禅画表现最为突出。《诗偈卷》精选了近二百篇的诗词偈句，既深入地剖析了这些诗篇的文学意韵，又着重揭示了其中所蕴涵的佛理禅趣，并且通过比较分析的方法，探讨了禅与中国古代诗歌之间的相互渗透和相互影响，使人们切实地看到，禅与古代诗歌的关系，正如古人所说的：“不懂得禅，不足以论诗。”《书法绘画卷》则采取个案分析与历史叙述相结合的方法，较深入地揭示出佛理禅趣与中国古代书画的相互关系：一方面，僧人禅师常常染指书画，另一方面，书画家也多涉足佛教；一方面，佛理禅趣大量融入书画之中，另一方面，书坛画苑处处流露出禅机佛意。中国古代书画的历史发展，确实与中国佛教思想的演变遥相呼应、息息相关。

佛教艺术是中国佛教文化的一个重要组成部分，此中尤以佛教雕塑、佛教建筑以及佛教对中国古代雕塑、建筑艺术的影响，值得人们进行深入的探讨和发掘。《雕塑卷》对佛教雕塑艺术的传入、流变及其形成中国特色的发展道路，佛教雕塑的造型、装銮乃至石窟艺术中之彩塑、壁画等，都进行了颇为深入、详尽的介绍、剖析与论述，较系统地再现了中国佛教雕塑艺术的全貌。《建筑卷》则对中国佛教建筑之历史发展、各派佛教寺院之布局、各种佛教殿堂之结构及其特征，乃至典型之佛教建筑如寺塔、经幢等，进行了较全面和颇为专业性的介绍和评析，不仅对于人们了解历史上的佛教建筑，而且对于日后的寺院、殿堂的构建等，都有一定的借鉴意义。

《中国佛教百科全书》凡十一卷，总三百多万字，从经典、教义、历史、宗派、人物、仪轨、诗偈、书画、雕塑、建筑和名山名寺等十一个方面，较全面系统地再现了中国佛教及中国佛教文化的总体面貌及其历史发展。其中，既有基本知识的介绍，又有主要义理的阐释；既有历史发展的概述，又有个案的深入剖析；既有宗教意义的阐发，又有文化价值的揭示。就编撰者的主观愿望说，力图把通俗性与学术性较好地统一起来，使本套丛书既成为初学者登门入室之阶梯，对佛学研究者又具有较高的参考价值。当然，由于编撰者的学力识见等多有局限，书中之错讹偏颇在所难免，凡此，均俟方家大德的赐正、教示。

1998 年 8 月于南京大学

附录五 《中国佛教十三经》总序

佛教有三藏十二部经、八万四千法门，典籍浩瀚，博大精深，即便是专业研究者，用其一生的精力，恐也难阅尽所有经典。加之，佛典有经律论、大小乘之分，每部佛经又有节译、别译等多种版本，因此，大藏经中所收录的典籍，也不是每一部佛典、每一种译本都非读不可。因此之故，古人有“阅藏知津”一说，意谓阅读佛典，如同过河、走路，要先知道津梁渡口或方向路标，才能顺利抵达彼岸或避免走弯路，否则只能望河兴叹或会事倍功半。《中国佛教十三经》编译的初衷类此。面对浩如烟海的佛教典籍，究竟哪些经典应该先读，哪些论著可以后读？哪部佛典是必读，哪种译本可选读？哪些经论最能体现佛教的基本精神，哪些撰述是随机方便说？凡此等等，均不同程度影响着人们读经的效率与效果。为此，我们精心选择了对中国佛教影响最大、最能体现中国佛教基本精神的十三部佛经，认为举凡欲学佛或研究佛教者，均可从“十三经”入手，之后再循序渐进，对整个中国佛教做进一步深入的了解与研究。

“中国佛教十三经”的说法，由来有自。杨仁山、梅吉庆、中国佛学院都曾列有“中国佛教十三经”，所选经典大同小异。三种版本都选录的经典有：《金刚经》、《维摩诘经》、《法华经》、《楞伽经》、《楞严经》；被两种版本选录的经典有：《心经》、《胜鬘经》、《观经》、《无量寿经》、《圆觉经》、《金光明经》、《梵网经》、《坛经》。此外，《四十二章经》、《佛遗教经》、《解深密经》、《八大人觉经》、《大乘密严经》、《地藏菩萨本愿经》、《菩萨十住行道品经》、《大毗卢遮那成佛神变加持经》为单一版本所选录。本着以上所说的“对中国佛教影响最大、最能体现中国佛教基本精神”的原则，这次我们选择了以下十三部经典：《心经》、《金刚经》、《无量寿经》、《圆觉经》、《梵网经》、《坛经》、《楞严经》、《解深密经》、《维摩诘经》、《楞伽经》、

《金光明经》、《法华经》、《四十二章经》。

佛教发展至今已有二千多年的历史，就其历史发展、思想内容说，有大乘、小乘之分。《中国佛教十三经》所收录之经典，除了《四十二章经》外，多为大乘经典。此中之缘由，盖因佛法之东渐，虽是大小二乘兼传，但小乘佛教在传入中国之后，始终成不了气候，且自魏晋以降，更是日趋式微，直到13世纪以后，才有南传上座部佛教在云南一带的流传，且范围十分有限。与此相反，大乘佛教自传入中土后，先依傍魏晋玄学，后融汇儒家的人性、心性学说而蔚为大宗，成为与儒道二教鼎足而三、对中国社会各个方面产生了巨大影响的一股重要的社会思潮。既然中国佛教的主体在大乘，《中国佛教十三经》所收录的佛经自然以大乘经典为主。

对于大乘佛教，通常人们又因其思想内容的差异把它分为空、有二宗。空宗的代表性经典是般若经。中国所见之般若类经典，以玄奘所译之《大般若经》为最，有六百卷之多。此外还有各类小本般若经的编译与流传，其中以《金刚经》与《心经》最具代表性与影响力。

般若经的核心思想是“空”。但佛教所说的“空”，非一无所有之“空”，而是以“缘起”说“空”，亦即认为，世间的万事万物，都是条件（“缘”即“条件”）的产物，都会随着条件的变化而变化。条件具备了，它就产生了（“缘起”）；条件不复存在了，它就消亡了（“缘灭”）。世间的一切事物，都不是一成不变的，而是一个念念不住的过程，因此都是没有自性的，无自性故“空”。《金刚经》和《心经》作为般若经的浓缩本，“缘起性空”同样是其核心思想，二者又进一步从“对外扫相”和“对内破执”两个角度去讲“空”。《金刚经》的“对外扫相”思想集中体现在“一切有为法，如梦幻泡影，如露亦如电，应作如是观”这个偈句上，对内破执则有“应无所住而生其心”这一点睛之笔。《心经》则以“色不异空，空不异色；色即是空，空即是色；受想行识亦复如是”来对外破五蕴身，以“心无挂碍”来破心执。两部经典都从扫外相、破心著的角度去说“空”。

有宗在否定外境外法的客观性方面与空宗没有分歧，差别仅在于，有宗虽然主张“外境非有”，但又认为“内识非无”，倡“三界唯心”、“万法唯识”，认为一切外境、外法都是“内识”的变现。在印度佛教中，有宗一直比较盛行；但在中国佛教史上，唯有玄奘、窥基创立的“法相唯识宗”全力弘扬“有宗”的思想，并把《解深密经》等“六经十一论”作为立宗的根据。《中国佛教十三经》选录了对“唯识宗”影响较大的《解深密经》进行注译。

《解深密经》的核心思想在论证一切外境外法与识的关系，认为一切诸法乃识之变现，阿赖耶识是生死轮回的主体，是万物生起的种子。经中还提出了著名的“三性”、“三无性”问题，并深入地论述了一切虚妄分别相与真如实性的关系。

与印度佛教不尽相同，中国佛教的主流或主体不在纯粹的“空宗”或“有宗”，而在大乘佛教基本精神与中国传统文化（特别是儒家心性学说）汇集交融而成的“真常唯心”思想，这种“真常唯心”思想也可称为“妙有”思想。首先创立并弘扬这种“妙有”思想的是智者大师创建的天台宗。

天台宗把《法华经》作为立宗的经典依据，故又称“法华宗”。《法华经》的核心思想是“开权显实，会三归一”，倡声闻乘、缘觉乘、菩萨乘同归一佛乘，主张一切众生悉有佛性。《法华经》是南北朝之后，中国佛教开始以大乘佛教为主流的重要经典依据，也是中国佛教佛性理论确立以一切众生悉有佛性、都能成佛为主流的重要经典依据。《法华经》的“诸法实相”也成为中国佛教“妙有”思想的重要思想资源和理论依据。

中国佛教注重“妙有”之思想特色的真正确立，当在禅宗。慧能南宗把天台宗肇端的“唯心”倾向推到极致，其标志则是《坛经》的问世。《坛经》是中国僧人撰写的著述中唯一被冠以“经”的一部佛教典籍，其核心思想是“即心即佛”、“顿悟成佛”。《坛经》在把佛性归诸心性、把人变成佛的同时，倡导“即世间求解脱”，主张把入世与出世统一起来，而这种思想的经典根据，则是《维摩诘经》。

《维摩诘经》可以说是对中国佛教影响最大的一部佛经。不论是作为中国佛教代表的禅宗，还是成为现、当代佛教主流的人间佛教，都以《维摩诘经》中的“心净则佛土净”及“亦入世亦出世”、“在入世中出世”思想为其最为重要的思想资源和经典依据。尤其值得一提的是，贯穿于整部《维摩诘经》的一根主线——“不二法门”，更是整个中国佛教的方法论依据。

《楞伽经》也是一部对禅宗、唯识乃至整个中国佛教有重大影响的佛经。《楞伽经》的思想有两个重要特点，一是融会了空、有二宗，既注重“二无我”，又讲“八识”、“三自性”；二是把“如来藏”

和“阿赖耶识”巧妙地统合起来。因此之故，《楞伽经》既是“法相唯识宗”借以立宗的“六经”之一，又被菩提达磨作为“印心”的依据，并形成了一代楞伽师和在禅宗发展史上颇具影响的“楞伽禅”。

《楞严经》则是一部对中国佛教之禅、净、律、密、教都有着广泛而深刻影响的大乘经典。该经虽有真、伪之争，但内容十分宏富，思想体系严密，几乎把大乘佛教所有重要理论都囊括其中，故自问世后，就广泛流行。该经以理、行、果为框架，谓一切众生都有“菩提妙明元心”，但因不明自心清净，故流转生死，如能修禅证道，即可成就无上正等正觉。这一思想对中国佛教的各宗各派都产生了极其深刻的影响。

《圆觉经》是一部非常能够体现中国佛教注重“妙有”思想特色的佛经。该经主张一切众生都具足圆觉妙心，本当成佛，无奈为妄念、情欲等所覆盖，才于六道中生死轮回。如能顿悟自心本来清净，此心即佛，则无须向外四处寻求。该经所明为大乘圆顿之理，故对华严宗、天台宗、禅宗都有十分重要的影响。

《金光明经》对中国佛教的影响，主要体现在其“三身”、“十地”思想，大乘菩萨行之舍己利他、慈悲济世思想，金光明忏法及忏悔思想，以及天王护国思想。由于经中所说的诵持本经能够带来不可思议的护国利民功德，故长期以来被视为护国之经，在所有大乘佛教流行的地区都受到了广泛重视。

《无量寿经》是以“十方净土”思想为根据的净土类经典，也是净土宗所依据的“三经”之一。经中主要叙述过去世法藏菩萨历劫修行成无量寿佛的经过，及西方极乐世界的种种殊胜。净土信仰自宋之后就成为与禅并驾齐驱的两大佛教思潮之一，到近现代更出现“家家阿弥陀，户户观世音”的景象，故《无量寿经》在中国佛教史上的影响至为广泛和深远。

《梵网经》在佛教“三藏”中属“律藏”，是大乘戒律之一。在中国佛教大乘戒律中，《梵网经》的影响最大。经中主要讲述修菩萨的阶位（发趣十心、长养十心、金刚十心和体性十地）和菩萨戒律（十重戒和四十八轻戒），是修习大乘菩萨行所依持的主要戒律。另外，经中把孝与戒相融通、“孝名为戒”的思想颇富中国特色。

所以把《四十二章经》也收入《中国佛教十三经》，主要因为该经是我国最早译出的佛教经典，而且是一部含有较多早期佛教思想的佛经。经中主要阐明人生无常等佛教基本教义和讲述修习佛道应远离诸欲、弃恶修善及注重心证等重要义理，文字平易简明，可视为修习佛教之入门书。

近几十年来，中国佛教作为中国传统文化的重要组成部分，以其特殊的文化、社会价值逐渐为人们所认识，研究佛教者也日渐增多。要了解和研究佛教，首先得研读佛典。然而，佛教名相繁复，义理艰深，文字又晦涩难懂，即便有相当文史基础和哲学素养者，读来也颇感费力。为了便于佛学爱好者、研究者的阅读和把握经中之思想义理，我们对所选录的十三部佛典进行了如下诠释、注译工作：一是在每部佛经之首均置一“前言”，简要介绍该经之版本源流、内容结构、核心思想及历史价值；二是在每一品目之前，都撰写了一个“题解”，对该品目之内容大要和主题思想进行简明扼要的提炼和揭示；三是采取义译与意译相结合的原则，对所选译的经文进行现代汉语的译述。这样做的目的，是希望对原典的阅读和义理的把握能有所助益。当然，这种做法按佛门的说法，多少带有“方便设施”的性质，但愿它能成为“渡海之舟筏”，而不至于沦为“忘月之手指”。

庚寅年春于南京大学

附录六 《中国佛教通史》序

佛法东传中土之后，伴随着佛教的传播与发展，不同时期的僧人、学者曾经有不少关于僧传、僧史、宗派史乃至断代佛教史的撰述，但至今为止，尚没有一部完整的中国佛教通史。二十几年前，任继愈先生曾组织了一批资深的佛教研究者，欲编写一部《中国佛教史》，但由于多方面的原因，只编写完前三卷就搁置下来了，成先生终生之一大遗憾。日本学者镰田茂雄曾有《中国佛教通史》之作，但同样未竟而终，遂使完整《通史》之编撰，至今仍是空白。

2004 年，国家“985 工程”（二期）启动，我们南京大学中国哲学学科组建了“宗教与文化研究中心”，并在申报财政部、教育部“哲学社会科学创新基地”中获得成功。研究中心根据学科建设的需要和前期研究成果的特点，决定把编撰《中国佛教通史》（简称“《通史》”）作为“985 工程”（二期）建设的重点课题。在整合南京大学佛学研究力量的基础上，又延聘了国内十多个高校与研究所的 22 位专家、学者，组成《中国佛教通史》编写组，经过五年多的集体攻关，终于有了这部起自佛教初传中土迄于 20 世纪 40 年代，涵盖中国佛教之经典、制度、文物、思想乃至三教关系、对外交流等方方面面的《中国佛教通史》。

本《通史》的编撰在遵循“史实为本”的“通史”编写“通例”基础上，适度强调了教与理兼容、史与论并重的原则。举凡学术界已达成共识的问题，采取学界的“定论”；对于那些尚有争议，看法未尽一致的问题，则根据作者的研究，直抒己见，以期抛砖引玉。因此之故，本《通史》有“学术版”之称。

（一）

佛教传入中国，不论对于佛教本身，还是对于中国古代学术文化的发展，都具有非常重要的意义。

就佛教而言，东传中土后，首先遇到的是本土化问题。要而言之，佛教初传的汉魏两晋时期，本土化现象大致有三：一是魏晋般若学的玄学化，二是“神不灭”成汉魏两晋南北朝佛教的基本教义，三是佛教报应理论的中国化。

魏晋时期，中国古代学术思想出现了一个重大转折。与汉代学术界的思想多侧重于天道物理之探求不同，魏晋时期的玄学家多以谈有说无为旨趣，以体道通玄为终的。这种社会风尚、社会思潮，对当时的佛教产生了深刻的影响。当时的佛教名僧，多通世典，好谈虚玄，传法讲道，理趣既符老庄，风神也类谈客。他们行事风格、研读书籍，及所用之名词术语方面，均与玄学家没有多少区别。至于思想内容方面，则常常玄、佛互证，以“无”谈“空”，“涅槃”、“本无”遥相符契，真可谓名人释子，携手并进，玄谈佛理，共入一流。魏晋时期的“六家七宗”，集中地反映了这种玄、佛合流的情形。

所谓“六家七宗”，指魏晋时期传扬般若学的六个佛学派别。它们是本无、心无、即色、识含、幻化、缘会六家，其中，“本无”一家又分出“本无异”宗，故有“六家七宗”之称。

按基本观点说，“七宗”又可分为三个主要派别，即“心无”、“即色”和“本无”。这三个基本派别都是本土化了的般若学，用僧肇的话说，都“偏而不即”，亦即都不同程度地偏离了正统般若学的轨道，而带有浓厚的玄学化色彩。当然，如果从探讨历史文化及宗教思想历史发展的角度说，更为重要的也许不在于谁“正”谁“偏”，而在于它是如何偏的，为什么会“偏”。

实际上，般若学传至中土后为什么会走样，为什么会发生偏差，这与汉代佛教为什么会被理解成神仙方术是同一性质的问题，即对一种外来宗教、外来文化的接受，总是在传统的思想方式上进行的。与汉代人用传统的神仙方术去理解佛教一样，魏晋时期的士大夫用当时流行的玄学去理解般若学，结果把般若学变成一种游玄清谈之助资，般若学之“真谛”、“俗谛”思想，“缘起性空”理论等，被变成一种本末、有无之谈。

从外来文化与本土文化的相互关系说，任何一种外来宗教、外来文化传至异国他乡，首先得依附于当时当地的传统文化寻求一个立足点，之后才有可能进一步谋求自身的独立发展。般若学的传入与流行也经历了这样一个发展过程。起初，它依附于玄学，借助玄学的清谈而得到传播，这种情形正如当时著名的佛教思想家道安所说的："自经流秦土，有来自矣。……以斯邦人《老》、《庄》教行，与方等经兼忘相似，故因风易行也。"（道安：《鼻奈耶序》）这是说，般若学在当时是借助于《老》、《庄》玄谈而得到流行的。鉴于这种情况，当时的许多佛徒名僧，多以玄解佛，以《老》、《庄》谈般若。这种方法也就是盛行一时的"格义"学风。

所谓"格义"，即援用中国传统的概念来解读外来的佛教，如《高僧传》卷四所说的："以佛经事数拟配外书，为生解之例，谓之格义。"据史料记载，当时的许多名僧，如竺法雅、慧远等，都精通"格义"，常常"引庄子为连类，使惑者晓然"。为了更好地用"格义"的方法来宣传佛教的学说，许多佛教名僧往往博览外书，深明世典，精通六经，尤善《老》、《庄》。支遁"雅善《老》、《庄》"，竺法护"博览六经，涉猎万家之言"，竺道潜"优游讲学三十余载，或畅方等，或解《老》、《庄》"。

以上两种情况加在一起，造成了这样一种局面：当时的沙门，多有深明世典者在，士大夫中，亦不乏通达释教之人，故高僧名流常玄、佛互证，以般若比附《老》、《庄》，以外书注释内典。这种玄佛互证的直接后果，是魏晋时期的般若学被打上了玄学的深刻印痕。

佛教的中国化除了表现为般若学与玄学的交融汇合外，还表现为受中国传统"灵魂不灭"观念的影响，汉魏南北朝时期的中国佛教以"神不灭"为根本义。

印度佛教原是反对神教的，原始佛教反对婆罗门教的大梵创世说，但佛教从婆罗门教那里继承了业报轮回的思想。佛教之讲业报轮回，却没有轮回的主体，这给人们理解业报轮回造成很大的困难；中国人以传统的灵魂不灭思想去接受和理解佛教，接受和理解佛教的业报轮回思想，结果把不灭的灵魂作为轮回业报的主体，把不变的神性作为成佛解脱的根据，进而把"神不灭"作为佛教的根本教义。东晋的慧远和南朝的梁武帝是宣扬这种思想的主要代表人物。慧远主张"形尽神不灭"，梁武帝萧衍撰《立神明成佛义记》，力陈人死后灵魂不灭，神性不断。正因为神性不断，所以"成佛之理皎然"。这种思想受到当时一些思想家的反对，由此演化出南北朝时期的形神之争。

南北朝时期反对慧远与梁武帝"形尽神不灭"思想的最主要代

表是范缜。范缜从“形神相即”、“形质神用”等方面驳斥了“形尽神不灭”，论证了“形尽神灭”。中国古代思想史上的这场“形神之争”，不应该仅仅被看成佛教徒与世俗思想家之争，而应该将之看作中国古代思想发展史上重要的一环。

与形神之争相联系的另一个问题是“因果报应”之辩。魏晋南北朝的佛教界把佛教的“因果报应”理论与中国传统的“灵魂不灭”思想相结合，提出了一套具有中国特色的“因果报应”学说——“三报论”。

就承认报应是“业报”、“自报”而不是通过上帝鬼神的奖惩来实现这一点说，“三报论”采取了印度佛教的说法；但是，“三报论”又把报应的主体付诸“不灭的灵魂”，正是在这一点上，慧远的“三报论”具有浓厚的本土色彩。

当然，中国化的佛教仍然是一种佛教，当它离开印度传统佛教太远时，必然就会遭到一些佛教徒的批评和反对。晋宋之际兴起的以注重研究佛教经论为特点的佛教诸学派，在一定意义上说，就具有某种向“正统”佛教回归的色彩。

从中国佛教的发展过程看，首先向“正统”佛教回归的是般若学，僧肇是其中最具代表性的思想家，其《不真空论》可视为这方面的代表作。

在《不真空论》中，僧肇在把魏晋般若学的“六家七宗”概括为“心无”、“即色”、“本无”三大派别，并逐一对它们进行深入批判的基础上，提出了“不真即空”的命题，把魏晋般若学拉回到“正统”般若学的轨道。

般若学之外的另外一种本土化色彩较浓的佛教思想，即以“神不灭”为佛教的基本教义，在两晋南北朝时期，也面临着一个如何回归“正统”佛教的问题。如果说慧远的“三报论”因其较圆融地融摄了印度与中土的两种宗教与文化，加之“报应说”在学理上属于“俗谛”层面，因此回归“正统”的理论需求相对而言还不是十分迫切的话；那么，作为其理论依托的“神不灭论”，则是中国佛教在其往后发展中无论如何必须解决的问题。这方面，以竺道生为代表的涅槃佛性学说，集中体现了两晋南北朝时期中土佛性论的理论回归。

竺道生有“中土涅槃圣”之称，在中国佛教史上首倡众生有佛性、顿悟成佛说。竺道生的这种学说是以他对佛性的理解和界定为基础的。

在《大般涅槃经集解》等著作中，竺道生分别从几个不同的角度诠释和界定了佛性：或以法为佛性，以体法为佛；或以理为佛性，以当理为佛；或直接以“如来”说佛。这种种说法之背后，有一个相同的理论依托，即以“体性”说佛性，用道生的话说，即“佛性我”。此“佛性我”的最大特点，是我与无我的统一，它不即诸法而又不离诸法，是诸法背后的“本体”。这样，魏晋南北朝的佛性理论，又成功实现了向大乘佛教以“体性”说“佛性”的理论回归。

纵览魏晋南北朝佛教的历史发展，除了般若学和佛性理论这两大思想系统，走着一条在不断中国化过程中，通过理论回归保持佛教的基本精神的发展道路外，其他的佛教思想派别，也经常通过“正本清源”和回到经典本身的方式，寻找和保持佛教的真精神。南北朝出现的佛教诸学派，可以说就是这一思潮的产物，因此有了以《摄论》为中心的“摄论学派”和以《地论》为中心的“地论学派”等等。

(二)

隋唐两代是中国佛教的鼎盛期，也是中国佛教的成熟期。这一时期出现之佛教诸宗派，大多另辟蹊径，自造家风，以“六经注我”的精神，“说己心中所行法门”。天台宗以“性具善恶”的佛性理论和“止观并重”的修行方法，一改佛教有关佛性至纯至善传统说法和南北朝以来南义北禅的分裂局面，建立了第一个具有中国特色的统一的佛教宗派。其“五时八教”说更是别出心裁，自成系统，以自家的理解，对释迦一代说法进行了重新编排。天台宗之不依经教精神，使得有人责备它改变了印度佛教的本来面目。华严宗在杂糅百家、兼收并蓄方面走得很远，它以“圆融无碍”的理论为法宝，调和了中土佛教史上“众生有性”论与“一分无性”说的尖锐对立，使它们各得其所。根据《大乘起信论》的“心造诸如来”和“一心二门”的思想，改变了《华严经》以“法性清净”为基础说一切众生乃至诸法的平等无碍，从而使中土佛教的唯心倾向更加明显，为以心为宗本之禅宗的发展铺平了道路。作为中国佛教代表的禅宗，更远承佛陀的本怀，面对现实人生且直探心海，由超佛之祖师禅而越祖之分灯禅，对佛教之传统和传统之佛教进行了革命性的变革。至此，印度佛教的中国化已发展成为中国化的佛教。

禅宗是一个影响最大、最具中国特色的佛教宗派，隋唐之后，几乎成为中国佛教的代名词。虽然从传法世系说，菩提达磨为中土禅宗初祖，但禅宗的真正创始人，是慧能。由于慧能对传统禅法进行了一系列根本性的变革，因此在佛教史上有“六祖革命”一说。

“六祖革命”的核心，若一言以蔽之，是对传统佛性理论的变革。如果说竺道生的佛性理论把一度被本土化了（即以“不灭之神性”说佛性）的佛性理论回归到大乘佛教的以“体性”说佛性、以“如来”说佛，那么，进入隋唐之后，随着天台和华严二宗把佛性逐步“唯心”化，至慧能禅宗，佛性则被完全归结于“心性”。“心即佛”佛性理论的确立，终于导致禅宗在修行理论和解脱方法等方面发生了根本性的变化。

原始佛教依靠佛度，后来之佛教强调佛度、菩萨度，到了六祖慧能，注重自性自度。慧能这一自性自度的思想，后来被他的后学做了进一步的发挥，如慧海讲：“当知众生自度，佛不能度”（《大珠禅师语录》，卷上）。黄蘗希运则说众生心本是佛，佛即众生心，众生即佛，佛即众生，众生与佛，元同一体，“何处有佛度众生，何处有众生受佛度”（《黄蘗断际禅师宛陵录》）。黄蘗希运这段话揭示了慧能禅宗讲究自性自度的理论依据，即佛不是某种外在信仰、崇拜对象，而是众生之自心自性，因此佛不能度众生，众生必须自度。

在修行方法上，印度佛教讲历劫苦修，禅宗以前的中国佛教也强调依经教修行，即便是禅宗的前几祖，也都十分注重修禅静坐。如达磨之禅，以壁观而著称；二祖慧可以注重坐禅而闻名；三祖僧璨提倡“隐居空山，萧然静坐”；四祖道信以山林是托，提倡“闭门坐”；五祖弘忍亦提倡独处幽栖，潜形林谷，长辞俗事，养性山中。五祖弘忍以后，出现了南能北秀，后由此发展为南北二宗。二宗之分，亦因修行方法的差异所致。北宗神秀讲“住心观静”，南宗慧能则主张“禅非坐卧”，注重“道由心悟”，这与传统佛教之谈修行、禅坐迥异其趣。

传统的佛教主张远离尘俗、出世潜修，即便是禅宗的前五祖，也都比较重林谷而远人间，都提倡独处孤栖，潜形山谷，泯迹人间，杜绝交往。这种情况自慧能之后发生了根本性的变化。慧能在《坛经》就屡屡语及解脱不离世间的问题：“佛法在世间，不离世间觉；离世觅菩提，恰如求兔角。”自慧能大力提倡解脱不离世间之后，禅宗乃至整个中国佛教逐渐朝着既入世又出世的道路发展，这正如玄觉在《永嘉证道歌》中所说的："游江海，涉山川，寻师访道为参禅。自从认得曹溪路，了知生死不相关。"在此基础上，慧能后学进一步向世间化方向迈进，把世间与出世间打成一片，提出"不动意念而超彼岸，不舍生死而证涅槃"。主张混俗和光，做一个本源自性天真佛。

唐五代之后，兴盛于唐的各大宗派相继式微，而禅宗则一枝独秀，这是不争的事实。现在的问题是，如何去解读、评析这种历史现象？以往有些学者在回答这个问题时把它归结为隋唐之后寺院经济的瓦解和经典文书的毁坏。诚然，这也许是重要原因之一，但是，禅宗之所以会发展成为中国佛教的代表，最根本的原因，是其思想适应当时社会的需要。慧能南宗思想的最大特点，是儒学化，更具体点说，是心性化、伦理化。从这个意义上说，要回答慧能禅宗为什么能够成为中国佛教的代表，首先得回答儒学何以在中国古代几千年久盛不衰，何以能成为中国古代学术思想的主流。考诸中国古代诸子百家，儒家只是其中之一支，其思想也不是特别精深博大，体系亦非特别严谨；但是，它有一个最大的长处，即适应时势，符合国情，所提出的主张，能够适合中国古代社会的需要，这也是儒学成功的根本原因所在。禅宗亦然，禅宗的思想不像天台、唯识、华严等宗派那样博大精深，也没有非常严谨的思想体系，但它却能为广大民众乃至士大夫所接受，从而成为中国佛教的代表。这种现象从理论上说，亦即"理论在一个国家实现的程度，总是决定于理论满足这个国家的需要的程度"①。

（三）

宋元时期的佛教，若举其大端，主要有四个方面的内容值得特别关注：一是"看话禅"，二是天台"山家山外之争"，三是禅教合一与禅净合流，四是佛教思想与儒家思想的交融。

中国禅宗自唐末、五代之后，"一花开五叶"，出现了五祖分灯，其中沩仰创立并繁兴于唐末五代，开宗最先，衰亡亦最早，前后仅四世，仰山慧寂后四世即法系不明；法眼在五宗中创立最迟，兴于五代末及宋初，至宋中叶即告衰亡；云门一宗勃兴于五代，大振于宋初，至雪窦重显时宗风尤盛；曹洞宗自云居道膺后即趋衰微，从芙蓉道楷后宗风再振，丹霞子淳下出宏智正觉，倡"默照禅"，是赵

---

① 《马克思恩格斯选集》，2版，第1卷，11页，北京，人民出版社，1995。

宋一代禅学之一大代表；临济在五宗中流传时间最长，影响也最大，一至于有“临天下”之说。该宗自石霜楚圆下分出黄龙、杨歧二系，大盛于宋中叶，至佛果克勤下出大慧宗杲，倡“看话禅”，风行一代，对后世影响至为深远。从传法世系上说，此五宗均出于慧能门下，属南宗禅；从禅宗自身的发展史说，此五宗均属“分灯禅”。为了能更好地把握宋代禅学的思想特质，有必要先看看此时的禅学较诸以往的禅学在哪些方面发生了变化。

宋元禅学有一个不同于前期禅宗的重要地方是出现了许多“语录”、“灯录”，甚而“评唱”、“击节”。如果说前期禅宗曾以“教外别传”、“不立文字”为号召而在中国佛教界独树一帜，那么，此时期的禅宗则又由“不立文字”一变而成了“不离文字”。

文字禅的泛滥，给当时禅宗至少带来了两个后果：一是使得禅师们注重文字技巧，走上舞文弄墨的道路，失却了禅宗“不立文字”的本色；二是“评唱”、“击节”的目的，是为了使人容易“理解”，但是，“禅”本身就是只可意会，不可言传，不可以义理加以解释的，正如大慧宗杲所说的，参禅“是一超直入如来地”，“须是直心、直行”，“拟议思量已曲了也”（《大慧普觉禅师宗门武库》）。可见，“评唱”、“击节”本身就与“经是佛语，禅是佛意”的思想相违背。因此，注重文字技巧、强调义理解释的“评唱”、“击节”十分自然地渐渐受到某些深得禅之底蕴的禅师们的抵制和反对。首先起来反对这种文字、义理禅的，就是佛果克勤的高足大慧宗杲。

针对当时各种“语录”、“灯录”、“评唱”、“击节”，泛滥成灾，造成禅学界专尚语言文字而“不明其本”的现象，大慧宗杲把各种语录、灯录之刻板一并烧毁，反对把“公案”作为正面的文章去理解，并提出了一种新的参禅方法，也就是从“公案”中提取某一语句，作为话头，执著不舍地对它进行内省式的参究，这就是曾经对宋元及往后禅学产生过深远影响的所谓“看话禅”。

“看话禅”的特点，不像当时社会上盛行的各种评唱、击节、拈古、颂古那样，注重对各种“公案”进行注释、理会；而是提倡单参一个“话头”，但对此“话头”之参究必须做到行住坐卧，时时提撕，专心致志，念念不忘。在参究的过程中，应该返观自己，提起疑情，并且必须一疑到底，疑到山穷水尽处，“大死一番”，最后蓦然咬破疑团，疑团一破，则朗然大悟，生死心绝而诸佛现前。

“咬破疑团，朗然大悟”是“看话禅”的落点所在，用宗杲的话说，叫“须是悟得”（《大慧普觉禅师语录》，卷十六）。按照“看话禅”的基本思想，“禅无你会底道理。若说会禅，是谤禅也。……若不妙悟，纵使解语如尘沙，说法如涌泉，皆是识量分别，非禅说也”（《天目中峰和尚广录》，卷五之下）。也就是说，禅法非思量、分别之所能解，既不是一种学问，也不可以事说，尤不可以理论，更不容以义解，“当知禅不依一切经法所诠，不依一切修证所得，不依一切见闻所解，不依一切门路所入，所以云教外别传”（《天目中峰和尚广录》，卷十一之上）。

可以看出，中国禅宗发展到“看话禅”，已由前期的“不离文字”，转而单参一个话头，提倡直指见性，在某种意义上又重新回到了祖师禅注重“道由心悟”的道路。

当然，宋元时期的禅宗也不是“看话禅”的一统天下，实际上，在赵宋一代，除了大慧宗杲所倡导的“看话禅”之外，还有另一股禅风也颇具影响，这就是由宏智正觉所倡导的“默照禅”。

“默照禅”的最大特点，是以看心静坐为根本，认为无须多少文字语言，只要默默地静坐，便可萌生般若智慧，洞见诸法本源。这有如宏智正觉在《默照铭》和《语录》中所说的：“默默忘言，昭昭现前”，“廓尔而灵，本光自照，寂然而应，大用现前”（《宏智正觉禅师广录》，卷一）。

从某种角度说，“默照禅”带有向“如来禅”复归的色彩，它与达磨的“面壁而坐，终日默默”很相类似，所不同的是，“默照禅”也拈、颂公案，如宏智本人就有《颂古百则》留传于世，且颇有影响。

“看话禅”与“默照禅”是赵宋一代最具代表性的两种禅法，二者的最大差异在于，一个注重“静坐”，一个强调“妙悟”。如果从总体上说，注重“妙悟”的“看话禅”应是宋元时期中国禅宗思想的主流。

禅宗之外，宋元佛教另一个值得关注的方面是天台宗的“山家山外之争”。

“山家山外之争”所涉及的内容很多，大而言之，可以归结为两个大的方面：一是“观”，二是“教”。“观”即真心、妄心观之争。真心观主要源于《华严经》和《大乘起信论》等佛教经典的“净心缘起”和“真如缘起”论；妄心观则主张以当下现实心、阴妄心、具体心为观想对象，这是一种在相当程度上被中国化了的佛教修行理论。山家派所以能够在论战中取胜，除去知礼等人的据理力争外，这也许也是一个十分重要的因素，此一现象说明佛教的中国化是一个不以人的主观意志为转移的客观规律。“教”则包括“心具色具”、“别理随缘”、“理毒性恶”等问题。问题虽多，但归结起来，特别从理论上说，主要是围绕一体还是二体的争论。山外派在诸如色心、生佛、无明与法性等问题上处处流露出二体的思想，带有浓厚的二元论倾向；山家派则始终坚持一元论的立场，始终视色心、生佛、无明与法性为一体，主张诸法相即互具，所依据的是智者大师创立的性具实相论思想。正因为如此，山家派向来被视为天台宗之正统；与此相反，山外派则带有相当程度的华严宗色彩。

与隋唐佛教诸宗派多张扬自家的思想特点不同，宋元时期的佛教呈现一种逐步交融汇合的趋势，并由主张“禅教合一”逐步向提倡“禅净合流”的方向发展。如果说以往的禅宗通常多强调“教外别传”，即强调“禅”与“教”的区别，那么，赵宋以后的禅宗，则出现一股把禅、教融为一体，提倡禅教合一的潮流。

在赵宋一代，提倡禅教合一的主要代表人物有延寿、赞宁和契嵩等，他们或沿着宗密的思路，从经是佛语，禅是佛意，诸佛心口，必不相违的角度，说明心传之佛意与言诠之佛语是互相为表里的，可以而且应该互相统一；或者从参禅还须看教的角度，说明禅之与教，不但不互相矛盾，而且可以相辅相成，相得益彰。

宋之后的禅教合一，后来逐渐发展为禅净合流。宋元时期的佛教诸宗派，都既重视净土实践，又注重禅修，在修行方法上多提倡禅净双修。这种现象，集中体现在延寿之参禅、念佛四料简中，所谓“有禅无净土，十人九蹉路；无禅有净土，万人万人去；有禅有净土，犹如戴角虎；无禅无净土，铁床并铜柱”（《净土指归》，卷上）。这种主张禅净双修、禅净合流的思想，宋元之后成为一种时代的潮流。

从思想发展史的角度看，在整个唐宋时期，交融、合流的思想倾向，不仅表现在佛教内部，而且体现在儒释道三教及三教的相互关系中。在李唐一代，三教中的有识之士，都站在维护本教的立场上，一方面高唱三教一家，另一方面极力抬高自己。道教在“红花白藕青荷叶，三教原来是一家”的口号下，没有放松对儒、佛的攻击和排斥，力图保住自己已有的地位；儒家凭借自己在中华民族的习惯、思维特点等方面的优势，自觉不自觉、暗地或公开地把佛、道二教的有关思想内容渐渐纳入自己的学说体系与思维模式中，经过隋唐五代之酝酿，至宋代终于在融摄佛、道二教思想的基础上，建立了一个熔儒、释、道于一炉，以心性义理为纲骨的理学体系；佛教方面，如果说在隋唐时期，佛教主要通过权实、方便究竟等说法，试图把儒、道二教变成隶属于自家所谓直显真源之究竟教的权便说，那么，到了宋元时期，这一情形有了一定的变化。由于儒学的复兴和重新崛起，佛教即便在思想方面也失去了相对的优势，此时的佛教做得更多的，是强调和突出儒、佛的相通处、共同点，进而提倡佛、儒交融。这一思潮的代表人物如智圆、契嵩等佛教思想家，多以儒教修身、佛教治心，身之与心，“其共为表里乎”，把儒与佛视为共为一体的表里关系，甚至把儒家之修齐治平看成佛教借以存在和流行的基础，认为“非仲尼之教，则国无以治，家无以宁，身无以安。国不治，家不宁，身不安，释氏之道何由而行哉”（《中庸子传》上）。

尤其值得注意的一个现象是，自隋唐之后，现实人生已成为中国佛教关注的重点之一，加之受到儒家思想的影响，因此，注重人性、心性，强调伦理、入世，对于佛教来说，已不是一种不得已而为之的“姿态”，而是佛教自身的一种需求。正因为这样，当时的契嵩有《孝论》之作，认为孝是天经地义、“至哉大矣”，“诸教皆尊之，而佛教殊尊也”，甚至把佛教的“五戒”比诸儒家的“五常”。宋元佛教呈现出一种伦理化的倾向，而这种伦理化对后世佛教，特别是近现代的“人间佛教”产生了至为深远的影响。

（四）

明之后的中国佛教呈衰落态势。在理学的制约下，佛教思想和佛学研究进一步萎缩。佛教思想为满足一般信徒的现世利益和个人愿望，与净土信仰有关的各种佛教实践，如念佛法会、放生法会、盂兰盆会等十分盛行，人们对观音菩萨、地藏的信仰普遍加强，表现“香火道场”特色的“四大名山”逐渐形成并走向繁荣。

明王朝建立之初，便推崇理学，强化专制政治思想统治。朱元璋说：“天下甫定，朕愿与诸儒讲明治道。”故朝廷对佛教采取既充分利用又严格控制的政策，其结果导致佛教进一步走向衰落。

明代佛教在中国佛教史上较具影响的，是晚明四大高僧的出现以及在他们带动下形成的晚明佛学的复兴，这种复兴在某种程度上可以看成宋元时期开始的禅净合流思潮的延续。

清代、民国佛教的一大特色是居士佛学的兴起，弘扬佛法的中心已逐渐由寺僧转向在家居士。其时，居士林人才辈出，佛、法、僧三宝之外，又有四宝之说。龚自珍号称乌波索迦，魏源易名菩萨戒弟子魏承贯，杨仁山称净业弟子，郑学川号千花佛戒弟子，足见世人学佛已风靡一时。由是，学者、思想家无不竞相研究佛理，政治家也涉略佛典。梁启超、谭嗣同、夏曾佑及国学大师章太炎等，都游走于儒、佛之间。佛门僧人前有敬安提倡卫教爱国，后有太虚之佛教三大革命，倡导人生佛学、人间佛教。此外，印光倡儒、释融通之净土，弘一则由儒入释，由名士而遁迹空门，以戒为师精研勤修，复兴宝华山之律宗。至于杨仁山及其弟子欧阳竟无，尤以金陵刻经处为重镇，刻经兴学，培养僧材，创办佛学刊物，直接影响了当代学者的学术思想。他们在各大学讲台宣讲佛教哲学，开创了近代佛教文化传扬的新局面，进一步促进了佛学社会化、系统化、理论化。

晚清民国时期的佛教，最值得关注的当推“人生佛教”。虽然时下佛教界、学术界多把“人生佛教”的始倡归诸太虚，但严格地说，这种思想是时代的产物。

中国佛教自“会昌法难”之后，从总体上说，已呈颓势。赵宋一代，除禅净尚存生机外，其余各宗，均趋式微。元、清二朝，由于皇族崇尚喇嘛教，藏传佛教有较大发展，然汉地佛教仍不见起色。降至清季，佛教更进入“最黑暗的时期”。当时之佛界，虽也有少数僧人在为佛教之生存和发展而奋争，学术界也有众多居士热心佛学，然因时局动荡，战乱迭起，少数人之努力，终无能拯救佛教于颓危之中。

尤有甚者，当时之佛教界，许多僧徒或隐遁静修，或赖佛求活，佛教非但不关心人生、介入社会，相反与世日隔，佛教自佛教，社会自社会，进而更演为“超亡送死”之教，“避世逃禅”之地。这种现象，正如太虚对《佛教评论》的编者所说：“此我国僧尼百年来之弊习，而致佛法不扬，为世诟病之一大原因也。”

佛教遗弃社会的结果，是社会也遗弃了佛教。严酷的现实给当时的佛教界以深刻的反省，许多僧人、居士开始意识到，不对传统的佛教进行一番彻底的整顿、革新，佛教之存立已成问题，又遑论发展。许多有识之士纷纷提出改革佛教的主张，其中以太虚“三大革命”的主张最具代表性；从思想层面说，则是“人生佛教”的提出。

“人生佛教”之思想特色，要而言之，大体有二：一是“以人为本”，二是“入世”精神。

通常人们多认为，佛法是非人生的，“人生佛教”认为，这是一种误解，大乘佛法就其“本义”说，是“发达人生的”，“发达生命的完满生活的”，是一种“究竟的人生观”。它不是离开人类而弄玄虚者，而是为化善人世的实际生活而设的。基于这种思想，太虚认为，学佛当先从做人起。所谓学佛当先从做人起，即“学佛的第一步，在首先完成人格，好生地做个人……做成有人格的人”（太虚：《佛陀学纲》）。只有“学成了一个完善的好人，然后才说得上学佛。若人都不能做好，怎么还能去学超凡入圣的佛陀呢?”这种基于人生的佛教思想，用太虚在《即人成佛的真现实论》的话说，即“仰止唯佛陀，完成在人格，人圆佛即成，是名真现实”。

“人生佛教”的另一个思想特点就是主张既出世，又入世，强调不违现实生活而行现实佛事，主张佛法既超脱世间又随顺世间，把“利他”、“济世”作为佛法之根本，把“救国救民”视为自己的责任。这种思想的理论基础，是出世与入世的不二，世间与出世间的融通无碍。

就思想渊源说，“人生佛教”既“原本于释迦佛遗教”，又深受儒家思想的影响。《法华经》所说的“一大事因缘”，即指佛原是为此世间人的解脱应现于世的，而大乘佛教的“慈悲普度”、“利生济世”和禅宗“人佛不二”、“即世间求解脱”思想，应是此“人生佛教”最主要的思想来源。儒家的“人本”思想和“入世”精神，为“人生佛教”的中国特色打下了深刻的印痕。因此，严格地说，“人生佛教”是佛、儒交融的结果，是外来宗教与本土文化成功融合的产物。

进入现、当代社会后，“人生佛教”又进一步演化为“人间佛教”，并发展成为当今佛教思想的主流。

（五）

中国佛教所以会历经二千年而不衰且不断发展，最主要的原因，是它既能保持佛教基本精神，又能因应不同的社会历史条件和文化背景，对自己不断进行调整和改铸。思想义理方面是这样，与中国古代社会之政治、经济、文化、民俗等方面的关系亦然。对此，《中国佛教通史》对佛教与各个时代的王朝政治、社会经济、民俗信仰等方面的关系也进行了较全面、深入的揭示和论述。

佛教与各个时代之王朝政治（包括历代帝王之佛教政策）、社会文化相互关系的分析与论述，占了《通史》相当大的篇幅，近百万言。之所以在这方面如此不惜笔墨，旨在借此揭示历代佛教的表现形态、思想特点及其所以然。至于佛典翻译、僧官制度、寺院经济、三教关系和佛教文化艺术等，本属《通史》不可或缺的组成部分。《通史》按四个发展时期（《通史》把中国佛教划分为四个发展阶段，即汉魏两晋南北朝、隋唐五代、宋辽金元和明清民国）分别列有专章，力求以较翔实的史料和较深入的分析论述，多视角、多层面地再现中国佛教的发展历程。

值得一提的是，《通史》对各个时期的民俗信仰、佛门生活，乃至较具代表的仪轨制度等，亦列有专章进行较翔实的梳理和系统的阐述。鉴于中国佛教与印度佛教的密切关系和隋唐之后中国佛教对外交流的日渐增多，《通史》既对历史上印度来华和西行求法的高僧进行了追踪与考论，亦对宋元、明清时期中国佛教的对外交流及其影响进行了绍介与评析。注意到中华民族是一个多民族的共同体，《通史》不局限于汉传佛教，而且给了藏传佛教和南传佛教以相当的篇幅；对于台湾佛教，《通史》亦列有专章，简要地介绍了1895年至1945年台湾佛教的发展状况。所有这一切努力，旨在尽可能全面地展现中国佛教的整体风貌。

佛教讲因缘，《通史》的编撰可以说也是因缘和合的产物。如果说我们选择这一课题，主要是因为近十几年来学术界、佛教界的许多学者不约而同地觉得现在是编撰《通史》的时候了，那么，“985工程”的启动，则是我们最终把它付诸实施的主要助缘。今天，《通史》终于完稿成编了，这更是“众缘和合”的结果。毋庸置疑，《通史》是一个集体攻关项目，对于《通史》的编写，许多中青年学者付出了艰辛的劳动，做出了很大的贡献。在写作过程中，不少作者给我文稿的电子邮件，时间显示是凌晨三点钟，不难想象，他们为《通史》的编撰不知度过了多少个不眠之夜！每当我阅读他们的文稿时，心中总是充满不安与感动。值此《通史》付梓之际，我要向所有参加《通史》编写的学者致以最真挚的谢意！

《通史》总15卷，650万字，自正式启动至全部完稿，历时五年多。实际上，因为参与编写的学者或是20世纪末21世纪初毕业的博士——他们在《通史》中所承担的内容，多是博士论文的延伸和进一步拓展，或是长期来一直致力于中国佛教某一方面的研究且卓有成就者——在《通史》中所撰著的篇章，正是他们近十几年所关注和研究的课题；因此，可以这么说，编写者贡献给《通史》的，多是他们十几年来最有心得的研究成果，凝聚了他们最具创造力时段的智慧与心血。当然，《通史》是一件集体作品，由于各编写者学术专长的差异和写作风格的不尽相同，有的较侧重于思想义理的探寻与钻研，有的多用力于史料的搜集与考订，导致全书在体例和风格上很难整齐划一，虽经统稿的多次磨合与修润，但细心的读者还是不难发现其中之印痕所在，对此，只好俟之来日的修订了。

对于《通史》的写作，各位编写者确实是尽心尽力了！当然，就主编而言，因时间、精力和学识所限，现在提供给读者的这部《通史》，肯定还存在着不少疏漏和错讹，对此，我除竭诚地期待方家大德和广大读者的批评、指正外，在今后相当长的一段时间内，仍将把《通史》的修订作为一项重要工作，以期《通史》的不断完善。

2009年秋于南京大学

主要参考书目

《金刚经》，〔姚秦〕鸠摩罗什译，圆明讲堂印行，1985 年版

《维摩诘所说经》，〔姚秦〕鸠摩罗什译，台湾大悲印经会　1990 年版

《妙法莲华经》，〔姚秦〕鸠摩罗什译，见《大正藏》，第九卷

《大方广佛华严经》，〔唐〕实叉难陀译，见《大正藏》，第十卷

《解深密经》，〔唐〕玄奘译，见《大正藏》，第十六卷

《大般涅槃经》，〔北凉〕昙无谶译，见《大正藏》，第十二卷

《成唯识论》，〔唐〕玄奘译，见《大正藏》，第三十一卷

《大乘入楞伽经》，〔唐〕实叉难陀译，金陵刻经处刻本

《大乘起信论》，〔陈〕真谛译，圆明讲堂印行，1986 年版

《弘明集》，〔梁〕僧祐编，见《中国佛教史传丛刊》，第四册，建康书局，1958 年版

《广弘明集》，〔唐〕道宣编，见《中国佛教史传丛刊》，第四册，建康书局，1958 年版

《法华玄义》，〔隋〕智𫖮撰，《大正藏》，第三十三卷

《摩诃止观》，〔隋〕智𫖮撰，《大正藏》，第四十六卷

《华严经旨归》，〔唐〕法藏撰，见石峻等编：《中国佛教思想资料选编》，第二卷，第二册

《华严经义海百门》，〔唐〕法藏撰，同上第二册

《华严一乘教义分齐章》，〔唐〕法藏撰，见《大正藏》，第四十五卷

《华严原人论》，〔唐〕宗密撰，见石峻等编：《中国佛教思想资料选编》，第二卷，第二册

《禅源诸诠集都序》，〔唐〕宗密撰，见石峻等编：《中国佛教思想资料选编》，第二卷，第二册

《坛经》，〔唐〕惠能撰，见石峻等编：《中国佛教思想资料选编》，第二卷，第四册

《楞伽师资记》，〔唐〕净觉撰，见石峻等编：《中国佛教思想资料选编》，第二卷，第四册

《顿悟入道要门论》，〔唐〕慧海撰，见石峻等编：《中国佛教思想资料选编》，第二卷，第四册

《永嘉证道歌》，〔唐〕玄觉撰，见石峻等编：《中国佛教思想资料选编》，第二卷，第四册

《黄蘖断际禅师宛陵录》，〔唐〕希运撰，见石峻等编：《中国佛教思想资料选编》，第二卷，第四册

《论语》，中华书局，1974 年版

《孟子》，中华书局，1954 年版

《大学》，中华书局，1983 年版

《中庸》，中华书局，1983 年版

《荀子》，中华书局，1954 年版

《春秋繁露》，〔汉〕董仲舒撰，上海古籍出版社，1986 年版

《复性书》，〔唐〕李翱撰，四部丛刊本

《二程集》，〔宋〕程颢、程颐撰，中华书局，1981 年版

《正蒙》，〔宋〕张载撰，中华书局，1975 年版

《朱子语类》，〔宋〕朱熹撰，中华书局，1986 年版

《象山全集》，〔宋〕陆九渊撰，四部丛刊本

《传习录》，〔明〕王阳明撰，四部备要本

《宋元学案》，〔清〕黄宗羲编著，中华书局，1986 年版

《明儒学案》，〔清〕黄宗羲编著，中华书局，1985 年版

《皇极经世·观物内篇》，〔宋〕邵雍撰，四部丛刊本

《皇极经世·观物外篇》，〔宋〕邵雍撰，四部丛刊本

《周子全书》，〔宋〕周敦颐撰，万有文库本

《佛陀学纲》，太虚著，台湾新文丰出版公司，1985 年版

《整理僧伽制度论》，太虚著，台湾新文丰出版公司，1985 年版

《隋唐佛教史稿》，汤用彤著，中华书局，1982 年版

《中国佛学源流略讲》，吕澂著，中华书局，1979 年版

《中国佛教史》（一、二、三），任继愈主编，中国社会科学出版社，1988 年版

《汉唐佛教思想论集》，任继愈著，人民出版社，1981 年版

《中国哲学大纲》，张岱年著，中国社会科学出版社，1982年版

《东方文化及其哲学》，梁漱溟著，商务印书馆，1922年版

《中国伦理学说史》，蔡元培著，商务印书馆，1937年版

《中国禅宗史》，印顺著，江西人民出版社，1991年版

《中国哲学史稿》，孙叔平著，上海人民出版社，1981年版

《从西方哲学到禅佛教》，傅伟勋著，台湾东大图书公司，1986年版

《佛教与中国传统文化》，苏渊雷著，湖南教育出版社，1988年版

《坛经对勘》，郭朋著，齐鲁书社，1981年版

《佛教与现代人的精神修养》，楼宇烈撰，1990年，“现代佛，学”国际学术会议论文集，佛光出版社，1991年版

《中国伦理学说史》，沈善洪著，浙江人民出版社，1985年版

《先秦伦理学概论》，朱伯崑著，北京大学出版社，1984年版

《慧远及其佛学》方立天著，中国人民大学出版社，1984年版

《吉藏》，杨惠南著，台湾东大图书公司，1988年版

《二十世纪的中日佛教》，蓝吉富著，新文丰出版公司，1991年版

《中国佛性论》，赖永海著，上海人民出版社，1988年版

《佛道诗禅》，赖永海著，中国青年出版社，1990年版

《湛然》，赖永海著，台湾东大图书公司，1992年版

《朱熹哲学研究》，陈来著，中国社会科学出版社，1988年版

《有无之境》，陈来著，人民出版社，1991年版

《禅与日本文化》，[日]铃木大拙著，三联书店，1989年版

《海潮音文库》，台湾新文丰出版公司，1985年版

《现代佛教思想研究丛刊》，张曼涛编，台湾大乘出版社，1980年版

索　引

（一）名词术语

（二）典籍文书

（三）人物

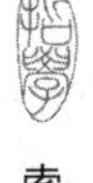

当代中国人文大系

文学	
论二十世纪中国文学	谢　冕
新世纪的太阳	
——二十世纪中国诗潮	谢　冕
中国反封建思想革命的一面镜子	
——《呐喊》《彷徨》综论	王富仁
嬗变	
——辛亥革命时期至五四时期的中国文学（修订版）	刘　纳
性格组合论	刘再复
中华古代文论的现代阐释	童庆炳
维纳斯的腰带	
——创作美学	童庆炳
中西比较诗学（修订版）	曹顺庆
文学的维度	南　帆
修辞论美学	
——文化语境中的20世纪中国文艺	王一川
众神狂欢	
——世纪之交的中国文化现象（最新版）	孟繁华
历史学	
古文献丛论	李学勤
楚史	张正明
夏商西周的社会变迁	晁福林
《周礼》主体思想与成书年代研究（增订版）	彭　林
简帛数术文献探论（修订版）	刘乐贤
秦史稿	林剑鸣
秦汉交通史稿（增订版）	王子今
汉代婚姻形态	彭　卫
察举制度变迁史稿	阎步克
唐、吐蕃、大食政治关系史	王小甫

唐代藩镇研究（增订版） 张国刚
唐五代敦煌寺户制度（增订版） 姜伯勤
宋朝阶级结构（增订版） 王曾瑜
宋代地方财政史研究 包伟民
宋夏关系史 李华瑞
元代大都上都研究 陈高华 史卫民
明清土地契约文书研究（修订版） 杨国桢
在国家与社会之间
——明清广东地区里甲赋役制度与乡村社会 刘志伟
市场机制与社会变迁
——18 世纪广东米价分析 陈春声
明清福建家族组织与社会变迁 郑振满
近五百年来福建的家族社会与文化 陈支平
清代社会的贱民等级 经君健
江南的早期工业化（1550—1850）（修订版） 李伯重
中国的社与会（修订版） 陈宝良
近代中国社会的新陈代谢 陈旭麓
十九世纪后半期的中国财政与经济 彭泽益
太平天国的历史和思想 王庆成
离异与回归
——传统文化与近代化关系试析（增订版） 章开沅
二十世纪初中国政治改革风潮
——清末立宪运动史 侯宜杰
中国近代会党史研究（增订版） 蔡少卿
章太炎思想研究 姜义华
寻求历史的谜底
——近代中国的政治与人物 杨天石
胡适新论 耿云志
国学与汉学
——近代中外学界交往录 桑　兵
西学东渐与晚清社会（修订版） 熊月之
晚清政治革命新论（增订版） 郭世佑
美国的奠基时代（1585—1775）（修订版） 李剑鸣
天国的陨落——太平天国宗教再研究（增订版） 夏春涛

哲学

哲学与主体自我意识　高清海
走向历史的深处　陈先达
理论思维的前提批判（第 2 版）　孙正聿
为马克思辩护　杨　耕
论黑格尔的逻辑学（第 3 版）　张世英
海德格尔思想与中国天道（修订新版）　张祥龙
走进分析哲学　王　路
现象学的始基（内外编）　倪梁康
论可能生活（第 2 版）　赵汀阳
生命伦理学　邱仁宗
激动人心的年代　李醒民
现代科学与伦理世界（第 2 版）　张华夏
希腊空间概念　吴国盛
中国佛教与传统文化　方立天
进化主义在中国的兴起（增补版）　王中江
中国伊斯兰探秘　金宜久
多元化的上帝观（增订版）　何光沪
宗教哲学研究（增订版）　张志刚
心学之思　杨国荣
孟子性善论研究（修订版）　杨泽波
《周易》经传与易学史新论（修订版）　廖名春
情感与理性　蒙培元
从物质实体到关系实在　罗嘉昌
因果观念与休谟问题　张志林
科学活动论　刘大椿
中西美学与文化精神　张　法
现代西方伦理学史（上、下卷）　万俊人
庄子哲学及其演变（修订版）　刘笑敢
黄老与老庄　王葆玹
唯物主义的现代形态　萧前　杨耕　等
善的历程　杨国荣
思辨哲学新探　王树人
斯宾诺莎哲学研究（修订版）　洪汉鼎

明代哲学史（修订版）	张学智
价值论（第 3 版）	李德顺
逻辑哲学研究	陈　波
人活动的效率（修订版）	郭　湛
中国的儒学统治	刘绪贻
亚里士多德关于本体的学说	汪子嵩
宋明理学研究（增订版）	张立文
佛学与儒学（修订版）	赖永海

图书在版编目（CIP）数据

佛学与儒学/赖永海著. —修订本. —北京：中国人民大学出版社，2017.10
（当代中国人文大系）
ISBN 978-7-300-24998-8

Ⅰ.①佛… Ⅱ.①赖… Ⅲ.①佛学-研究②儒学-研究 Ⅳ.①B948②B222.05

中国版本图书馆 CIP 数据核字（2017）第 227373 号

当代中国人文大系
佛学与儒学（修订版）
赖永海　著
Foxue yu Ruxue

出版发行	中国人民大学出版社		
社　　址	北京中关村大街 31 号	**邮政编码**	100080
电　　话	010－62511242（总编室）		010－62511770（质管部）
	010－82501766（邮购部）		010－62514148（门市部）
	010－62515195（发行公司）		010－62515275（盗版举报）
网　　址	http://www.crup.com.cn		
经　　销	新华书店		
印　　刷	运河(唐山)印务有限公司		
规　　格	155 mm×235 mm　16 开本	**版　　次**	2017 年 10 月第 1 版
印　　张	15 插页 2	**印　　次**	2023 年 4 月第 2 次印刷
字　　数	225 000	**定　　价**	78.00 元